부동산전문 이승주 변호사의 부동산법입문 100

이승주 변호사

박영사

머 리 말

본서는 제목 그대로 '부동산법 입문서'로, 필자가 부동산과 관련된 법과 판례 중에서 부동산법을 처음, 그리고 본격적으로 공부하고자 하는 분들이 알아두면 좋겠다고 보이는 핵심주제 100가지를 선정하여 설명한 책이다.

본서는 기존 필자의 책 『부동산분쟁의 쟁점(제3판)』의 내용을 기초로 하였다. 즉 필자가 쓴 『부동산분쟁의 쟁점』은 판을 거듭하면서 그 분량이나 난이도 면에서 전문서적으로 변모된 책으로 부동산법을 처음 공부하고자 하는 분들이 이해하는 데 어려움이 있었다. 이에 필자는 부동산법을 처음 공부하고자 하는 분들이 그 분량이나 난이도에 있어 좀 더 수월하게 접근할 수 있는 부동산법 입문서가 필요하다고 생각하여 본서를 기획하였다.

현재 상황은 부득이 부동산법을 공부하지 않을 수 없다. 많은 분은 자가 주택이 그 개인 재산의 전부이고, 자가 주택이 없는 분은 주택거주를 위한 보증금(보증금반환청구권)이 그 개인 재산의 전부여서 부동산법을 전혀 몰라서는 정상적으로 살아갈 수가 없기 때문이다.

이러한 사정에도 불구하고 단편적인 부동산 상식 서적을 제외하고 부동산분쟁사례를 포함한 부동산법 일반에 대한 본격적인 입문서는 찾아보기 힘들다. 필자는 2007년 변호사 개업 후에 2010년부터 부동산전문 변호사로 활동하면서 부동산법 위주로 재판도 하고 책도 쓰고 대학뿐만 아니라 유튜브상에서도 강의를 해왔다.

본서는 이러한 필자의 경험을 바탕으로 필자의 기존 책 『부동산분쟁의 쟁점』에 실린 내용 중 100개의 핵심주제를 선정하고 그 각 주제의 제목 및 내용을 조금 더 쉽게 이해할 수 있도록 변경·수정한 책으로 다소 어려울 수 있는 내용이라 할지라도 부동산법을 본격적으로 공부하고자 하는 분들이 알아두면 좋겠다는 핵심주제 위주로 정리한 것이다.

현재는 주택 세입자이기 때문에 보증금(보증금반환청구권)이라는 재산만을 보유한 분들도 차후 자가 주택을 소유하게 될 수도 있을 것이니 주택이나 상가, 토지 등 부동산을 보유하게 되면 어떠한 법률적 문제들이 발생할 수 있는지도 본서를 통해 간접적으로 확인할 수 있다. 본서는 핵심주제를 100개로 한정하였지만, 부동산법 내지 부동산법 분쟁의 일반을 다루고 있기 때문이다.

물론, 내용도 많고 방대한 양의 전문서적으로 변모된 필자의 기존 책 『부동산분쟁의 쟁점』이 부담스러운 전문가분(변호사, 법무사, 감정평가사, 개업공인중개사, 행정사 등)도 본서를 통하여, 현재의 부동산법 내지 부동산법 분쟁의 핵심주제를 확인할 수 있다.

필자는, 본서가 차후 개정된다면 일부 주제는 그 개정 당시 문제되고 있는 쟁점 위주로 교체하더라도 핵심주제 100개라는 본서의 특징은 그대로 유지하여 그 분량을 조절할 생각이다. 본서의 기획의도나 목표는 부동산법을 처음, 그리고 본격적으로 공부하고자 하는 분들을 위한 부동산법 내지 부동산법 분쟁의 기본지식을 제공하는 것이기 때문이다.

본서가 부동산법에 관심이 있는 분들에게 필수적 부동산법 입문서로 자리매김하여 독자분들의 재산지킴이 역할을 할 수 있기를 기

대한다. 필자도 독자분들의 본서 이해를 돕기 위해 유튜브 강의(채널명: 부동산전문 이승주변호사의 민사법 교실) 등을 지속할 예정이다.

마지막으로 필자와 함께 법률사무소를 운영하고 있는 아내 양연순 변호사(상속·이혼·후견 등 가사법 전문)와 올해 대학에 입학해서 동아리활동도 열심히 하면서 잘 적응해 가고 있는 첫째 딸, 공부뿐만 아니라 좋아하는 축구도 즐겁게 하고 있는 둘째 아들에게 사랑한다는 말을 전하고 싶다.

2025. 10. 10.
서초동 사무실에서
이승주 변호사

주요 목차

세부 목차

제 1 장 주택임대차

제 2 장 상가건물임대차

제 3 장 부동산매매

제 4 장 부동산증여

제 5 장 가 계 약

제 6 장 부동산계약의 취소

제 7 장 부동산계약의 무효

제 8 장 부동산계약의 해제·해지

제11장 공유부동산

제12장 부동산취득시효

第15장 법정지상권·분묘기지권

第16장 전 세 권

제17장 유 치 권

제18장 근저당권 · 저당권

제19장 양도담보 · 담보가등기

제20장 부동산경매

제21장 집합건물

제22장 종중부동산

제23장 이행강제금 · 변상금

제 1 장

주택임대차

1. 임차인이 공인중개사 없이 직거래를 하면 여러모로 위험하다.

주택임차인의 입장에서 주택을 빌릴 때 주의할 점은 크게 봐서 어떤 것이 있을까?

첫째, 직거래 사이트를 통한 계약보다는 개업공인중개사(이하 "중개사")를 통한 계약이 상대적으로 안전하다.

계약서를 작성하는 것은 전문적인 지식 없이 쉽지 않을 뿐만 아니라, 해당 부동산에 복잡한 권리관계가 존재하는 경우 임대인과 임차인이 중개사의 도움 없이 직거래 사이트 등을 통해 계약서를 작성한다면 임차인이 피해를 볼 가능성이 높기 때문이다.

중개사를 통하여 임대차계약을 체결할 경우 법률적 문제, 즉 손해가 발생하면, 상황에 따라 중개사의 책임을 물을 수 있고, 구체적 사정에 따라 중개사가 가입한 공제기관(한국공인중개사협회 또는 서울보증보험 등)을 대해서도 배상책임을 물을 수 있다.

둘째, 중개사를 통해 해당 부동산의 권리관계에 대해 꼼꼼한 설명을 들어야 한다.

은행에 융자가 없는 주택을 빌리는 것이 안전하겠지만, 사실상 융자가 없는 주택이 많지 않다는 점에서 빌리고자 하는 주택에 융자가 있어도, 내 보증금을 받을 수 있는지 여부를 판단해 보는 것이 중요하다.

집을 담보로 한 은행 융자는 근저당권으로 등기사항증명서(이하 "등기부")에 표시되고, 그 등기부에 채권최고액이 적혀 있다. 대체적으로 실제 채무는 채권최고액보다 적은 것이 일반적이다. 보통 은행의 관행은 채권최고액을 실채무보다 20% 내지 30% 정도 높게 결정하고 있다.

예를 들어 집주인이 집을 담보로 은행에서 1억원을 빌렸다면, 그 1억원을 담보하기 위해 은행이 근저당권을 설정받으면서 채권최고액을 1억 2천만원 내지 1억 3천만원으로 잡고 등기부에는 근저당권의 최고액 1억 2천만원 내지 1억 3천만원이 적혀있다는 것이다. 따라서 별다른 문제가 없는 집을 빌린다면, 이와 같은 개념에 근거하여 실채무가 대략 1억원이라는 사실을 알 수 있다.

매매가격이 3억원인 집에 근저당권 채권최고액이 1억 3천만원으로 등기부에 기재되어 있다면, 어느 정도의 보증금을 주고 임차할 경우 안전하다고 할 수 있을까? 이는 임차한 집이 경매로 넘어갈지도 모른다는 상황을 전제한 것인데, 대체로 매매가격의 60% 내지 70%를 기준으로 계산하는 것이 일반적이다.

예를 들어, 3억원의 60%는 1억 8천만원이 될 것이고, 채권최고액이 1억 3천만원이라면 실채무는 1억원 정도가 된다고 볼 수 있다. 따라서 1억 8천만원에서 실채무 1억원을 뺀 돈인 8천만원 이하가 적정 보증금이라고 볼 수 있다. 집의 매매가격을 기준으로 60% 내지 70%를 보증금확보를 위한 안전 기준으로 하는 이유는 집행비용은 물론이고 유찰이 될 경우 대체로 10%(경우에 따라 20%)씩 경매가격이 떨어지는 점을 고려한 것이다.

다만, 이와 같은 기준도 경제상황에 따라 변동될 수 있음을 기억하자. 참고로 경매에 부쳐진 부동산에 대한 감정평가는 유찰이 고려되어 실제 가격보다 약간 높게 산정된다고 보는 것이 일반적이다.

셋째, 주택임대차계약의 경우에 계약금과 잔금지급일이 다른 것이 일반적이기 때문에 그 사이에 집에 대한 가압류, 가처분 등이 발생할 경우 즉시 계약해지가 가능하다는 특약을 중개사를 통해 기재해 두는 것도 좋은 방법이다.

임대차계약을 체결하면서, 계약체결일에 등기부를 확인하고 잔금까지 모두 치른 후에 인도 및 전입신고를 완료하고 입주까지 마칠 수 있다면, 가장 이상적인 임대차계약이 될 것이다. 그러나 현실적으로는 계약일과 중도금 또는 잔금지급일이 1개월 내지 2개월 정도의 기간을 두고 임대차계약이 체결되기 때문에, 계약일과 잔금지급일 사이에 변수가 발생하는 것을 고려하지 않을 수 없다.

대법원은 계약일과 잔금지급일 사이에 해당 부동산에 가압류가 이루어진 경우 원칙적으로 계약해제사유가 되지 않고, 잔금지급을 거절할 사유 정도로 해석하기 때문에(대법원 92다28518 판결, 대법원 2000다71715 판결 등), 이런 문제를 해소하기 위해서는 계약을 하면서, 잔금지급일 이전에 가압류, 가처분, 근저당권 설정 등 해당 부동산의 권리를 제한하는 사유가 발생할 경우 임차인이 즉시 계약을 해제할 수 있다는 취지의 특약을 넣는다면, 임대차로 인한 위험을 어느 정도 완화시킬 수 있다.

여기에 추가로 위와 같은 권리제한 사유가 발생할 경우 지급한 계약금의 배액을 반환 청구할 수 있다는 문구까지 넣을 수 있다면 더욱 좋겠지만, 쉽지는 않을 것이다.

임대차계약을 체결하기 전에 등기부를 확인했는데, 가압류 또는 가처분 등의 등기가 나타났다면, 복잡한 권리분석을 해서 임대차를 하겠다는 생각보다는 다른 집을 알아보는 것이 현명한 일이 될 것이다.

<관련내용 정리>

공인중개사를 통해 부동산거래를 할 때에 공인중개사는 공제기관(한국공인중개사협회 또는 서울보증보험 등)에서 발행한 공제증서를 중개의뢰인에게 보여주면서 중개사고 발생시 공제기관에 손해배상책임을 물을 수 있다면서 안전하다고 강조한다.

공제증서를 쉽게 말하면, 공인중개사가 가입한 일종의 보험이라 할 수 있는데, 위와 같은 공인중개사의 말과 달리 공제기간 1년간 중개사고가 다량 발생하면 공제금액(대략 2억원) 한도로 중개사고 피해자가 나누어 갖는 꼴이 되어 중개사고로 인한 피해 전부를 확보할 수 있는 것은 아니다. 그리고 주택을 임차할 때에는 항상 주택이 경매에 부쳐질 수 있다는 사실을 염두해야 한다.

즉 주택을 임차하려는 사람은 주택소유자의 채권자가 채권확보를 위해 주택을 경매에 부칠 경우에, 자신의 보증금을 경매절차에서 배당받을 수 있는지 여부를 어느 정도 알 수 있어야 한다.

결국 주택임차인이 반드시 해야 하는 첫 번째 일은 권리분석을 하는 것이고, 두 번째 일은 주택에 이사들어 오면서 전입신고(주민등록)를 하고 확정일자를 받는 것이다. 권리분석이란 임차인의 보증금보다 근저당권 등 선순위자들의 채권액수 등을 미리 파악하는 것인데, 중개사를 통해 이를 확인해야 하며, 중개사는 이러한 내용을 임대차계약서와 '중개대상물확인설명서' 등에 적시하게 되어 있다.

2. 주택매수인은 임차인의 보증금반환채권이 가압류되어 있는지 반드시 확인해야 한다.

주택매수인은 대항력을 갖춘 주택임차인의 보증금을 반환할 의무를 승계한다. 주택을 매수하는 입장에서는 주택매도인이 임차인의 채권자로부터 보증금반환채무에 대해 가압류를 받은 사실이 있었는지 여부를 반드시 확인하고 주택을 매수해야 한다. 이를 확인하지 않은 채 대항력을 갖춘 임차인에게 임대차계약 종료 후에 보증금을 돌려주었을 경우에, 종전 주택소유자이자 임대인인 주택매도인에게 가압류를 했던 임차인의 채권자에게 보증금을 추가로 주어야 하는 위험에 노출될 수 있다. 이에 대하여 자세하게 살펴보자.

甲이 乙에 대하여 채권을 가지고 있다. 그런데 乙은 丙에게 보증금을 받을 지위, 즉 임차인의 지위를 가지고 있다. 이러한 상황에서 乙의 丙에 대한 보증금반환채권에 대하여 甲이 가압류를 했는데, 임차주택의 소유자 丙이 주택을 丁에게 팔았을 때, 가압류의 효력이 유지될까[甲: 채권자, 乙: 채무자(임차인), 丙: 제3채무자(임대인, 주택매도인), 丁: 주택매수인]?

민법과 민사집행법의 이론만으로 따질 경우, 甲이 乙의 丙에 대한 채권을 가압류하였을 때, 그 효력이 丁에게까지 미친다고 보기는 어렵다. 그러나 주임법(주택임대차보호법)을 고려하면 이야기가 달라진다. 주임법 제3조는 임차인이 대항력을 갖춘 경우에 임대주택의 양수인이 임대인의 지위를 승계한 것으로 본다고 규정하고 있기 때문이다.

주임법 규정에도 불구하고, 乙의 丙에 대한 보증금반환채권에 대한 甲의 가압류의 효력이 丁에게 미칠 수 없다는 이론이 가능하지만, 대법원은 위와 같은 사안에서 정에게 甲의 가압류의 효력이 미친다는 결론을 내렸다[대법원(전합) 2011다49523 판결(단, 반대의견이 5인에 이름)].

주임법상 관련규정을 고려하면, “임차인(乙)의 임대차보증금반환채권이 가압류된 상태에서 임대주택이 양도되면 양수인(丁)이 채권가압류의 제3채무자(丙)의 지위도 승계하고, 가압류권자(甲) 또한 임대주택의 양도인(丙)이 아니라 양수인(丁)에 대하여만 위 가압류의 효력을 주장할 수 있다”는 것이다. 위 대법원 판결에 의하면, 채권가압류가 존재하였는지 자체를 모르고 주택을 매수한 주택매수인

(丁)은 적지 않은 피해를 볼 가능성이 있다.

즉, 보증금 반환채권에 대한 가압류가 있는지 모른 상태에서 주택을 매수한 주택매수인(丁)에게 임차인(乙)이 임대차계약 종료 후, 보증금을 달라고 하여 지급하였는데, 임차인의 채권자(甲)가 채권가압류의 효력을 주택매수인(丁)에게 주장하고 나설 경우, 이중지급의 위험에 노출된다.

정리해 보자. 주택을 매수하는 주택매수인(丁)의 입장에서는 임차인(乙)이 대항력을 갖추어 임차인의 보증금반환채무를 인수할 경우, 임차인의 보증금반환채권이 임차인의 채권자(甲)에 의하여 가압류되었는지 여부를 확인하고 조사하는 것이 무엇보다 중요하게 된다.

즉 주택매도인에게 보증금반환채무에 대하여 가압류가 있었는지 확인하고 그 확인한 그 내용을 매매계약서 등에 적시하여 두는 것이 필요하다. 주택매도인이 사실대로 말했다면 가압류사실을 알게 되어 임차인이 계약종료 후에 보증금을 달라고 주장하더라도 가압류 문제가 해결될 때까지 지켜보자는 주장을 할 수 있고, 주택매도인이 거짓 정보를 제공하였다면 차후 주택매도인에게 책임을 물을 수 있기 때문이다.

<관련내용 정리>

대항력이라는 개념을 살펴보자. 임차인이 주택의 인도받고, 전입신고(주민등록)를 갖춘 것을 대항요건을 갖춘 것이라고 하는데, 이때 경매가 진행되는 상황이라면 근저당권 등과 같은 말소기준보다 선순위로 임차인이 위 대항요건을 갖추면 그 임차인이 경락인(경매로 부동산을 매수한 사람)에게 대항할 수 있어 임차인에게 대항력이 있다고 말한다.

경매 아닌 매매라면 어떨까? 임차인이 대항요건을 갖춘 후에 주택 매매가 이루어졌다면 임차인의 대항요건 취득시기보다 주택을 매수한 것이 후순위이기 때문에 임차인이 대항요건을 갖춘 것 그 자체가 주택매수인에게 대항력을 갖춘 것이 된다.

그리고 가압류는 돈을 받을 채권자가 돈을 달라는 소송을 제기하면서 진행하는 보전처분이다. 돈을 달라는 소송을 해서 승소를 했는데, 상대방의 재산이 없다면 강제집행할 대상이 없어 그 판결이 무용지물이 되므로 상대방의 부동산과 같은 재산을 가압류를 통해 묶어두는 것이다.

위 사안에서의 가압류는 부동산가압류는 아니고 채권을 가압류한 채권가압류이다. 임차인의 채권자가 임차인의 임대인에 대한 보증금반환채권을 가압류한 것이기 때문이다.

임차인의 채권자가 본건처럼 채권가압류를 하게 되면 제3채무자인 임대인에게 임차인에게 보증금을 주면 안 된다는 취지의 법원의 통보가 있게 된다. 그런데 위 사안에서는 구조적으로 그 통보를 기존 임대인에 해당하는 주택매도인(丙)만 받게 되고, 주택매수인(丁)이 받을 수 없는 상황이라서 논란이 있었던 것이다.

3. 건물임대인의 수선의무를 면제하는 특약도 원칙적으로 유효하다.

민법 제623조는 "임대인은 목적물을 임차인에게 인도하고 계약존속 중 그 사용, 수익에 필요한 상태를 유지하게 할 의무를 부담한다."고 규정하고 있다. 그렇다면, 임대인의 임대목적물 수선의무가 임대인과 임차인의 특약으로 면제될 수 있을까?

대법원 2007다91336, 91343 판결에 의하면, "임대인의 수선의무는 특약에 의하여 이를 면제하거나 임차인의 부담으로 돌릴 수 있으나, 그러한 특약에서 수선의무의 범위를 명시하고 있는 등의 특별한 사정이 없는 한 그러한 특약에 의하여 임대인이 수선의무를 면하거나 임차인이 그 수선의무를 부담하게 되는 것은 통상 생길 수 있는 파손의 수선 등 소규모의 수선에 한한다 할 것이고, 대파손의 수리, 건물의 주요 구성부분에 대한 대수선, 기본적 설비부분의 교체 등과 같은 대규모의 수선은 이에 포함되지 아니하고 여전히 임대인이 그 수선의무를 부담한다고 해석함이 상당하다."는 취지다.

결국, 대규모의 수선의무까지 임차인의 책임으로 돌리려면, 법원도 인정할 수 있는 정도의 구체적이고 설득 가능한 특약이 작성되어야 할 것으로 해석된다. 즉 수선의무를 면제하는 특약은 주로 임대인이 주도하여 계약서에 삽입할 가능성이 높다는 점에서 수선의무면제 범위를 넓히고자 하는 임대인은 수선의무의 면제범위를 되도록 구체적이고 설득력 있게 작성하는 것이 좋을 것이다.

위 대법원 판결 사안은 '건물수리는 입주자가 한다.'라는 단순한 특약을 한 사안으로 대규모수선이 필요한 위 사건에서 임차인의 특약에 따른 수리의무를 부정한 사례이다.

<관련내용 정리>

민법 제623조는 실제 임대차분쟁에서 자주 인용되는 조문이다. 그렇다면, 민법 제623조의 '임대인의 임차목적물 사용·수익상태 유지의무'의 구체적 의미는 무엇인가?

대법원 2021다202309 판결에 의하면 "임대인의 임차목적물의 사용·수익상태 유지의무는 임대인 자신에게 귀책사유가 있어 하자가 발생한 경우는 물론, 자신에게 귀책사유가 없이 하자가 발생한 경우에도 면해지지 아니한다. 또한 임대인이 그와 같은 하자 발생 사실을 몰랐다거나 반대로 임차인이 이를 알거나 알 수 있었다고 하더라도 마찬가지이다."라는 취지이다.

따라서 임대인과 분쟁을 겪게 되는 임차인 입장에서는 민법 제623조를 잘 활용하는 것이 필요하다. 임대인의 귀책을 불문하고 임대인은 민법 제623조에 따른 책임을 부담하기 때문이다.

4. 주택임차인에게 1회에 한하여 갱신요구권이 인정된다.

주임법(주택임대차보호법)에 따라 주택임차인의 계약갱신요구권이 인정되고 있다. 즉, 주택의 임차인에게 1회에 한하여 계약갱신요구권을 인정하는 취지의 주임법 제6조의3이 신설된 것인데, 위 규정은 같은 법 부칙 제2조에 따라 시행일인 2020. 7. 31.부터 시행 당시 존속 중 임대차에도 적용되어, 현재 위 법률이 적용되고 있다.

임차인은 계약종료 6개월 전부터 2개월 이전까지 갱신요구를 할 경우(문자 내지 내용증명 등의 의사표시 도달기준) 1회에 한하여 갱신이 인정되어, 2년의 임대기간이 추가로 보장되는 것이다.

이때 임차인이 갱신요구권을 통하여 추가 보장된 2년을 포기할 수도 있다. 즉 주임법 제6조의2가 준용되어 임차인은 언제든 계약을 해지할 수 있고, 임차인의 해지는 3개월이 지난 후에 효력이 발생한다는 점을 주의할 필요가 있다.

다만 임차인의 갱신요구를 하면 언제나 계약 연장이 보장되는 것은 아니다. 즉 임대인이 임차인의 갱신요구를 정당하게 거절할 수 있는 사유들이 법률로 정해져 있는데, 대표적인 것을 정리하면, 2기 이상의 차임을 연체한 사실과 재건축 등의 사유가 있다.

법적인 문제가 가장 많이 발생하는 임대인의 갱신거절 사유로는 "임대인(임대인의 직계존비속 포함)이 목적 주택에 실제 거주하려는 경우(주임법 제6조의3 제1항 제8호)"의 문제이다.

그렇다면, "임대인(임대인의 직계존비속 포함)이 목적 주택에 실제 거주하려는 경우(주임법 제6조의3 제1항 제8호)"와 관련된 쟁점을 살펴보자.

주택임차인의 계약갱신요구에도 불구하고, 임대인(임대인의 직계존비속 포함)이 실거주하려는 경우 갱신거절이 가능한데, 임차인이 임대인의 실거주에 대하여 의문을 제기하면서, 주택에 대한 인도를 거부할 경우 임대인은 명도소송을 제기할 수밖에 없을 것이다.

이때 임대인이 목적 주택에 실거주하려 한다는 점에 대한 입증책임은 누구에게 있을까? 대법원 2022다279795 판결에 의하면 임대인에게 그 입증책임이 있다는 취지이다.

주임법 제6조는 "임대인이 임대차기간이 끝나기 6개월 전부터 2개월 전까지의 기간에 임차인에게 갱신거절의 통지를 하지 아니하거나 계약조건을 변경하지 아니하면 갱신하지 아니한다는 뜻의 통지를 하지 아니한 경우"에 묵시의 갱신에 의한 임대차기간 2년을 보장하므로 실거주 계획을 통한 갱신거절의 통보는 임대차계약이 끝나기 6개월 전부터 2개월 전까지 해야 할 것이다.

대항력을 취득한 임차인이 주택의 소유자인 임대인에게 계약갱신요구권을 행사한 후에 임대인이 그 주택을 매도하고 소유권이전등기를 마쳐준 경우에 신소유자인 임대주택의 양수인이 자신이 실거주할 것이라면서 갱신거절을 할 수 있을까? 이때에도 신소유자가 갱신요구를 거절할 수 있다고 해석된다. 다만, 양수인의 갱신거절의 통보는 임대차계약이 끝나기 6개월 전부터 2개월 전까지 해야 할 것으로 해석된다(대법원 2021다266631 판결).

임대인이 임대인 실거주계획 고지를 통해 임차인의 갱신요구를 거절하여 임차인이 목적 주택을 인도했음에도 불구하고, 갱신요구로 인해 보장되는 2년 내에 정당한 사유 없이 제3자에게 목적 주택을 임대한 경우 임차인의 임대인에 대한 손해배상청구권이 인정된다(주임법 제6조의3 제5항).

그렇다면, 임대인이 실거주 사유를 들어 갱신거절을 하여 임대차계약을 종료시킨 후에 "목적 주택을 비워두거나 제3자에게 매도한 경우"에는 어떻게 되는가?

주임법 제6조의3 제5항은 "갱신되었을 기간이 만료되기 전에 정당한 사유 없이 제3자에게 목적 주택을 임대한 경우"만을 규정하여 이러한 의문이 있을 수 있다. 이때에는 민법 제750조에 따라 '갱신거절로 인하여 임차인이 입은 손해'에 대한 배상청구가 가능하다는 견해가 있는데, 타당하다고 해석된다.

그렇다면 임대인의 실거주 주장이 허위일 경우에 임차인이 주임법에 따라 손해배상 청구를 하려면 계약갱신요구권의 행사가 필수적인가? 예를 들어, 임차인이 계약갱신요구권을 행사하기 전에 임대인이 실거주 계획을 미리 밝혀 임차인이 계약갱신요구권을 행사하지 않고 퇴거한 경우를 가정할 수 있다.

임차인이 계약갱신요구권을 행사하기 전에 허위 실거주목적을 미리 임대인이 밝혔다면 계약갱신요구는 불필요하다고 생각한다.

상가의 권리금회수 방해에 따른 손해배상청구와 관련된 대법원 2018다284226 판결(손해배상(기))에 의하면 임대인이 정당한 사유 없이 임차인이 주선할 신규 임차인이 되려는 자와 임대차계약을 체결할 의사가 없음을 확정적으로 표시한 경우에 임차인이 신규 임차인을 임대인에게 주선할 필요가 없이 권리금 회수방해로 인한 손해배상을 청구할 수 있다는 취지인바, 이러한 취지의 논리가 본건에도 적용 가능하기 때문이다(필자의 개인의견).

<관련내용 정리>

상가건물임대차의 경우는 임차인이 법이 정한 시기에 계약갱신요구권을 행사할 경우 최대 10년까지 임대차기간이 보장된다. 주택의 경우 계약갱신요구권을 행사할 때 최대 4년간 보장되는 점과 차이가 있다.

상가는 상가임대인이 자신이 상가를 운영하겠다면서 임차인의 갱신요구를 거절하면 손해배상책임을 부담한다. 임차인의 권리금회수를 방해한 것으로 판단되기 때문이다. 그러나 주택은 임대인이 자신이 실거주를 하겠다면서 임차인의 계약갱신요구를 거절해도 그 거절이 정당한 것이 된다. 임대인의 주거권도 보장할 필요가 있기 때문이다.

5. 주택에 대한 일시 전출이 이루어진 경우에도 대항력이 소멸될 수 있다.

주택을 임차한 후에 이사(인도)를 하고 전입신고를 마치게 되면 대항요건을 갖추게 되며(주임법 제3조 제1항), 확정일자를 추가로 갖출 경우에 순위에 따른 배당권(이른바 '우선변제권')이 인정된다(주임법

제3조의2 제2항).

주택임대차계약을 체결한 후에 이사를 마치고 전입신고를 하였는데, 해당 주택이 경매에 부쳐졌고, 전입신고보다 선순위 근저당권이 존재한다면, 대항요건을 갖추었으나, 선순위 근저당권에 대항할 수 없어, 확정일자를 받지 않았다면 배당도 받지 못하고 쫓겨날 가능성이 높아진다.

따라서 선순위 근저당권이 존재함에도 불구하고 임대차계약을 체결하는 경우라면, 전입신고를 한 경우라도 확정일자를 꼭 받아야 한다.

주택을 임차하였고, 해당 주택에 근저당권 등 선순위 권리자가 없을 경우, 임차인이 이사를 하고 전입신고를 마치게 되면, 확정일자를 부여받았는지 여부와 상관없이 대항력을 보유할 가능성이 높다.

이때의 대항력은 신소유자에게 임차권으로 대항할 수 있다는 것으로 계약종료일에 신소유자로부터 보증금을 받고 나올 권리를 주장할 수 있다고 생각하면 이해하기 쉽다.

그렇다면, 주택의 임차인이 임차권의 대항력을 취득한 후 일시적으로 가족 전체의 주민등록을 변경하였다가 다시 같은 주소지로 전입하였다면, 이미 취득한 대항력이 유지될까? 대법원은 이미 취득한 대항력의 유지를 인정하지 않았다(대법원 2002다20957 판결 등).

즉, 가족 전체가 일시전출을 한 경우에 이는 전체적으로나 종국적으로 주민등록의 이탈로 볼 수 있기 때문에 대항력은 그 전출 당시 이미 대항요건의 상실로 소멸된다는 것이다.

따라서 대항력을 갖춘 상태였지만 가족 전체가 일시전출을 한 사이에 해당 주택에 근저당권이 설정되고, 해당 주택이 경매에 부쳐졌다면, 임차인은 선순위 근저당권에 대항할 수 없다. 새로 전입신고를 한 것을 기준으로 대항력 유무를 판단하기 때문이다.

그렇다면, 가족의 주민등록은 그대로 둔 채 임차인 자신만 주민등록을 일시적으로 다른 곳으로 옮겼다면? 이러한 경우는 대항력이 유지된다.

즉 대법원은 임차인이 대항력을 취득한 후 임차인과 그 가족의 일부가 다른 곳으로 이사하면서 그들의 주민등록을 새로운 주택 소재지로 옮겼다 하더라도, 동일 세대에 속하였던 가족의 일부가 남아 여전히 당해 주택을 점유하면서 주민등록을 존속시키고 있었다면, 전체적으로 주민등록의 이탈로 볼 수 없다고 해석하고 있다(대법원 98다5968 판결).

<관련내용 정리>

1. 대항요건
   = 인도(이사들어 오는 것) + 전입신고(주민등록)
2. 우선변제권(순위에 따른 배당권)
   = 인도(이사들어 오는 것) + 전입신고(주민등록) + 확정일자
3. 전입신고(주민등록)를 하고 확정일자를 받는 것은 동사무소에서 가능하다.
4. 주택이 경매에 붙여져 소유권이 이전된 경우

말소기준(근저당권 등) 이후 순위로 대항요건(인도+전입신고)을 갖춘 경우라면 임차인은 대항력이 없다. 즉 낙찰자에게 임차인이 대항할 수 없다. 따라서 확정일자를 받은 경우에 확정일자 순위에 따른 배당을 받을 뿐이다. 확정일자를 갖추지 못했다면 배당도 못 받고 낙찰자에 의하여 임차인은 주택에서 쫓겨난다.

5. 주택이 매매로 인하여 소유권이 이전된 경우

주택매매에서는 경매를 전제한 말소기준 개념이 없다. 따라서 임차인이 대항요건(인도+전입신고)을 갖춘 후에 매매가 이루어졌다면 임차인의 대항요건 취득이 매수인의 소유권취득보다 선순위이므로 임차인이 매수인에게 대항할 수 있다. 즉 임대차계약기간 중에 매매로 주택의 소유자가 변경된 경우에 대항요건을 갖춘 임차인은 매수인에게 대항할 수 있어(대항력 보유) 계약기간 종료 후에 매수인에게 보증금을 달라는 주장을 할 수 있다.

6. 신탁법상 신탁자와 임대차계약을 체결하면 보증금확보에 어려움을 겪을 수 있다.

신탁법상 신탁이 이루어진 상태이다. 등기사항증명서(등기부)의 일부에 해당하는 신탁원부에는 신탁자가 수탁자의 동의를 얻어 임대차를 할 권한이 있다고 기재되어 있다. 신탁자가 수탁자의 동의를 얻어 해당 주택에 대하여 신탁자와 임대차계약을 체결한 임차인이 인도, 전입신고, 확정일자를 모두 받았다. 이때 임차인에게 대항력이 인정되는가? 대항력이 인정될 것이다.

다만, 위 대항력은 임대차가 존속하는 동안 임대인이 아닌 제3자에 대하여도 주택에 관한 임차권을 주장하여 이를 사용·수익할 수 있다는 것을 의미할 뿐, 제3자가 임대인의 임대차보증금반환채무를 당연히 승계한다는 것을 의미하지는 않는다.

주임법 제3조 제4항은 "임차주택의 양수인(그 밖에 임대할 권리를 승계한 자를 포함한다)은 임대인의 지위를 승계한 것으로 본다."라고 규정하고 있으나, 수탁자인 신탁회사는 임대인인 신탁자로부터 주택을 양수한 사실이 없고, 임대인이 아닌 수탁자(신탁회사)로부터 이 사건 주택을 양수한 제3자도 위 규정이 적용될 여지가 없다[대전지방법원 2019나101272(본소), 2019나117482(반소) 판결]. 신탁계약에 따라 수탁자에게 소유권이전등기가 경료된 후에 수탁자의 동의에 따라 신탁자와 임차인이 임대차계약을 체결한 것이기 때문이다.

따라서 신탁자와 임대차계약을 체결한 임차인은 수탁자로부터 주택의 소유권을 취득한 제3자에게 보증금반환을 청구할 수 없으며, 수탁자로부터 주택의 소유권을 취득한 제3자는 임차인에게 명도를 청구하거나 정당한 점유기간 동안의 월세에 대하여 부당이득반환청구도 할 수 없다.

즉 대법원 2019다300095(본소), 300101(반소) 판결에 의하면 "이 사건 신탁계약에서 수탁자의 사전 승낙 아래 위탁자 명의로 신탁부동산을 임대하도록 약정하였으므로 임대차보증금 반환채무는 위탁자에게 있다고 보아야 하고, 이러한 약정이 신탁원부에 기재되었으므로 임차인에게도 대항할 수 있다. 따라서 이 사건 오피스텔에 관한 부동산담보신탁 이후에 위탁자인 케이피로부터 이를 임차한 피고는 임대인인 케이피를 상대로 임대차보증금의 반환을 구할 수 있을 뿐 수탁자인 한국토지신탁을 상대로 임대차보증금의 반환을 구할 수 없다. 나아가 한국토지신탁이 임대차보증금 반환의무를 부담하는 임대인의 지위에 있지 아니한 이상 그로부터 이 사건 오피스텔의 소유권을 취득한 원고가 주택임대차보호법 제3조 제4항에 따라 임대인의 지위를 승계하여 임대차보증금 반환의무를 부담한다고 볼 수도 없다."라는 취지이다.

여기서 주의할 것은 임차인의 대항력의 의미가 임차권에 따른 사용·수익에 한하고, 보증금반환청구에게 미치지 않을 수 있다는 점이다. 일반적으로 대항요건 충족을 통해 대항력이 있다고 할 때에 대항력의 효력을 받는 자가 보증금반환의무도 부담하는 사례와 구별된다는 것이다.

위 대법원 판결에 대하여, 대법원 95다22283 판결, 대법원 2007다38908 판결, 대법원 2018다44879 판결 등에 의하면 주임법상의 대항력은 임대인이 주택의 소유자가 아니더라도 적법하게 그에 관하여 임대차계약을 체결할 수 있는 권한을 가진 경우에도 인정되어 왔고, 특히 아파트와 같은 주택 등에 관하여 신탁계약이 흔히 행하여지는 상황에서 이와 같은 사건은 부동산의 임대차 및 신탁의 거래에도 현저한 영향을 미칠 가능성이 있으므로 이 사건에서와 같이 수탁자(소유자)로부터의 임대권한 부여에 따라 임대차계약이 체결된 경우에는 수탁자로부터 소유권을 양수한 제3자에 대하여 임차권의 대항력을 인정하여 임차인이 소유권을 양수한 제3자에게 보증금반환청구를 인정해야 한다는 취지의 견해가 확인된다(양창수, 2022. 4. 11.자 법률신문 참고).

필자의 단견에 의하더라도 신탁부동산의 신탁원부에 신탁자가 수탁자(신탁회사)의 동의를 얻어 임대차를 할 수 있도록 규정되어 있어서, 이를 믿고 임차인이 신탁부동산에 대하여 명의자가 아닌 신탁자와 임대차계약을 체결하였는데, 그 대항력의 의미가 단지 사용·수익권에 한정되고, 보증금 반환청구에 미치지 않는다는 것은 기존 대항력의 의미와 상충되고, 위 대법원 판결 결론을 충실하게 따를 경우에 신탁부동산이 경매로 넘어가는 경우에 임차인이 인도, 전입신고, 확정일자를 모두 갖춘 경우라도 순위에 따른 배당을 받을 수 없는 것으로 해석되는바, 주임법상 우선변제권(순위에 따른 배당권) 규정의 임차인보호 취지에 반하는 결과가 발생한다.

정리하자면 신탁부동산에 대한 임대차계약을 체결할 경우에 신탁원부에 따라 신탁자를 임대인으로 할 경우 보증금확보에 문제가 생길 가능성이 매우 높다는 것인바, 신탁원부가 등기부의 일부에 해당한다는 점, 주임법상 우선변제권(순위에 따른 배당권) 규정에 따른 임차인 보호취지 등을 고려하면 위 대법원 판결에 의문이 있다.

결국 위 대법원 2019다300095(본소), 300101(반소) 판결에 의하면 등기상 소유자인 수탁자(신탁회사)의 동의를 얻어 신탁자와 임대차계약을 체결하더라도 보증금을 확보하지 못할 가능성이 있다는 것인바, 임차인은 주택 명의자인 수탁자와 임대차계약을 체결하는 것이 보증금확보 측면에서 안전하다고 이해된다. 그리고 신탁부동산에 대한 임대차계약을 체결할 때에는 계약종료 시 보증금을 누가 돌려주는 것인지 명확하게 계약서에 적시하는 방법도 고민할 필요가 있겠다.

<관련내용 정리>

신탁법상 신탁자는 신탁부동산의 소유자가 아니다. 수탁자 즉 신탁회사가 신탁부동산의 소유자이다. 반면 부동산의 소유자는 아니되 임대권한이 있는 자와 임대차계약을 체결해도 그 임대차계약을 유효하다.

따라서 소유자인 수탁자(신탁회사)의 동의를 얻어 신탁자와 체결한 임대차계약도 유효하다. 그러나 수탁자가 신탁부동산의 소유권을 제3자에게 넘기게 되면 임차인이 그 제3자에게 계약종료 후 보증금을 달라고 할 수 없다는 것이 위 판례의 핵심적 내용이다.

위 판례에 대한 비판적 견해가 있지만, 현재의 판례이므로 임차인은 가능한 한 소유자에 해당하는 수탁자(신탁회사)와 계약을 체결하는 것이 좋고, 임대차계약 종료시 보증금반환주체가 누구인지 계약서에 명시하는 것이 좋다.

7. 주택임차인이 소액보증금 최우선배당 제도를 이용한다는 생각은 버려야 한다.

주택 소액임차인의 최우선변제권이라는 것이 있다. 이는 경매등기(경매개시결정기입등기) 전에 소액임차인이 주택의 인도와 전입신고(주민등록)라는 요건을 갖출 경우 은행의 선순위 근저당권보다도 우선순위로 배당받는 경우라고 생각하면 된다(주임법 제8조).

현재 서울의 경우 보증금 1억 6천 500만원 이하의 경우 5천 500만원까지 최우선배당이 인정된다(2023. 2. 21.부터 현재까지). 서울을 기준으로 해서 예를 들어보자. 시가 1억 5천만원인 주택에 은행융자가 4천만원 정도 있었는데, 경매로 1억원에 매각되었다고 가정하자.

위 주택에 보증금 8천만원에 임차인이 들어가 있었고, 경매등기 전에 주민등록을 마쳤다고 가정할 때 임차인은 주택의 경매대금에서 은행융자 4천만원보다 먼저 일정액을 배당받는다(경매비용이 가장 선순위지만 단순화를 위해 제외시킴).

즉, 매각대금 1억원에서 5천 500만원을 먼저 임차인이 배당받는다. 그렇게 되면 4천 500만원이 남고, 은행이 4천만원을 배당받는다. 은행이 4천만원을 배당받고 나면 500만원이 남게 되는데, 이 500만원도 임차인이 배당받는다. 단 임차인이 확정일자까지 마친 것을 전제한다(즉 ①순위 5천 500만원: 임차인, ②순위 4천만원: 은행, ③순위 500만원 : 임차인).

결국 임차인은 ①순위와 ③순위로 도합 6천만원을 배당받음으로써 보증금 8천만원 중에서 2천만원을 손해 보게 된다. 임차인이 위와 같은 내용을 모두 알고 있고, 임대인과 협상 끝에 보증금을 5천 500만원으로 정하고 나머지 보증금 2천 500만원을 월세로 환산하여 지급하는 것으로 약정할 경우 보증금 전액이 최우선배당의 대상이 될 수 있을 것이다.

그렇다면, 5천 500만원 이하로 보증금을 약정하고 일정액의 월세를 지급하는 것으로 약정하면 모두 안전할까? 그렇지 않다. 특히 다가구주택이라면 안전하지 않을 가능성이 있다. 다가구주택은 배당에 있어서 단독주택이다. 최우선변제를 받을 소액임차인이 다수일 경우 그들이 받아야 할 우선배당금의 합산액이 주택가액의 1/2을 초과하는 경우, 1/2에 해당하는 금액을 한도로 임차보증금의 비율에 따라 안분·배당된다(주임법 제8조 제3항).

결국 위 사례에서 해당주택이 다가구주택이고 5천 500만원의 보증금을 지급한 임차인이 두 가구라면 그들의 합산액은 1억 1천만원이 되고 이러한 1억 1천만원은 주택가격 1억원의 1/2인 5천만원을 초과하고 있다. 따라서 주택가격의 1/2인 5천만원의 한도에서 두 임차인이 각각 2천 5백만원씩만 최우선으로 배당을 받게 된다.

필자의 상담사례 중에서 중개사가 임차인을 설득하길 최우선배당이 되는 금액을 보증금으로 제시하였으니 100% 안전하다는 취지로 설명했지만, 그 주택은 다가구였다. 따라서 다가구를 임차할 때, 최우선배당을 언급하면서 안전성을 강조할 경우 위와 같은 문제가 있음을 인식하고 임대차 여부를 결정할 필요가 있겠다.

게다가 소액임차인으로 보호되는 보증금 5천 500만원에 맞추어 계약을 체결한 결과 후순위 근저당권자 등이 채권전액을 배당받지 못할 경우, 근저당권자 등이 배당이의 소송 등을 제기할 가능성도 있음을 주의할 필요가 있다.

이와 관련하여 대법원 2003다50771 판결에 의하면, "채무자가 채무초과 상태에서 채무자 소유의 유일한 주택에 대하여 주택임대차보호법 제8조의 소액보증금 최우선변제권 보호대상인 임차권을 설정해준 경우 사해행위취소의 대상이 될 수 있다."는 취지이다.

〈관련내용 정리〉

소액주택임차인의 최우선배당권(최우선 변제)은 선순위 근저당권자에게는 이해하기 어려운 제도일 수 있다. 주택이 경매에 들어갈 때 은행의 대출채권을 담보한 근저당권이 우선함에도 불구하고 소액보증금 임차인이라는 이유로 선순위 근저당권보다 일정금액을 먼저 배당해주는 제도이기 때문이다.

따라서 선순위 근저당권이 존재함에도 불구하고 소액임차인이 존재하는 경우라면 차후 경매가 진행될 때에 근저당권자 입장에서는 임차인이 가짜 소액임차인이 아닌지 여부를 면밀하게 관찰하게 되고, 뭔가 문제가 있어 보이면 배당이의 등의 소를 제기하게 된다.

이러한 문제의 태생적 원인은 후순위 소액임차인이 일정액에 대하여 선순위 근저당권보다 우선하여 배당받기 때문이다. 따라서 이러한 소액보증금 임차인의 지위를 이용(악용)할 생각으로 임대차계약을 체결하면 문제가 발생할 소지가 생기는 것이다.

상가건물임대차

제2장

8. 상가의 보증금 또는 월세 인상한도가 항상 5%인 것만은 아니다.

상가의 차임 또는 보증금의 인상한도를 알아보자. 상임법(상가건물임대차보호법)상 환산보증금 기준을 충족[환산보증금 기준의 충족이란 서울을 예로 들 경우에 환상보증금 9억원 이하를 의미. 환산보증금 계산법: 환산보증금=보증금 +(월세×100). 예를 들어 보증금 2억원에 월세 100만원이라면 환산보증금은 3억원이 됨, 즉 보증금 2억원+(월세 100만원×100)=3억원]한 경우에는 상임법 제11조 및 상임법 시행령 제4조에 의해서 1년 단위로 청구 당시의 차임 또는 보증금의 연 5% 한도 내에서만 인상이 가능하다.

서울을 예로 들 경우에 환산보증금이 9억원(서울의 환산보증금 기준. 상임법 시행령 제2조 제1항 참고)을 초과하는 10억원이라고 가정한다면, 차임 또는 보증금 연 5% 인상한도의 적용은 없다. 따라서 연 5% 이상의 인상도 가능하다. 이는 상임법 제2조 제3항에서 '차임 등의 증감청구권'을 규정한 상임법 제11조를 준용하지 않고 있기 때문이다.

환상보증금 기준을 충족(서울을 예로 들 경우에 환상보증금 9억원 이하)하는 것을 전제로 하여, 상임법상의 연 5%라는 인상한도는 기본적으로 계약기간 중의 인상을 전제한 것이므로, 상임법상 환산보증금 기준을 충족(서울을 예로 들 경우에 환상보증금 9억원 이하)하는 사안이라고 가정하더라도 재계약의 경우에는 인상한도 5%가 적용되지 않는다는 것이 실무적인 입장이다. 즉 연 5% 이상의 인상이 가능하다는 것이다.

그렇다면, 임차인이 계약갱신요구를 통하여 계약이 연장된 경우에도 연 5%라는 인상한도가 적용될까? 상임법 제10조 제3항은 임차인이 적법절차에 따라 계약갱신요구를 하여 계약이 연장된 경우에도 연 5% 인상한도가 적용된다고 규정하고 있다. 따라서 서울을 예로 들 경우에 환산보증금이 9억원 이하인 경우에는 연 5% 규정이 적용된다고 보아야 할 것이다.

그렇다면, 서울을 예로 들 경우에 환산보증금 기준 9억원을 초과하여 환산보증금이 10억원이라고 가정할 때 이러한 경우에도 연 5% 인상한도 규정이 적용될까? 현재의 상임법에 따르면, 환산보증금의 소액·고액 등 그 액수에 상관없이 모든 상인에게 계약갱신요구권을 인정하고 있기 때문에 이러한 문제가 발생한다.

이에 대하여 상임법은 제10조의2에서 상임법의 환산보증금 기준을 초과하는 임차인이 계약갱신요구를 하여 계약이 연장된 경우 차임과 보증금 등의 증감을 청구할 수 있다고 규정하면서, 연 5% 인상한도에 대한 규정을 준용하지 않고 있다. 따라서 환산보증금 기준을 초과하여 민법이 적용되는 경우이지만 상임법상의 계약갱신요구권을 행사한 경우에는 상임법상 인상한도 5%의 적용이 없고, 그 이상의 인상도 가능하다고 해석된다.

묵시의 갱신이 된 경우는 어떨까? 상입법 제10조 제4항은 묵시의 갱신의 경우 "전 임대차와 동일한 조건으로 다시 임대차한 것으로 본다. 이 경우에 임대차의 존속기간은 1년으로 본다."라고만 규정하고 있을 뿐이고, 임차인의 갱신요구에 의해 계약이 연장된 경우처럼(상임법 제10조 제3항), 연 5% 인상한도 여부에 대한 내용 자체가 없다.

따라서 상임법 규정으로 볼 때 묵시의 갱신이 된 경우에는 임차인이 계약갱신요구를 해서 계약이 연장된 경우와 달리, 종전 임대차 조건이 그대로 적용된다고 보는 것이 타당할 것이다. 결국, 묵시의 갱신의 경우 연 5%의 인상한도 적용이 없고, 인상 자체가 인정되지 않는다고 보아야 할 것이다.

〈관련내용 정리〉

법률적으로 차임 또는 보증금을 5% 인상할 수 있는 상황이라고 가정하자. 이때 임대인이 5%의 인상을 요구하면 그대로 인상될까? 임대인이 5%의 인상을 요구하였는데, 임차인이 곧바로 현재 경제상황 등을 고려하면 오히려 차임 또는 보증금이 감액되어야 할 사안이라고 맞설 수 있다. 상임법 제11조가 '차임 등의 증감 청구권'을 규정하여 감액 주장도 가능하기 때문이다.

이러한 상황이 된다면 결국 재판을 해서 인근 상가 등의 차임 등을 감정하여 분쟁상가의 적절한 차임 등의 시세를 확인해야 하는데, 대부분의 임대차에 있어 차임과 보증금은 재판을 할 만한 수준의 차임 또는 보증금이 아닌 문제가 있다.

필자도 증·감액에 대한 여러 상담을 해왔지만, 실제 증액청구를 관철하기 위해서 소송을 제기한 사건은 대략 2건 정도 있었던 것으로 기억한다. 그 중 1건은 월세가 1억원이 넘었기 때문에 소의 실익이 존재하였고, 소송 제기 도중에서 조정으로 해결되었다.

결국 임차인이 차임 또는 보증금의 감액사안이라고 주장하면서 버티게 되면 증액을 요구하는 임대인 입장에서는 문제해결에 어려움을 겪을 수밖에 없다.

9. 임대인의 임차목적물 사용·수익상태 유지의무는 임대인의 귀책 여부와는 무관하게 인정된다.

민법 제623조는 "임대인의 의무"라는 제목 아래에 "임대인은 목적물을 임차인에게 인도하고 계약존속 중 그 사용, 수익에 필요한 상태를 유지하게 할 의무를 부담한다."고 규정하고 있다.

그렇다면, 민법 제623조의 "임대인의 임차목적물 사용·수익상태 유지의무"의 구체적 의미는 무엇인가?

대법원 2021다202309 판결에 의하면 "임대인의 임차목적물의 사용·수익상태 유지의무는 임대인 자신에게 귀책사유가 있어 하자가 발생한 경우는 물론, 자신에게 귀책사유가 없이 하자가 발생한 경우에도 면해지지 아니한다. 또한 임대인이 그와 같은 하자 발생 사실을 몰랐다거나 반대로 임차인이 이를 알거나 알 수 있었다고 하더라도 마찬가지이다."라는 취지이다.

상가의 용도변경의무도 "임대인의 임차목적물의 사용·수익상태 유지의무"의 범위에 포함되는가? 그렇다는 것이 위 대법원 판결의 취지이다.

원심법원(인천지방법원 2020나56066 판결)은 임차인뿐만 아니라 임대인도 건물용도 변경으로 인하여 종전 임차인이 아닌 다른 임차인이 이 사건 점포에서 편의점 및 담배소매업을 하기 어려워졌다는 사실을 알지 못하였다는 사실 등을 들어, 임대인의 임대차목적물에 관한 사용·수익상태 유지의무 위반이 인정되지 아니하거나 임대인의 손해배상책임을 부담하지 아니한다고 판단하였으나 위 대법원은 임대인의 귀책사유가 없는 경우에도 임대인의 임차목적물의 사용·수익상태 유지의무가 존재한다는 취지로 원심판결을 파기·환송한 것이다.

어떠한 사안이었을까? 원고(임차인)는 2018. 7. 20. '피고 회사(임대인)'로부터 부천시에 있는 '이 사건 점포(이 사건 건물 중 103호)'를 기간 2018. 6. 1.부터 2020. 5. 31.까지, 임대목적 편의점으로 정하여 임차하는 '이 사건 임대차계약'을 체결하였다.

그런데 전임차인은 원고의 남동생이었다. 전임차인이 이 사건 점포를 편의점으로 운영할 때는 그 용도가 근린생활시설로 이 사건 점포의 운영에 아무런 문제가 없었다.

그러나 전임차인이 편의점을 운영하면서 어느 순간부터 전임차인의 누나인 원고가 피고 회사에 차임을 지급해 오던 중에 원고가 원고의 남동생인 이 사건 점포의 전임차인으로부터 이 사건 점포를 양수하는 계약을 체결하고 정식으로 원고가 임차인이 된 사례다.

이러한 경우에도 원고와 피고 회사 사이에 이 사건 임대차계약서가 작성되었으므로 특별한 사정이 없으면 거기에 기재된 문언대로 원고와 피고 회사 사이에 이 사건 임대차계약이 체결된 것으로 보아야 하며, 원고의 요청으로 그 임대차계약서가 작성되었다고 하더라도 그와 같은 점이 부인될 수는 없다는 것이다.

그런데 문제는 피고 회사가 2016. 11. 11. 이 사건 건물 1~3층의 용도를 근린생활시설에서 공장으로 변경하였던 것이었고, 그 변동내역이 일반건축물대장에 등재된 것이다.

이에 따라 그 이전에 영업신고를 하고 담배소매인 지정을 받은 전임차인이 이 사건 점포에서 계속하여 편의점을 운영하고 담배소매업을 하는 것은 허용되지만, 다른 사람이 새로이 이 사건 점포를 편의점으로 영업신고하거나 담배소매인 지정을 받는 것은 불가능해져 버렸다.

코리아세븐은 2018. 8.경 원고측에 담배소매인 지정불가 및 점포이전 불가에 따른 가맹계약해지 및 위약금에 관한 안내를 하였고, 전임차인의 매출액에 따라 산출된 영업 위약금 7,982,982원, 철거비 2,500,000원, 인테리어 잔존가 1,869,143원 등 합계 12,352,125원의 위약금을 청구하였다.

이에 원고는 2018. 12.말경 편의점 영업을 중단하였으며, 2019. 1. 17.경 피고 회사에게 이 사건 점포를 인도하게 된 것이다.

임대인의 임차목적물의 사용·수익상태 유지의무는 임대인 자신에게 귀책사유가 있어 하자가 발생한 경우는 물론, 자신에게 귀책사유가 없이 하자가 발생한 경우에도 면해지지 아니한다(대법원 2009다96984 판결).

또한 임대인이 그와 같은 하자 발생 사실을 몰랐다거나 반대로 임차인이 이를 알거나 알 수 있었다고 하더라도 마찬가지이다.

원고가 이 사건 임대차계약에 의하여 정하여진 바에 따라 이 사건 점포를 편의점으로 사용·수익하는 데 장해가 발생한 상황이었으므로 임대인인 피고 회사로서는 그와 같은 장해의 발생에 책임이 있는지 여부나 사전에 그 장해의 발생을 인지하였는지 여부를 떠나 이를 제거할 의무를 부담한다고 봄이 타당하다는 것이다.

따라서 원심이 피고 회사에게 임대인으로서의 의무 위반이 인정되지 아니할 뿐만 아니라 의무 위반에 따른 손해배상책임도 부담하지 아니한다고 판단한 것은 임대인의 임대차목적물의 사용·수익상태 유지의무에 관한 법리를 오해하여 판결에 영향을 미친 잘못이 있다는 취지이다.

<관련내용 정리>

민법 제623조는 '임대인의 의무'라는 제목 아래에 "임대인은 목적물을 임차인에게 인도하고 계약존속 중 그 사용, 수익에 필요한 상태를 유지하게 할 의무를 부담한다."고 규정하고 있는 반면, 민법 제309조는 '전세권자의 유지, 수선의무'라는 제목 아래에 "전세권자는 목적물의 현상을 유지하고 그 통상의 관리에 속한 수선을 하여야 한다."라고 규정하고 있다.

건물에 대한 사용권은 대체로 임대차인 경우가 많으므로 임차물 사용에 있어 어떠한 문제가 발생하면 임차인이 임대인에게 수리 등을 요구하여 해결하지만, 전세권 등기를 하는 전세권자는 이와 달리 통상의 관리에 속하는 수선 등의 문제를 스스로 해결하는 것이 원칙이다.

10. '차임 등의 증감을 청구'한 경우에 증액기준을 초과하여 합의하면 그 초과부분은 무효다.

상가의 보증금과 월세의 경우 상임법이 적용되어 보증금 또는 월세 증액이 제한되는 경우가 있다. 상임법(상가건물임대차보호법)은 모든 상가건물임대차에 적용되는 규정과 일정한 금액의 환산보증금 규정 충족을 전제로 적용되는 규정으로 나뉘는데(상임법 제2조), 보증금 또는 월세 증액에 대한 제한 규정인 상임법 제11조는 일정한 금액의 환산보증금 규정 충족을 전제로 한다.

예를 들어 서울의 경우 현재는 환산보증금 9억원[환산보증금 계산법: 환산보증금 = 보증금 + (월세 × 100). 예를 들어 보증금이 2억원이고 월세가 100만원이라면, 환산보증금은 3억원이 됨] 이하의 경우에만 보증금 또는 월세 증액 제한 규정인 상임법 제11조가 적용되는 것이다. 그렇다면, 보증금 또는 월세 증액 제한 기준은 어떻게 되는가? 현재는 연 5%가 그 기준이다.

<표 1>

상임법 제11조(차임 등의 증감청구권) ① 차임 또는 보증금이 임차건물에 관한 조세, 공과금, 그 밖의 부담의 증감이나 「감염병의 예방 및 관리에 관한 법률」 제2조 제2호에 따른 제1급 감염병 등에 의한 경제사정의 변동으로 인하여 상당하지 아니하게 된 경우에는 당사자는 장래의 차임 또는 보증금에 대하여 증감을 청구할 수 있다. 그러나 증액의 경우에는 대통령령으로 정하는 기준에 따른 비율을 초과하지 못한다.

상임법 시행령 제4조(차임 등 증액청구의 기준) 법 제11조 제1항의 규정에 의한 차임 또는 보증금의 증액청구는 청구 당시의 차임 또는 보증금의 100분의 5의 금액을 초과하지 못한다.

즉, 위 <표 1>에서 확인되는 것처럼 상임법 시행령 제4조는 "법 제11조 제1항의 규정에 의한 차임 또는 보증금의 증액청구는 청구 당시의 차임 또는 보증금의 100분의 5의 금액을 초과하지 못한다."고 규정하고 있다.

상가임대차계약을 2년의 기간으로 정하여 체결하였으며, 지역은 서울이고 환산보증금이 3억원이라고 가정하자. 이런 경우라면, 보증금 또는 월세 제한 규정인 상임법 제11조가 적용된다.

그런데 상가임대차계약 2년 종료에 즈음하여 임대인의 요구로 계약을 다시 체결하면서, 보증금 또는 월세에 대한 증액기준인 연 5%를 초과하는 계약을 체결하였다. 계약 체결 당시에 임차인은 임대인의 증액요구가 부당하다고 생각하였으나, 사업을 계속하고 싶은 마음에 임대차계약을 체결하였으며, 이후 임대인과의 사이가 악화되었다.

이런 경우 임차인이 보증금 또는 월세 제한 규정에 따른 연 5% 초과금액에 대한 초과금액부당이득반환청구를 고려하는 경우가 있는데, 연 5%를 초과한 약정과 그에 따라 지급한 초과금액의 차후 부당이득반환청구가 인정될까? 일률적으로 말하기 어렵다.

정리하자면, 차임증감청구 규정은 임대차계약의 존속 중 당사자 일방이 약정한 '차임 등의 증감을 청구'한 경우에 적용되므로, ① 임대차계약이 종료한 후 재계약을 하거나, ② 임대차계약 종료 전이라도 당사자 간의 합의로 차임 등을 증액하는 경우에는 연 5% 초과 약정에 따른 월세 등의 지급에 대하여 그 초과부분에 대한 부당이득반환청구를 할 수 없다(대법원 2013다80481 판결).

그런데 상임법상 임차인의 정상적인 계약갱신요구권 행사가 있으면 그때에도 차임증감청구 규정이 적용된다(상임법 제10조 제3항, 제11조). 따라서 임차인의 정상적인 계약갱신요구권 행사가 있었고, 임대인의 갱신거절이 정당하지 않은 상황에서 계약종료 무렵에 재계약의 형식을 취하였다고 하더라도, 이러한 '재계약'을 위 대법원

2013다80481 판결에 따른 '재계약'으로 볼 수는 없으므로, 연 5% 초과 약정에 따른 월세 등의 지급에 대하여 그 초과부분에 대한 부당이득반환청구가 인정된다(대법원 2013다35115 판결).

<관련내용 정리>

상임법 제11조 동법 시행령 제4조의 '차임증감청구 규정'은 '차임 등의 증감을 청구'한 경우에 적용된다. 따라서 이러한 '차임 등의 증감 청구'가 없었고 합의 내지 재계약으로 5% 이상을 증액한 경우에는 증감청구에 따른 5% 제한 규정이 적용되지 않는다.

그러나 상임법 제10조 제3항은 "갱신되는 임대차는 전 임대차와 동일한 조건으로 다시 계약된 것으로 본다. 다만, 차임과 보증금은 제11조에 따른 범위에서 증감할 수 있다."라고 규정하고 있어 계약갱신요구에 따라 갱신되는 임대차는 '증감청구 규정'이 적용된다.

따라서 임차인이 계약갱신요구권을 행사한 이후 임차인과 임대인이 종전 임대차기간이 만료할 무렵 신규 임대차계약의 형식을 취한 경우에도 그것이 임차인의 계약갱신요구권 행사에 따른 갱신의 실질을 갖는다고 평가되는 한 이를 두고 종전 임대차에 관한 재계약으로 볼 수 없고 5% 초과부분이 무효가 되는바, 그 5% 초과부분에 대한 부당이득반환청구권이 인정된다.

11. 상가월세 3회분을 연체하면 임차인의 주요권리들이 박탈된다.

상가를 임차한 후에 월세를 연체하는 경우가 있는데, 그 이유도 다양하다. 대부분의 연체사례는 장사가 잘 되지 않아서 월세를 지급하지 못하는 경우지만, 장사가 그럭저럭 되는 경우에도 임대인과의 감정싸움 때문에 월세를 연체하는 경우도 있다.

상임법(상가건물임대차보호법) 제10조의8이 2015. 5. 13.경에 신설되기 전에는 상가 및 주택 모두 월세 연체액이 2회분에 달할 때에 임대인의 즉시해지가 가능했다(상임법 제10조의8 규정이 신설되기 전에 상가임대차에 있어서도 민법규정에 따라 2기 연체시 계약해지가 가능하다는 취지의 판례로는 대법원 2012다28486 판결 참고).

그런데 상임법 제10조의8이 신설되면서, 상가임대차의 경우는 주택과 달리 월세 연체액이 3회분에 달해야 계약해지가 가능토록 변경되었다. 위 3기 연체 시 계약해지 규정은 상임법 제2조 제3항에 따라 환산보증금의 소액·고액 등 그 액수에 상관없이 적용된다.

상가임대차계약을 체결하면서, 월세를 1기만 연체해도 또는 2기만 연체해도 임대인이 계약을 해지할 수 있다고 규정하면, 유효한가? 무효가 될 가능성이 높다.

상임법 제15조가 "이 법의 규정에 위반된 약정으로서 임차인에게 불리한 것은 효력이 없다."고 규정하고 있기 때문이다(대구지방법원 2018가합209076 판결에 의하면 상가임대차에 있어 2기의 차임연체에 달하면 계약해지가 가능하다는 약정해지권을 무효로 보면서 다만 임대인이 임차인에게 해지통보를 할 당시에 차임연체 3기에 달한 사실을 근거로 법정해지권 인정).

그렇다면, 상가임대차에 있어 3회분 차임연체의 진정한 의미는 무엇일까? 상가 차임연체 특히 3회분의 차임연체가 발생한 경우에 임차인에 인정되는 중요한 권리가 대부분 박탈될 수 있다는 사실을 알고 있을 필요가 있다.

최근에 신설되어 상가임차인 보호에 많은 영향을 끼치고 있는 "권리금회수기회요청권(상임법 제10조의 4)"만 보아도 그렇다.

임차인이 법정요건을 갖추어 "권리금회수기회요청권"을 행사한 경우라도, 임차인이 3회분의 월세를 연체한 사실이 존재하는 경우, 임대인은 임차인의 "권리금회수기회요청권"이라는 강력한 권리를 거절해도 아무런 문제가 없게 된다(상임법 제10조의4 제1항, 제10조 제1항 제1호).

또한, 월세를 3회분 이상 연체한 경우, 임대인이 계약해지를 하고 그 의사가 임차인에게 도달한 경우 바로(즉시) 계약이 해지되어 "권리금회수기회요청권"을 행사할 기회도 상실된다.

그뿐인가? 상가를 임차하면 10년 보장된다고 생각하는 분들이 많지만, 월세연체로 즉시 해지된 경우에는 임차인의 "계약갱신요구권"이 인정되지 않고, 해지 즉시 상가를 명도할 의무를 떠안게 된다. 주의할 일이다.

참고로 대법원 2020다255429 판결에 의하면 "상가건물 임대차보호법(이하 '상임법') 제10조의8은 임대인이 차임연체를 이유로 계약을 해지할 수 있는 요건을 '차임연체액이 3기의 차임액에 달하는 때'라고 규정하였다. 반면 임대인이 임대차기간 만료를 앞두고 임차인의 계약갱신요구를 거부할 수 있는 사유에 관해서는 '3기의 차임액에 해당하는 금액에 이르도록 차임을 연체한 사실이 있는 경우'라고 문언을 달리하여 규정하고 있다(상임법 제10조 제1항 제1호). 그 취지는, 임대차계약 관계는 당사자 사이의 신뢰를 기초로 하므로, 종전 임대차기간에 차임을 3기분에 달하도록 연체한 사실이 있는 경우에까지 임차인의 일방적 의사에 의하여 계약관계가 연장되는 것을 허용하지 아니한다는 것이다. 위 규정들의 문언과 취지에 비추어 보면, 임대차기간 중 어느 때라도 차임이 3기분에 달하도록 연체된 사실이 있다면 임차인과의 계약관계 연장을 받아들여야 할 만큼의 신뢰가 깨어졌으므로 임대인은 계약갱신요구를 거절할 수 있고, 반드시 임차인이 계약갱신요구권을 행사할 당시에 3기분에 이르는 차임이 연체되어 있어야 하는 것은 아니다."라는 취지이다.

결국 임대인이 임차인에게 차임연체를 이유로 계약을 해지하려면 해지 당시에 3회분의 차임연체에 달하고 있는 상태에 있어야 할 것이나, 임대인이 임차인의 계약갱신요구를 거절하거나 권리금회수를 거절할 경우에는 그 당시 3회분의 차임연체에 달한 상태에 있어야 필요는 없고, 3회분의 차임연체에 달했던 사실만 있으면 족하다고 해석된다.

<관련내용 정리>

월세가 100만원인데 임차인이 세 달째 80만원씩만 월세를 지급하고 있다. 3회분의 월세를 연체한 것인가? 아니다. 연체액을 합하면 60만원(20만원씩 연체 × 3달)에 불과하기 때문이다. 월세가 100만원이라면 3회분의 연체액 즉 3기의 연체액은 300만원을 의미한다. 따라서 월세연체액이 300만원에 달하여야 월세 3기의 연체 즉 월세 3회분의 연체 요건을 충족하게 된다.

계약해지 요건으로서의 월세 3회분의 연체는 해지의 의사표시 도달 당시에 3회분의 연체 사실이 유지되고 있어야 한다. 예를 들어 월세 4회분의 연체사실을 확인하고 임대인이 내용증명우편을 통해 임차인에게 차임연체를 이유로 한 계약해지통보를 했는데, 내용증명우편이 임차인에게 도달하기 직전에 계좌이체로 월세 2회분 입금되었다면, 해지의 의사표시 도달 당시의 연체액은 단지 2회분 연체에 불과하여 계약해지가 인정되지 않는다.

다만 임대인이 임차인의 계약갱신요구를 거절하거나 권리금회수를 거절함에 있어서는 그 거절 당시에 3회분을 연체하고 있는 상황을 유지하고 있을 필요는 없고 한번이라도 월세 3회분의 연체를 한 사실이 있었다면 각 거절을 할 수 있다.

12. 재건축 사유와 1년 6개월 이상 영리목적 미사용 등 사유 결합을 이유로 해서도 임대인의 권리금회수거절이 가능할 수 있다.

상임법은 상가임차인에게 계약종료 6개월 전부터 계약종료시까지 권리금회수기회 요청권을 인정하면서, 임차인의 위 권리를 임대인이 방해를 하면 임차인이 임대인에게 권리금상당 손해배상을 청구할 수 있도록 규정하고 있다(상임법 제10조의4).

다만, 상임법은 임차인의 권리금회수기회 요청권 행사에도 불구하고 임대인이 정당한 사유를 들어 이를 거절하면 임차인에게 손해배상책임을 부담하지 않는 것으로 규정하고 있는데, 그 거절의 정당한 사유 중 하나로 상임법 제10조의4 제2항 제3호가 "임대차 목적물인 상가건물을 1년 6개월 이상 영리목적으로 사용하지 아니한 경우"라고 규정하고 있다.

또한, 상임법 제10조의4 제1항은 동법 제10조 제1항 각호의 사유가 있을 경우에도 임대인의 권리금회수거절이 문제되지 않는다는 것인데, 그 사유 중 하나로 재건축 등의 사유도 규정되어 있다.

즉, 상임법 제10조 제1항 제7호는 "7. 임대인이 다음 각 목의 어느 하나에 해당하는 사유로 목적 건물의 전부 또는 대부분을 철거하거나 재건축하기 위하여 목적 건물의 점유를 회복할 필요가 있는 경우, 가. 임대차계약 체결 당시 공사시기 및 소요기간 등을 포함한 철거 또는 재건축 계획을 임차인에게 구체적으로 고지하고 그 계획에 따르는 경우, 나. 건물이 노후·훼손 또는 일부 멸실되는 등 안전사고의 우려가 있는 경우, 다. 다른 법령에 따라 철거 또는 재건축이 이루어지는 경우"라고 규정하여 '재건축 등'을 이유로 한 권리금회수거절의 사유를 한정적으로 열거하고 있다.

임차인이 권리금을 회수하기 위해 새로운 임차인이 될 사람을 상임법 요건에 맞추어 적절한 시기에 임대인에게 소개를 했는데, 임대인이 재건축을 할 계획이거나 임대인이 상가를 매각할 예정이고 상가의 신소유자가 상가를 재건축할 예정이라면, 위 상임법 제10조 제1항 제7호의 사유를 들어 임차인의 권리금회수요청을 임대인이 거절할 수 있을까?

위 상임법 규정을 충족하지 못하는 경우라면 임차인의 권리금회수요청을 거절할 수 없다. 거절하게 되면 손해배상책임을 지게 된다.

즉, 위 상임법 규정에 따라 ① 임대차계약 체결 당시에 공사시기 및 소요기간 등을 포함한 철거 또는 재건축 계획을 임차인에게 구체적으로 고지하고 그 계획에 따르는 경우이거나, ② 안전진단 결과 건물이 안전사고에 이를 가능성이 높거나, ③ 도시정비법 등 관련법령에 따라 재건축 등이 이루어지는 경우에 한하여 임대인의 갱신거절이 가능할 뿐이고, 위와 같은 요건을 갖추지 못한 채 단순히 '재건축을 임대인이 계획'하고 있었다거나, '상가를 매각할 예정이고 매수인이 철거 및 재건축을 원한다는 사정'만으로 위 법규정을 근거로 갱신거절을 할 수 없다는 것이다.

그렇다면, 임대인이 임차인에게 상가의 재건축을 할 예정임을 밝히거나, 임대인이 상가를 매도할 예정이고 신소유자가 재건축을 할 예정이라는 사정을 밝히면서 추가적으로 상임법 제10조의4 제2항 제3호의 사유인 "임대차 목적물인 상가건물을 1년 6개월 이상 영리목적으로 사용하지 아니한 경우"를 내세워 임차인의 권리금회수 요청을 거절할 수 있을까?

대법원 2021다272346 판결에 의하면, 구체적 사정에 따라 가능할 수 있다는 취지이다. 결국 위 대법원 판결의 취지에 의하면, 임대인이 상임법 제10조 제1항 제7호의 '재건축 등의 사유'를 충족하지 못하는 상황이더라도, 재건축을 할 예정이고 그에 따라 공사하는 기간동안 그리고 그에 더하여 공실로 비워두거나 영리목적으로 사용하지 않는 기간이 1년 6개월에 달할 것임을 주장하면서, 임차인의 권리금회수요청을 거절할 경우에, 임차인이 권리금도 회수하지 못하고 상가를 인도해야 하는 문제가 발생한다.

상임법 제10조의4 제2항 제3호의 사유, 즉 "임대차 목적물인 상가건물을 1년 6개월 이상 영리목적으로 사용하지 아니한 경우" 부분에 대한 해석과 관련하여 과거 논란이 있었고(과거적 표현 사용), 권리금회수를 거절하자마자 임차인이 임대인에게 손해배상청구를 할 경우에 미래적인 1년 6개월 후의 상황까지 법원에서 판단해야 하는 부담이 있을 수 있다는 점과 '재건축 등'의 사유를 전제로 임차인의 권리금회수를 거절할 수 있는 사유가 상임법에 이미 구체적으로 특정(상임법 제10조 제1항 제7호)되어 있은 점을 함께 고려하면, 상임법에 특정된 '재건축 등'의 사유를 충족하지는 못하였으나 '단지 재건축의 필요성이 있는' 임대인이 상임법 제10조의4 제2항 제3호의 사유, 즉 "임대차 목적물인 상가건물을 1년 6개월 이상 영리목적으로 사용하지 아니한 경우"를 권리금회수 거절 사유로 주장할 경우에 임차인의 권리금회수가 불가능하게 되는 점을 고려할 때 위 대법원의 판단에 아쉬움이 남는다.

위 대법원 판결의 원심도 필자와 같은 의견을 갖고 있었던 것으로 보이는바, 위 대법원 판결에서 확인되는 원심판결의 요지는 "이 사건 조항은 문언의 해석상 신규 임대차계약의 체결시점을 기준으로 상가건물을 과거에 1년 6개월 이상 영리목적으로 사용하지 아니하였던 경우로 해석하는 것이 자연스러워 보이고, 임대인의 사정에 의해서 앞으로 1년 6개월 이상 영리목적으로 사용하지 않을 예정인 경우까지 적용된다고 해석하는 것은 불확실한 장래의 사유로 미리 임차인의 권리금 회수기회를 제한하는 것이어서 법적 안정성을 해치고, 임대인이 악의적으로 이용할 우려가 있어서 제도적 취지에 반한다."는 것이었다.

결국 대법원 판결 취지와 차후 계속적으로 문제될 사례까지 고려할 때에 임대인이 주장하는 '재건축 등'의 사유가 허위 주장이 아닌지 등에 대한 법원의 고민이 계속될 것으로 보여 진다.

다만, 대법원 2019다285257 판결에 의하면 임대인이 "실제로도 1년 6개월 동안 상가건물을 영리목적으로 사용하지 않아야 한다."는 취지이므로 임대인이 계약종료 즈음에 1년 6개월 이상 영리목적 비사용을 이유로 임차인의 권리금회수 요구를 거절하고 실제 1년 6개월 동안 영리목적 비사용이 확인된 사안에서만 임대인의 거절의 정당성이 인정된다는 해석이 타당한 해석이 아닌가라는 생각을 해 본다(필자의 개인의견).

<관련내용 정리>

현재는 과거와 달리 임차인의 권리금회수가 법률적으로 보호되고 있다. 권리금회수는 대체로 임차인이 미래의 임차인 될 자를 선정하여 권리금계약을 체결한 후 권리금을 확보하고, 임대인이 임차인이 주선한 미래의 임차인 될 자와 임대차계약을 체결해야 위 권리금계약이 유지된다.

문제는 이러한 권리금회수 조항으로 인하여 임대인의 임차인 선택권이 일정부분 제약될 수밖에 없다는 것이다. 임대인은 특별한 사정이 없는 한 임차인이 데려 오는 미래의 임차인이 될 자와 임대차계약을 체결해야 하기 때문이다.

임차인이 데려 오는 미래의 임차인이 될 자가 임대인이 원하는 사람이 아니더라도 법률이 인정하는 권리금회수를 거절할 정당한 사유가 없는 한 임대인은 위 미래의 임차인이 될 자와 임대차계약을 체결해야 하고, 이를 정당한 사유 없이 거절하면 임차인으로부터 권리금회수를 방해했다는 이유로 손해배상책임을 묻는 소송을 당할 수 있다.

이런 본질적 문제로 인하여 권리금회수와 관련된 분쟁이 끊이지 않고 있는 것인데, 이러한 배경에서 임대인이 임차인이 데려온 미래의 임차인이 될 자와 임대차계약을 체결하지 않아도 되는 정당한 사유가 주요 쟁점이 된다.

임차인의 권리금회수에 대한 임대인의 정당한 거절 사유 중 하나가 재건축 등의 사유이고, 그 사유는 엄격하게 법정화되어 있다. 위 대법원 판결로 인하여 엄격한 재건축 등을 사유로 한 임대인의 정당한 권리금회수거절 사유가 다소 완화되어 임대인에게 다소 유리한 상황이 된 것이다.

즉 재건축 등을 이유로 임대인이 임차인의 권리금회수를 거절하려면, ① 임대차계약 체결 당시재건축 계획 등을 임대인이 임차인에게 구체적으로 고지하는 등의 행위를 하였거나, ② 안전진단 결과 건물이 안전사고에 이를 가능성이 높거나, ③ 도시정비법 등 관련법령에 따라 재건축 등이 이루어지는 경우에 한하여 임대인의 갱신거절이 가능했던 것인데, 위 대법원 판결에 의하면 '단순히 재건축을 예정'한 경우와 '1년 6개월 이상 영리목적으로 사용하지 않을 것'이라는 요건을 결합하여 갖추면 이러한 경우에도 임대인이 임차인의 권리금회수거절이 가능하다는 취지라는 것이다.

13. 계약갱신요구에 의한 갱신과 묵시의 갱신의 가장 큰 차이는 갱신 후의 연장기간이다.

상임법에 의하면, 임차인에게 법정기간 준수를 전제로 계약갱신요구권이 인정되고 있을 뿐만 아니라(상임법 제10조 제1항), 법정된 기간 내에 임대인이 갱신거절 또는 조건변경 통지를 하지 않으면 묵시의 갱신을 인정하고 있다(상임법 제10조 제4항).

즉 상임법에 의하면 ① 임차인의 계약갱신요구에 의하여 계약이 갱신될 수도 있고, ② 묵시의 갱신에 의하여 계약이 갱신될 수도 있다.

① 임차인의 계약갱신요구에 의한 계약갱신과 ② 묵시의 갱신에 의한 계약갱신의 차이점은 무엇인가?

상임법 제10조 제3항은 임차인의 계약갱신요구에 의한 계약갱신의 경우 전 임대차와 동일한 조건의 계약을 인정하되, 차임과 보증금이 증감될 수 있음을 규정하고 있다. 그리고 상임법 제10조 제4항은 묵시의 갱신의 경우 계약기간 만료 시 전 임대차와 동일한 조건으로 다시 임대차한 것으로 보는 것은 갱신요구에 의한 계약갱신과 동일하지만, 임대차계약기간의 연장은 1년으로 한정하고 있다.

따라서 계약갱신요구에 의한 계약갱신과 묵시의 갱신의 가장 큰 차이는 계약기간 연장 가능 기간이라고 말할 수 있다.

예를 들어보자. 종전 상가임대차계약서상의 계약기간이 2년이었고, 임차인이 법정기간을 지켜 임대인에게 계약갱신요구권을 행사하였고, 임대인이 정당한 사유를 들어 갱신거절을 하지 않았다면, 임차인의 갱신요구에 의한 계약기간연장은 2년이 된다.

그런데 종전 상가건물임대차계약서상의 계약기간이 2년이었는데, 임대인이 법정기간 내에 갱신거절 또는 조건변경통지를 하지 않아 묵시의 갱신이 이루어진 상태라면 묵시의 갱신으로 연장되는 계약기간은 종전 계약서상 계약기간과 무관하게 1년이 추가로 보장될 뿐이다.

그렇다면, 상가임대차계약서상의 계약기간은 2년이었고, 한 차례 묵시의 갱신이 이루어진 상태에서 임차인이 법정기간을 지켜 계약갱신요구권을 행사했다면? 예를 들어 임대차계약서상의 계약기간 2년이 지나서 묵시의 갱신이 되었는데, 묵시의 갱신으로 연장된 1년의 종료 전 3개월 정도 즈음에 임차인이 계약갱신요구를 하였다면?

임차인이 법정기간을 지켜서 계약갱신요구를 하면 상임법 제10조 제3항에 의할 경우 "전 임대차와 동일한 조건으로 다시 계약된 것으로 본다."고 규정하고 있으므로 계약기간 연장과 관련하여 위 규정상 "전 임대차"는 연장되는 계약기간만에 한하여 논의함을 전제할 때 계약서상의 2년이 되어야 하는 것인지 아니면, 묵시의 갱신으로 인정된 1년이 갱신요구에 의하여 연장되는 기간인지 문제되는 것이다.

상임법이 임차인을 보호하기 위하여 제정된 법임을 강조한다면 "전 임대차"는 임대인과 임차인이 계약서에 적어둔 계약기간을 중요시할 것이고, 그렇지 않거나, 법 문언 자체를 고려한다면 "전 임대차"는 묵시의 갱신에 의해 인정된 1년을 중요시할 것이다.

이와 관련하여 최근 수행한 판결(인천지방법원 2012가단88654 판결)은 법률규정 그대로 종전 기간, 즉 묵시의 갱신으로 연장된 기간이라 할 수 있는 1년만 연장된다는 취지의 판결을 내렸다.

참고로 대법원 2010다81254 판결에 의하면, 예외로 허용되는 농지임대차에 있어 농지법 제25조에 따라 묵시의 갱신이 되는 경우에 '임대차 조건의 핵심이 차임과 기간'인 사정을 고려하여 "농지법 제25조에 규정된 '임대차기간이 끝난 때에 이전의 임대차와 같은 조건으로 다시 임대차한 것'으로 보는 같은 조건에는 임대차기간도 포함된다고 해석함이 타당"하다면서, 임대차기간 5년인 이전의 임대차와 같은 조건으로 묵시적으로 갱신되었다고 판단한 원심이 타당하다는 결론을 내린 사정이 있다.

그렇다면, 제소전 화해를 통해 특정일에 상가의 인도를 약정한 후에 상임법상 계약갱신요구권을 적기에 행사할 경우에 계약갱신이 인정될 수 있는가? 구체적 사정에 따라 인정될 수 있다는 것이 대법원 2019다299058 판결(청구이의)의 취지이다(원심파기 · 환송).

위 대법원 판결의 이유를 확인하면 "이 사건 화해조서에는 이 사건 임대차계약이 2018. 10. 29. 임대차기간 만료로 종료하는 경우 원고가 임대차보증금을 반환받음과 동시에 피고들에게 이 사건 점포를 인도한다고 기재되어 있을 뿐, 원고의 계약갱신요구권이나 이에 관한 권리관계에 대하여는 아무런 기재가 없다. 또한 그 내용이 원고의 계약갱신요구권 행사와 양립할 수 없는 것이라고 보기도 어렵다."라는 취지이다.

<관련내용 정리>

계약이 연장되는 경우로는 재계약을 체결하는 등 합의로 계약을 연장하는 경우와 법률이 정한 절차를 통하여 인정되는 ① 계약갱신요구권 행사를 통한 계약연장, 그리고 ② 묵시의 갱신을 통한 계약연장 등이 있을 수 있다.

상임법(상가건물임대차보호법)에 의해 인정되는 계약갱신요구권에 의한 계약연장은 최대 10년까지 가능한 반면 주임법(주택임대차보호법)에 의해 인정되는 계약갱신요구권에 의한 계약연장은 최대 4년이다.

반면 묵시의 갱신은 묵시의 갱신요건을 충족하면 그 기간 연장의 한계 없이 계속적 연장이 가능하다. 계약갱신요구권의 행사 그리고 묵시의 갱신은 상임법, 주임법, 민법, 농지법 등에 산재해 있으므로 각 상황에 맞추어 각 법률의 규정을 잘 살펴 그 성립 여부와 기간을 확인하는 것이 좋다. 각 법률에 대한 검색은 '법제처 국가법령정보센터'에서 할 수 있다.

14. 임차인의 원상회복의무 면제특약뿐만 아니라 해석상 원상회복의무 면제특약 인정도 가능하다.

임대차계약서를 확인하면, 계약이 종료된 경우에 임차인이 임차물을 원상회복해서 임대인에게 인도해야 한다는 취지의 인쇄된 부동문자가 적시되어 있는 경우가 대부분이다.

또한 민법 제654조, 제615조에 의하면, 임차인이 임차물을 반환하는 경우에 이를 원상으로 회복하도록 규정하고 있다.

그렇다면, 원상회복을 면제하는 특약에도 불구하고 임대차계약서의 인쇄된 부동문자 또는 민법규정에 따라 임차인이 원상회복의무를 부담하는가? 그렇지 않다. 다수의 대법원 판결에 의하면, 임대차계약서상의 인쇄된 부동문자에도 불구하고 원상회복을 면제하는 특약에 따라 임차인의 원상회복의무가 면제된다는 취지이다.

임대차계약서의 특약에 임차인의 원상회복의무를 면제한다고 직접적으로 적시되어 있다면, 그 특약에 따르면 될 것이나, 특약의 해석상 원상회복의무가 면제되는지 여부가 불분명한 경우에는 과연 그 특약이 임차인의 원상회복의무를 면제하고 있는 것인지 법원의 판단이 필요하게 된다. 이와 관련된 대법원 판결 사안들을 살펴보자.

대법원 판결에 의하면, 임차인이 임차물의 보수비용이나 시설비용을 임차기간 동안 전적으로 부담하되, 그 비용의 상환청구권을 포기하는 특약을 한 경우에는 임차인이 위 상환청구권을 포기하는 대신 원상회복의무도 부담하지 않기로 약정한 것으로 해석한다(대법원 98다6497 판결, 대법원 2002다38828 판결 등).

즉 대법원 2002다38828 판결에 의하면, "원심은, 원고가 승계한 이 사건 임대차계약에서 임대차계약이 해제(이는 종료를 포함하는 의미로 보인다)된 때에는 임차인은 자기의 비용으로 임차한 목적물을 원상복구하여 임대인에게 명도하여야 한다고 정하여져 있는 사실을 인정할 수 있으나, 위 임대차계약에서 임차인은 목적물 관리 및 유지·보존에 따른 관리비와 수리비, 조세공과금 등 일체의 유지비를 부담하기로 약정한 사실에 비추어 임차인은 시설비용이나 보수비용의 상환청구권을 포기하는 대신 원상복구의무도 부담하지 않기로 합의를 한 것이라고 볼 것이므로, 피고에게 원상복구의무가 있음을 전제로 하는 원고의 주장은 이유 없다고 판단하였다. 기록에 비추어 살펴보면, 원심의 위와 같은 인정 및 판단은 정당"하다는 취지이다.

그리고 민법 제623조는 "임대인은 목적물을 임차인에게 인도하고 계약존속 중 그 사용, 수익에 필요한 상태를 유지하게 할 의무를 부담한다."고 적시하고 있다. 게다가 민법 제626조는 임차인의 임대인에 대한 필요비, 유익비의 상환청구권을 인정하고 있다.

따라서 임차물을 임차목적에 부합하도록 임차물의 증·개축이 필요하다면, 그러한 증·개축은 임대인의 책임범위에 있는 것으로 해석되는데, 임대차계약서의 특약으로 '임차인이 임차건물을 증·개축 기타 필요한 시설을 하되 임대인에게 그 투입비용의 변상이나 일체의 권리주장을 포기'하기로 약정하였다면, 이는 임차인이 임차건물을 반환시에 비용상환청구 등 일체의 권리를 포기하는 대신 원상회복의무도 부담하지 아니한다는 내용을 포함하는 약정으로 보아야 한다는 취지의 대법원 판례도 보인다(대법원 80다320, 321 판결).

그렇다면, 임차인이 자신의 영업을 위해 설치한 시설에 대한 비용을 임대인에게 청구하지 않기로 특약한 경우에, 그 특약을 임차인의 원상회복의무 면제특약을 해석할 수 있을까? 그렇지 않다.

즉, 대법원 2002다42278 판결에 의하면 "이 사건의 경우 임차인이 자신의 영업을 위하여 설치한 시설에 관한 비용을 임대인에게 청구하지 않기로 약정한 사정만으로 원상복구의무를 부담하지 아니하기로 하는 합의가 있었다고 볼 수 없고, 임대차계약서상 기재된 임차인의 원상복구의무에 관한 조항이 단지 부동문자로 남아 있는 무의미한 내용에 불과하다고 볼 수 없다."라는 취지이다.

정리하자면 민법 제623조는 임대인에게 계약존속 중 그 사용·수익에 필요한 상태를 유지하게 할 의무를 부담시키고 있고, 혹여 임차인이 임차물에 비용을 지출하면 민법 제626조에 따라 임차인이 임대인에게 그 비용을 청구할 수 있음에도 불구하고, 특약으로 임대인이 해야 할 증축 업무나 임차물 보수업무를 임차인이 임차인의 비용으로 임차인 스스로 하도록 약정하고 그 비용도 청구하지 못하도록 하였다면, 그 업무에 따른 결과물 예를 들어 임차물 증축결과물, 임차물 보수결과물을 임대인이 그대로 보유하게 된다고 해석되므로 그 결과물에 대한 원상복구의무는 면제된다는 것이다.

〈관련내용 정리〉

계약에 있어 특약의 의미가 무엇인지부터 정리할 필요가 있다. 특약은 '특별한 약정'을 의미할 것인데, 특약도 계약의 일종이다. 따라서 계약자유의 원칙이 적용되고, 계약당사자 사이에 특약을 하였다면 일단 유효하다. 그리고 인쇄문자로 미리 정리되어 있는 계약서상의 내용과 특약이 충돌할 때에는 계약서의 인쇄문자보다 특약이 우선한다.

특약이 무효가 되는 경우는 어떠한 경우인가? 강행규정에 위반되는 경우이다. 법령에 "어떠어떠한 조문을 나열하고 그 조문에 위반한 약정은 무효"라고 적혀 있는 경우에 그 해당조문을 위반한 특약(약정)은 무효가 된다.

예를 들어 상임법(상가건물임대차보호법) 제15조는 '강행규정'이라는 제목 아래에 "이 법의 규정에 위반된 약정으로서 임차인에게 불리한 것은 효력이 없다."라고 규정하고 있는데, 이 규정에 따라 상임법에 규정된 내용에 위반한 특약은 무효가 된다.

따라서 상가임차인에게 불리한 모든 특약이 무효가 되지 않음을 주의해야 한다. '상임법에 규정된 내용을 위반'한 특약만 무효가 될 뿐이다. '원상회복의무 면제특약'도 민법이나 상임법 등의 규정 속에 '강행규정'이라는 제목 아래에 위 특약을 무효로 보는 규정이 없으므로 계약자유의 원칙상 당연히 가능하다. 상임법은 민법의 특별법이므로 상가건물임대차에 있어 상임법이 먼저 적용되고 상임법에 없는 규정에 한하여 민법의 임대차편 조문이 적용된다.

제 3 장

부동산매매

15. 가압류된 부동산의 매수했는데, 가압류권자가 승소하면 매수인이 소유권을 상실한다.

가압류가 되어 있는 부동산을 매수하면 어떤 상황이 벌어질까? 가압류가 실현되면, 가압류 후 부동산을 매수한 사람은 소유권을 잃게 된다. 따라서 가압류가 되어 있는 부동산을 매수하는 일은 삼가야 한다. 가압류가 실현된다는 것은 어떤 의미인가? 가압류가 실현된다는 것은 가압류 후 소송을 통해 승소를 한 금전채권자가 가압류한 부동산을 경매에 부쳐 자신이 받아야 할 돈을 회수한다고 생각하면 쉽다.

가압류 후 승소해서 가압류를 하여 둔 부동산을 압류를 통하여 경매에 부치면, 가압류보다 후순위로 해당 부동산의 소유권을 취득한 부동산 소유자는 해당 부동산의 소유권을 상실하게 된다.

이때 부동산의 소유권을 상실한 부동산의 매수인은 부동산 매도인에게 책임을 물을 수 있겠지만, 부동산 매도인이 채무가 많아 부동산이 경매에 부쳐진 사정을 고려하면, 부동산 매수인이 부동산 매도인에게 소송을 통해 승소판결을 얻더라도, 승소판결문이 무용지물이 될 가능성이 높다.

상담을 하다 보면, 참으로 다양한 사연들을 접하게 된다. 상담인은 가압류된 부동산을 매수하는 것이 위험하다는 사실을 알고 있음에도 불구하고, 그 위험을 상쇄시킬 방법을 묻고 있다. 그러한 방법이 있을까? 가압류권자의 법적 능력 등이 수준미달이라면 몰라도, 그러한 위험을 상쇄시키기는 쉽지 않다.

다만, 가압류권자의 가압류기간이 3년을 도과하였다면 희망이 있을 수 있다. 즉, 가압류권자의 가압류기간이 3년을 도과한 경우라면, 부동산의 매수인이 소유권을 취득한 후 이해관계인으로서 보전처분의 취소를 구할 수 있다(민사집행법 제288조 제1항 제3호). 이를 사정변경에 따른 보전처분의 취소라고 한다.

그러나 부동산 매도인과 부동산 매수인이 가족과 같은 특수관계인 경우라면, 부동산매매행위가 사해행위로 취소될 여지가 있음도 알아둘 필요가 있다.

<관련내용 정리>

민사소송을 제기할 때에는 가압류 또는 가처분을 항상 고려해야 한다. 돈을 달라는 민사소송을 제기할 때에는 가압류를, 돈을 달라는 민사소송 이외의 민사소송을 제기할 때에는 가처분을 각 고려한다.

예를 들어 빌려준 돈 1억원을 돌려달라는 소송을 제기해야 하는 상황이라면, 상대방이 돈을 빼돌리거나 부동산과 같은 재산을 빼돌리면 승소하더라도 강제집행을 할 수 없기 때문에 상대방의 채권 또는 부동산을 가압류해서 상대방이 자신의 재산을 빼돌리는 것을 막아 두는 것이다.

그리고 부동산을 매수하였는데, 매도인이 등기를 넘겨주지 않으면 소유권을 이전해 달라는 민사소송을 제기하게 되는데, 이때는 매매대상 부동산을 다른 사람에게 처분하지 못하도록 처분금지가처분을 하게 된다.

이렇듯 민소소송을 제기할 때에는 소송에서 승소하였을 때에, 그 승소판결에 따른 강제집행이 원활하게 진행될 수 있도록 가압류 또는 가처분이라는 상대방의 재산을 보전하는 조치를 고려하게 된다.

16. 부동산매매에 있어 무권대리인이 본인의 추인을 얻지 못하면 계약이행책임을 부담할 수도 있다.

원고가 4명의 동생들에게 도움이 되도록 부동산을 매수한다면서, 동생들을 대리하여 피고와 매매대금을 34억 2,500만원으로 하는 부동산매매계약을 체결하였다. 그런데 동생들로부터 대리권을 받지 못했고, 차후에 추인도 받지 못한 경우일 때에 무권대리인 원고는 부동산 매도인인 피고에게 어떠한 책임을 부담할까?

민법 제135조 제1항은 "다른 자의 대리인으로서 계약을 맺은 자가 그 대리권을 증명하지 못하고 또 본인의 추인을 받지 못한 경우에는 그는 상대방의 선택에 따라 계약을 이행할 책임 또는 손해를 배상할 책임이 있다."고 규정하고, 같은 조 제2항은 "대리인으로서 계약을 맺은 자에게 대리권이 없다는 사실을 상대방이 알았거나 알 수 있었을 때 또는 대리인으로서 계약을 맺은 사람이 제한능력자일 때에는 제1항을 적용하지 아니한다."고 규정하고 있다.

이와 관련하여 대법원 2018다210775 판결에 의하면, "다른 자의 대리인으로서 계약을 맺은 자가 그 대리권을 증명하지 못하고 또 본인의 추인을 받지 못한 경우에는 그는 상대방의 선택에 따라 계약을 이행할 책임 또는 손해를 배상할 책임이 있다(민법 제135조 제1항). 이때 상대방이 계약의 이행을 선택한 경우 무권대리인은 계약이 본인에게 효력이 발생하였더라면 본인이 상대방에게 부담하였을 것과 같은 내용의 채무를 이행할 책임이 있다. 무권대리인은 마치 자신이 계약의 당사자가 된 것처럼 계약에서 정한 채무를 이행할 책임을 지는 것이다. 무권대리인이 계약에서 정한 채무를 이행하지 않으면 상대방에게 채무불이행에 따른 손해를 배상할 책임을 진다. 위 계약에서 채무불이행에 대비하여 손해배상액의 예정에 관한 조항을 둔 때에는 특별한 사정이 없는 한 무권대리인은 조항에서 정한 바에 따라 산정한 손해액을 지급하여야 한다. 이 경우에도 손해배상액의 예정에 관한 민법 제398조가 적용됨은 물론이다."라는 취지이다.

따라서 피고가 무권대리인 원고에게 계약이행책임을 선택하는 경우, 원고는 부동산 매수인의 지위와 동일한 책임을 부담하게 되고, 부동산매매계약서에 적시된 손해배상예정조항도 그대로 원고에게 적용된다.

위 대법원 판결 사안은 부동산매매계약서 제6조에 "채무불이행과 손해배상"이라는 제목으로 '채무불이행시 최고 후 계약해제 및 그에 따른 손해배상, 손해배상의 액수는 계약금이 기준'이 적시되어 있었던 사안이다.

결국 피고는 무권대리인 원고가 계약의 이행책임을 불이행할 경우에 계약의 해제와 함께 계약금 상당액의 손해배상청구를 할 수 있고, 다만, 법원은 민법 제398조 제2항을 적용하여 손해배상예정액을 직권감액을 할 수 있다. 민법 제398조 제2항은 "손해배상의 예정액이 부당히 과다한 경우에는 법원은 적당히 감액할 수 있다."라고 규정하고 있기 때문이다.

<관련내용 정리>

부동산매매와 같은 계약을 체결할 때에 매도인와 매수인 각 본인이 계약을 체결하면 좋겠지만, 대리인이 출석해서 계약을 체결하는 경우도 많다. 이때 대리인으로 칭했던 자가 대리권이 없는 경우로 밝혀지는 경우가 있는데, 이러한 무권대리행위는 무효가 되어 그 대리행위의 효과가 본인에게 귀속되지 않는다.

다만 본인이 무권대리를 추인하면 유효가 되어 무권대리에도 불구하고 그 효과가 본인에게 귀속되는데, 본인의 추인을 받지 못할 때 무권대리인이 상대방에게 이행책임 또는 손해배상책임을 부담하게 된다는 것이다.

예를 들어 매도인측에 무권대리가 있었던 상황이었고 무권대리에 대한 본인의 추인이 없다면, 무권대리인의 상대방인 매수인이 이행책임 선택하여 이를 무권대리인에게 청구하면, 무권대리인은 매도인으로부터 매매대상 부동산을 매입하여 매수인에게 이전할 의무가 있다는 것인데, 매도인이 부동산을 무권대리인에게 팔지 않으면 무권대리인의 상대방 즉 매수인에 대한 무권대리인의 부동산 소유권이전등기의무는 이행할 수 없게 된다(이를 '이행불능'이라고 함).

이런 상황이 되면 매도인의 무권대리인이 자신의 무권대리 행위를 통하여 작성한 부동산매매계약서상의 채무불이행에 따른 손해배상예정규정을 적용받아 그에 따른 책임을 매도인의 무권대리인이 상대방인 매수인에게 부담한다는 것으로 정리할 수 있다.

필자 경험에 의하면 본인과 무권대리인이 아주 친밀한 관계, 예를 들어 자식이 본인이고 부모가 무권대리인에 해당하는 경우가 적지 않다. 부모입장에서 자식의 의사를 단정하고 부동산매매 등과 관련된 대리행위를 하였는데, 본인이 차후 자신의 의사에 따른 것이 아니라면서 부모의 대리행위를 무권대리로 주장하는 것이다.

이때 본인과 무권대리인이 모두 계약의 무효를 주장하여 계약책임에서 벗어날 수 있다면 좋겠지만, 본인은 무권대리의 무효를 주장하여 계약책임을 면할 여지가 있지만, 무권대리인에 해당하는 부모는 무권대리가 아니었다면 본인이 책임져야할 이행책임을 그대로 떠안는다는 것이다. 결국 부모가 자식을 대리하여 법률행위를 할 때에는 아무리 자식이라고 하더라도 자식의 의사를 명확하게 확인하고 대리행위를 해야 한다.

17. 전매차익 목적의 토지에 대한 공동투자는 다양한 법리가 적용될 수 있어 주의해야 한다.

한 필지의 토지를 투자자들 여러 명의 투자금으로 전매차익을 목적으로 매수하였다. 이러한 경우 동업을 전제한 합유등기가 가능할 것이나, 실사례에서는 합유등기를 찾아보기 힘들고, 투자자 1인 명의로 등기를 하거나, 투자자 모두의 명의로 공유등기를 하는 경우가 많다.

토지를 공동투자로 매수하고 전매차익을 얻기 위하여 다시 매각

여부를 검토할 때 적용 여부가 검토되는 민법상의 주요 규정은 '조합' 관련 규정과 '공동소유' 관련 규정이 된다.

민법상 어느 규정이 적용되느냐에 따라 투자문제의 해결방향이 크게 달라지게 되는데, 토지의 공동매수인들이 전매차익을 얻기 위하여 '공동의 목적 달성'을 위하여 상호 협력한 것에 불과하고 이를 넘어 '공동사업을 경영할 목적'이 있었다고 인정되지 않는다면, 이들 투자자들의 법률관계는 공유관계에 불과할 뿐이고, 민법상 조합관계(동업)에 있다고 보기는 어렵다. 조합은 2인 이상이 서로 출자하여 '공동사업을 경영할 것을 약정'함으로써 성립하기 때문이다(민법 제703조 제1항).

물론, 공동으로 토지를 매수하여 그 명의형태를 어떻게 하였건 상관없이, 투자자들 사이의 아무런 다툼 없이 투자목적에 맞게 토지를 제때에 매각하여 투자금 비율대로 그 매각 대금을 나누어 가진다면 별다른 문제가 없을 것이나, 투자자들 사이에 투자금 회수시기, 투자금의 분배방법 등에 대한 의견이 대립하고, 이해관계가 달라질 경우 법률적인 문제로 비화될 가능성이 있다.

전매차익 목적의 당해 토지투자가 단순 공유관계로 해석된다면, 지분의 처분이 자유롭기 때문에 각자 지분을 매각하는 방법에 대하여 누구도 이의를 제기하지 못할 것이지만(민법 제263조), 조합관계(동업)라면 조합원은 조합원 전원의 동의 없이는 자신의 지분조차도 처분하기 어렵게 된다(민법 제273조).

즉, 전매차익을 위한 토지투자가 조합으로 해석되는지 아니면, 단순 공유관계로 해석되는지 여부에 따라 법률적 해결방법이 전혀 다른 방향으로 흘러가게 된다.

전매차익을 위한 토지투자가 단순 공유관계로 해석되는 경우에, 공유등기를 하지 않고, 투자자 1인 명의로 등기하였다면 명의자 아닌 투자자들이 명의자인 투자자 1인에게 그 투자금액에 비례한 지분만큼을 명의신탁한 것으로 해석된다. 투자자 1인이 계약자로 나섰고, 매도인이 명의자 아닌 투자자들의 존재 자체를 모른다면 매도인 선의 계약명의신탁으로 명의자인 투자자 1인이 그 부동산의 소유권을 확정적으로 취득하게 된다.

조합으로 해석될 경우 좀 더 복잡한 이론 등이 등장하게 되는데, 이러한 경우 조합의 탈퇴문제, 조합의 해산문제, 합유관계의 청산문제, 명의신탁의 문제 등이 주요 쟁점으로 등장하게 된다[부동산 투자수익을 위한 동업관계를 전제로 조합재산 분배 등을 청구한 사례로는 필자가 수행한 인천지방법원 2018가단249475 판결(1심 확정) 참고].

예를 들어, 조합의 탈퇴와 관련하여서는 원칙적으로 '다른 조합원 전원에 대한 의사표시'로 하여야 하며, 이에 관하여 따로 정한 바가 있다면 그 정한 바에 따라야 한다(대법원 96다16896 판결). 그뿐만 아니라, 조합원이 탈퇴하더라도 조합은 잔존조합원들 사이에 동일성을 유지하면서 존속하고 탈퇴조합원은 지분환급청구권을 행사하되 출자종류에 상관없이 금전반환청구만 가능하게 된다(민법 제719조 제2항).

그리고 대법원 2003다25256 판결에 의하면 "매수인들이 상호 출자하여 공동사업을 경영할 것을 목적으로 하는 조합이 조합재산으로서 부동산의 소유권을 취득하였다면 민법 제271조 제1항의 규정에 의하여 당연히 그 조합체의 합유물이 되고, 다만 그 조합체가 합유등기를 하지 아니하고 그 대신 조합원 1인의 명의로 소유권이전등기를 하였다면 이는 조합체가 그 조합원에게 명의신탁한 것으로 보아야 한다."라는 취지이다.

따라서 부동산공동투자가 조합으로 볼 여지가 있더라도 명의신탁 이론에서 자유롭지 못하게 되는바, 공동투자자 일부가 명의자인 조합원에게 조합이론에 따른 잔여재산분배를 주장하면서 지분이전을 소구하더라도 조합체가 명의자 조합원에게 명의신탁을 한 것으로 되는바, 이때 매도인 선의 계약명의신탁이론이 적용되는 사안이라면 명의자가 부동산실명법 제4조에 따라 신탁부동산의 소유권을 확정적으로 취득하고 신탁부동산이 조합재산임을 전제한 공동투자자 일부(조합원)의 지분이전등기청구는 기각될 가능성이 있다.

즉 대법원 2017다246180 판결에 의하면 "부동산 실권리자명의 등기에 관한 법률 제4조에 따르면 부동산에 관한 명의신탁약정과 그에 따른 부동산 물권변동은 무효이고, 다만 부동산에 관한 물권을 취득하기 위한 계약에서 명의수탁자가 어느 한쪽 당사자가 되고 상대방 당사자는 명의신탁약정이 있다는 사실을 알지 못한 경우 명의수탁자는 부동산의 완전한 소유권을 취득하되 명의신탁자에 대하여 부당이득반환의무를 부담하게 될 뿐이다(대법원 2002다66922 판결 등). 조합원들이 공동사업을 위하여 매수한 부동산에 관하여 합유등기를 하지 않고 조합원 중 1인 명의로 소유권이전등기를 한 경우 조합체가 조합원에게 명의신탁한 것으로 보아야 한다(대법원 2003다25256 판결 등). 조합체가 조합원에게 명의신탁한 부동산의 소유권은 위에서 본 법리에 따라 물권변동이 무효인 경우 매도인에게, 유효인 경우 명의수탁자에게 귀속된다. 이 경우 조합재산은 소유권이전등기청구권 또는 부당이득반환채권이고, 신탁부동산 자체는 조합재산이 될 수 없다."라는 취지이다.

<관련내용 정리>

전매차익 목적으로 토지를 투자자들 여러 명이 매입하면서, 그 투자자들 중 1인 명의로 등기하면 다양한 법률이론이 적용될 수 있어 주의해야 한다. 투자자들 의도와 다르게 그 투자자 1인이 해당 부동산의 소유권을 취득해 버리는 경우가 있을 수 있다.

투자자들 중 1인의 명의로 등기를 한다는 것은 명의신탁이 있었다는 것으로 이해되고, 이러한 명의신탁 사실을 매도인이 모르고 투자자 1인과 계약을 하고 그 1인에게 등기를 넘기면 부동산실명법(부동산 실권리자명의 등기에 관한 법률)규정에 따라 그 1인이 소유권을 취득하기 때문이다(매도인 선의 계약명의신탁 이론 적용). 명의자 아닌 투자자들은 자신의 명의로 하지 않음으로 인하여 당장의 세금을 납부하지 않는 등의 이익을 얻을 수 있겠지만, 투자자들 사이의 내부적 분쟁이 발생할 경우에 투자원금만을 그 명의자에게 반환 청구할 수 있고, 투자에 따른 부동산가치상승의 이익을 얻지 못할 가능성과 시효소멸로 인하여 투자원금에 대한 반환청구권도 소멸할 수 있으며, 차후 신탁에 따른 과징금 등 여러 불이익을 입을 가능성도 있다.

즉 '공동사업 경영목적'을 갖고 전매차익 목적으로 토지를 투자자들 여러 명이 매입하면서 투자자 중 1인 명의로 등기를 하였다면 조합이론이 적용되고 조합이 명의자에게 명의신탁한 것으로 해석되고, '공동사업경영목적' 없이 전매차익 목적으로 토지를 투자자들 여러 명이 매입하면서 투자자 중 1인 명의로 등기를 하였다면 공유이론에 따라 명의자 이외의 투자자들이 투자자 중 1인이자 명의자에게 투자자들의 투자비율에 따른 지분을 명의신탁한 것으로 해석된다.

이때 매도인이 명의신탁사실을 몰랐고, 명의자가 계약자로 나선 경우라면, 매도인 선의 계약명의신탁 이론에 따라 명의자가 신탁부동산의 소유자가 된다는 점에서 투자자들 간 분쟁이 발생하면 명의자에게만 투자이익이 귀속될 여지가 있다는 것이다.

18. 부동산 이중매매에 있어 첫 번째 매수인을 보호하는 방법이 있다.

대법원(전합) 2017도4027 판결에 의하면, 제1매수인이 매도인에게 중도금까지 지급하는 등 계약이 본격적으로 이행되는 단계에 이른 경우에 매도인이 제2매수인에게 이중매매를 하여 소유권이전등기를 경료하기에 이른 경우에 제1매수인을 피해자로 하는 배임죄가 성립한다는 것이다. 그렇다면, 매도인의 제2매수인에 대한 이중매매의 민사상 효력은 어떻게 되는가?

제1매수인이 매도인에게 계약금만 지급한 단계라면, 매도인은 민법 제565조의 해약금 규정 내지 계약서상 해약금 조항에 따라 지급받은 계약금과 계약금 상당액을 제1매수인에게 돌려주고 문제가 해결될 가능성이 있어, 고액을 제시하는 제2매수인에 대한 매매는 유효가 될 가능성이 높다.

이와 관련하여 위 대법원(전합) 2017도4027 판결도 "부동산매매계약에서 계약금만 지급된 단계에서는 어느 당사자나 계약금을 포기하거나 그 배액을 상환함으로써 자유롭게 계약의 구속력에서 벗어날 수 있다. 그러나 중도금이 지급되는 등 계약이 본격적으로 이행되는 단계에 이른 때에는 계약이 취소되거나 해제되지 않는 한 매도인은 매수인에게 부동산의 소유권을 이전해 줄 의무에서 벗어날 수 없다."고 하여 이를 명백히 하고 있다.

그렇다면, 제1매수인이 매도인에게 중도금까지 지급한 단계일 때에 민사적 문제는 어떻게 해결될까? 제1매수인이 중도금을 지급하여 '이행의 착수'가 인정되는 경우에는 민법 제565조에 따른 해약금 해제가 인정되지 않아서 문제된다.

매도인이 제1매수인으로부터 중도금까지 수령하였다고 하더라도 계약자유의 원칙, 채권의 상대성 원칙, 자유경쟁의 원리상 매도인과 제2매수인 사이의 이중매매가 금지되지는 않는다. 다만, 제2매수인이 매도인의 배임행위에 적극 가담한 경우에 무효가 된다.

즉, 대법원 2009다34481 판결에 의하면, "이중매매를 사회질서에 반하는 법률행위로서 무효라고 하기 위해서는 양수인이 양도인의 배임행위를 아는 것만으로는 부족하고, 나아가 배임행위를 유인, 교사하거나 이에 협력하는 등 적극 가담하는 것이 필요하다 할 것인데, 이때에는 제2양수행위의 상당성과 특수성 및 제2양도계약의 성립과정, 경위, 양도인과 제2양수인의 관계 등을 고려하여 판단하여야 한다."는 취지이다.

그렇다면, 제2매수인이 매도인의 제1매수인에 대한 배임행위를 아는 정도이거나, 매도인의 제1매수인에 대한 배임행위를 알지 못한 상황에서 매도인으로부터 부동산에 대한 소유권이전등기를 넘겨받아 제2매수인의 소유권이전등기가 유효로 되는 경우에 제1매수인은 어떠한 방법으로 구제받을 수 있을까?

매도인의 제2매수인에 대한 소유권이전등기가 유효하여 결과적으로 매도인의 제1매수인에 대한 소유권이전등기의무가 이행불능에 이른 것에 해당하므로 제1매수인은 매도인을 향하여 민사상 이행불능에 의한 손배배상청구권 내지 불법행위를 이유로 한 손해배상청구권을 행사할 여지가 있다.

또한 대상청구권을 행사할 여지도 있다. 이와 관련하여 대법원 2018다248244 판결에 의하면 "매매 목적물의 수용 또는 국유화로 인하여 매도인의 소유권이전등기의무가 이행불능된 경우 매수인에게 인정되는 대상청구권에 대하여는 특별한 사정이 없는 한 매수인이 그 대상청구권을 행사할 수 있는 시점인 매도인의 소유권이전등기의무가 이행불능되었을 때부터 소멸시효가 진행하는 것이 원칙이다(대법원 2002. 2. 8. 선고 99다23901 판결 등). 그리고 이러한 대상청구권의 소멸시효 기산점에 관한 법리는 매매 목적물의 이중매매로 인하여 매도인의 소유권이전등기의무가 이행불능된 경우와 같이 그 대상청구권이 채무자의 귀책사유로 발생한 때에도 마찬가지로 적용된다."라는 취지이다.

매도인의 배임행위에 제2매수인이 적극가담한 경우라면, 매도인과 제2매수인 사이의 매매계약은 무효가 되는데, 이러한 경우에 제1매수인은 어떠한 방법으로 구제받을 수 있을까? 제1매수인은 채권자대위권을 활용하여 매도인을 대위하여 제2매수인의 소유권이전등기의 말소를 구하고, 매도인에게 소유권이전등기를 청구하는 방법을 통해 구제받을 수 있다.

즉 대법원 83다카57 판결에 의하면, "매도인의 매수인에 대한 배임행위에 가담하여 증여를 받아 이를 원인으로 소유권이전등기를 경료한 수증자에 대하여 매수인은 매도인을 대위하여 위 등기의 말소를 청구할 수는 있으나 직접 청구할 수는 없다는 것은 형식주의 아래서의 등기청구권의 성질에 비추어 당연하다."는 취지이다.

그런데 제1매수인이 채권자대위권을 활용하여 매도인을 대위하여 제2매수인의 소유권이전등기의 말소를 구하는 채권자대위권 행사와 관련하여, 불법원인급여를 규정한 민법 제746조로 인하여 매도인의 피대위권리가 없는 것이 아닌가? 앞서 본바와 같이, 대법원 판결은 별다른 근거설시 없이 채권자대위를 긍정하고 있다.

<관련내용 정리>

부동산 이중매매는 부동산 가격이 매매계약 체결 후에 급등한 경우에 주로 발생한다. 첫 번째 매매계약이 있은 후에 부동산 가격이 급등하자 매도인이 더 높은 가격으로 부동산을 다른 사람에게 팔고 싶을 때에 발생하는 문제이다.

매도인이 계약금만 받은 상태라면 매수인에게 매도인이 받은 계약금의 두 배를 돌려주고 첫 번째 계약을 해제한 후에 다른 사람에게 더 높은 가격으로 해당 부동산을 매각하면 된다.

문제는 첫 번째 매수인으로부터 중도금까지 받은 후에 해당 부동산을 다른 사람에게 고가에 매도하는 경우에 발생한다. 중도금까지 받은 상태에서 매도인이 자기 마음대로 다른 사람에게 부동산을 매도하게 되면 형사적으로는 배임죄가 성립하고, 민사적으로는 손해배상 책임 또는 대상청구권이라는 제도를 통하여, 매도인이 두 번째 매수인에게 높은 가격에 매도하여 받은 그 돈을 그대로 피해자인 첫 번째 매수인에게 돌려줄 수도 있으며, 이중으로 매수한 두 번째 매수인이 매도인의 이와 같은 배임행위에 적극 가담했다면 첫 번째 매수인이 그 부동산 자체를 대위권 행사를 통해 찾아갈 수도 있다는 것이다.

제4장

부동산증여

19. 부동산 증여 후 소유권이전등기 전이라면 증여를 철회할 수 있는 경우가 있다.

부동산에 대한 증여계약을 체결하였다. 증여계약에 따라 증여자가 수증자에게 증여부동산을 인도를 하였으나, 소유권이전등기는 하지 않은 상태이다.

이러한 상황에서 ① 증여자의 증여의사가 서면으로 표시되지 않았거나(민법 제555조), ② 수증자의 증여자에 대한 망은행위가 있는 경우(단 이 경우는 망은행위를 증여자가 안날부터 6개월의 해제기간 준수)이거나(민법 제556조), ③ 증여계약 후 증여자의 재산상태가 현저히 악화되고 증여의 이행으로 생계에 중대영향을 미칠 경우(민법 제557조)에 증여자는 수증자를 향하여 증여계약을 해제한 후에 원상회복 취지로 증여부동산의 인도를 청구할 수 있다.

그렇다면 증여계약에 따라 증여자가 수증자에게 증여부동산에 대한 소유권이전등기를 경료해준 경우에는 어떠한가? 이러한 경우에도 위 ①, ②, ③의 상황이라면 증여계약해제를 한 후에 부동산을 돌려받을 수 있는가? 이러한 경우에는 증여자가 수증자를 향하여 증여계약의 해제의 의사표시를 하더라도 소유권이전등기의 말소를 통해 증여부동산을 돌려받을 수는 없다.

민법 제558조는 “전3조의 규정에 의한 계약의 해제는 이미 이행한 부분에 대하여는 영향을 미치지 아니한다.”고 규정하고 있고, 소유권이전등기를 경료해 준 경우는 ‘이미 이행’한 것으로 이해되기 때문이다. 관련조문은 아래 <표>와 같다.

〈표〉

제555조(서면에 의하지 아니한 증여와 해제) 증여의 의사가 서면으로 표시되지 아니한 경우에는 각 당사자는 이를 해제할 수 있다.

제556조(수증자의 행위와 증여의 해제) ① 수증자가 증여자에 대하여 다음 각호의 사유가 있는 때에는 증여자는 그 증여를 해제할 수 있다.

1. 증여자 또는 그 배우자나 직계혈족에 대한 범죄행위가 있는 때
2. 증여자에 대하여 부양의무 있는 경우에 이를 이행하지 아니하는 때

② 전항의 해제권은 해제원인 있음을 안 날로부터 6월을 경과하거나 증여자가 수증자에 대하여 용서의 의사를 표시한 때에는 소멸한다.

제557조(증여자의 재산상태변경과 증여의 해제) 증여계약 후에 증여자의 재산상태가 현저히 변경되고 그 이행으로 인하여 생계에 중대한 영향을 미칠 경우에는 증여자는 증여를 해제할 수 있다.

제558조(해제와 이행완료부분) 전3조의 규정에 의한 계약의 해제는 이미 이행한 부분에 대하여는 영향을 미치지 아니한다.

결국 민법 제558조에 따라 ‘이미 이행한 부분’으로 판단되면 증여자는 수증자를 향하여 계약해제의 의사를 표시하더라도 증여부동산을 되찾아 오지 못한다는 것을 명심하자.

그렇다면 민법 제558조에 따른 ‘이미 이행한 부분’의 구체적 의미는 무엇인가? 부동산 증여에 한정하자면 부동산을 증여자가 수증자에게 인도하는 것으로는 부족하고 소유권이전등기가 경료되어

야 한다.

즉 대법원 77다834 판결에 의하면 "물권변동에 관하여 형식주의를 채택하고 있는 현행 민법의 해석으로서는 부동산 증여에 있어서 이행이 되었다고 함은 그 부동산의 인도만으로써는 부족하고 이에 대한 소유권이전등기절차까지 마친 것을 의미한다."라는 취지이다.

또한 대법원 81다649 판결에 의하면 "부동산의 증여에 있어서는 목적부동산을 인도받지 아니하여도 그에 대한 소유권이전등기절차를 마침으로써 그 이행이 종료되어 수증자는 그로써 확정적으로 그 소유권을 취득한다."는 취지이다.

그렇다면 반드시 소유권이전등기가 완료되어야 민법 제558조의 '이미 이행한 부분'으로 볼 것인가? 그렇지는 않다. 판례는 '이미 이행한 부분'의 범위를 넓게 인정하고 있다.

즉 대법원 2001다29643 판결에 의하면 "증여의 의사가 서면으로 표시되지 아니한 경우라도 증여자가 생전에 부동산을 증여하고 그의 뜻에 따라 그 소유권이전등기에 필요한 서류를 제공하였다면 증여자가 사망한 후에 그 등기가 경료되었다고 하더라도 증여자의 의사에 따른 증여의 이행으로서의 소유권이전등기가 경료되었다 할 것이므로 증여는 이미 이행되었다 할 것이어서 증여자의 상속인이 서면에 의하지 아니한 증여라는 이유로 증여계약을 해제하였다 하더라도 이에 아무런 영향이 없다."라는 취지이다.

또한 대법원 98다22543 판결에 의하면 "증여자가 서면에 의하지 않고 소유권이전등기가 경료되지 않은 매수 토지를 증여하였으나 위 토지에 관한 소유권이전등기청구권을 수증자에게 양도하고 매도인에게 양도통지까지 마친 경우에는, 그 이후 증여자의 상속인들에 의한 서면에 의하지 아니한 증여라는 이유의 해제는 이에 아무런 영향을 끼치지 않는다."라는 취지이다.

그렇다면 부동산 증여자의 증여의사에 따라 수증자에게 증여부동산에 대한 소유권이전등기까지 경료된 경우에 증여자가 증여부동산을 수증자로부터 되찾아 올 방법은 전혀 없는 것인가?

해당 증여가 부담부 증여라면 쌍무계약이 준용됨으로 인하여 수증자가 부담을 불이행 하였을 경우에 계약해제가 가능하고 결과적으로 증여부동산을 되찾아 올 여지가 있다.

즉 대법원 97다2177 판결에 의하면 "상대부담 있는 증여에 대하여는 민법 제561조에 의하여 쌍무계약에 관한 규정이 준용되어 부담의무 있는 상대방이 자신의 의무를 이행하지 아니할 때에는 비록 증여계약이 이미 이행되어 있다 하더라도 증여자는 계약을 해제할 수 있고, 그 경우 민법 제555조와 제558조는 적용되지 아니한다."라는 취지이다.

부담부 증여계약이 서면에 의하지 않고 성사된 사안인데 증여자의 증여이행이 완료되지 않았지만 수증자가 부담의 이행을 완료하였다. 예를 들어 증여자가 수증자에게 증여부동산을 인도하였을 뿐이고, 증여부동산에 대한 소유권이전등기를 경료해 주지는 않았다. 따라서 증여부동산의 인도만으로는 민법 제558조에 따라 '이미 이행'하였다고 볼 수는 없다. 그렇다면 증여자가 서면에 의하지 않고 성사된 계약임을 이유로 민법 제555조에 따라 증여계약을 해제(철회)하면서 증여부동산의 인도를 청구할 수 있는가?

증여자가 증여부동산의 인도를 청구할 경우에 부담을 이미 이행한 수증자는 증여자에게 증여부동산의 소유권이전등기를 요구할 것이다. 이러한 경우에는 민법 제555조에 따른 증여자의 해제(철회)를 인정할 수 없다는 것이 대법원의 입장이다.

즉, 대법원 2021다299976, 299983 판결에 의하면 "부담부 증여계약에서 증여자의 증여 이행이 완료되지 않았더라도 수증자가 부담의 이행을 완료한 경우에는, 그러한 부담이 의례적·명목적인 것에 그치거나 그 이행에 특별한 노력과 비용이 필요하지 않는 등 실질적으로는 부담 없는 증여가 이루어지는 것과 마찬가지라고 볼 만한 특별한 사정이 없는 한, 각 당사자가 서면에 의하지 않은 증여임을 이유로 증여계약의 전부 또는 일부를 해제할 수는 없다."라는 취지이다(증여자의 토지 인도 및 그 지상건물 철거의 본소 청구를 기각하고 수증자의 증여를 원인으로 한 소유권이전등기의 예비적 반소청구 인용한 사례).

참고로 대법원 2003다1755 판결에 의하면 "민법 제555조에서 말하는 해제는 일종의 특수한 철회일 뿐 민법 제543조 이하에서 규정한 본래 의미의 해제와는 다르다고 할 것이어서 형성권의 제척기간의 적용을 받지 않는다고 할 것이다. 따라서 민법 제555조 소정의 해제권은 형성권으로서 10년의 제척기간이 적용됨을 전제로 판시 증여계약이 성립된 때로부터 10년이 경과한 후에 이루어진 피고의 증여계약 해제의사표시는 효력이 없다는 원고들의 주장을 배척한 원심의 판단은 정당"하다는 취지이다.

<관련내용 정리>

부동산을 증여한 후 증여계약에 대한 철회를 고민하는 경우가 적지 않다. 이에 민법은 증여계약의 철회를 인정하되, 이미 이행한 부분의 철회는 인정하지 않고 있다.

이때 이미 이행한 것의 의미가 논란이 되고 있는데, 일반적으로는 등기의 이전 또는 등기서류의 제공을 의미한다. 증여철회의 사유도 제한하고 있는데, 서면에 의하지 않고 증여를 섣불리 했던 경우, 증여받은 자가 증여자 등에게 망은행위를 한 경우, 증여자가 증여 후 생계가 위태해 진 경우 등이 증여의 철회가 가능한 사유이다.

이와 같은 증여의 철회는 시기의 제한이 없다는 판례가 있다. 즉 서면에 의하지 않은 증여의 철회는 형성권의 제척기간의 적용을 받지 않으므로 10년이 경과한 경우라도 이행 전이라면 철회가 가능하다.

그리고 증여가 부담부 증여라면 쌍무계약의 성질을 갖게 되므로 증여계약에 따른 이미 이행에도 불구하고 구체적 사정에 따라 채무불이행을 이유로 계약을 해제할 수 있다.

제 5 장

가계약

20. 가계약과 계약금계약의 해소 방법을 알아보자.

주택이나 상가에 대하여 매매계약을 체결할 때 우선 해당 부동산을 잡아두기 위해 계약서를 작성하지 않고 중개사 등에게 돈을 지급해 두는 경우가 있다. 이를 가계약이라 하고 지급한 금원을 가계약금이라고 한다(가계약서를 쓰고 가계약금을 지급하는 경우는 별론).

계약서를 작성하기는 했는데, 계약서에 계약금으로 명시한 돈이 모자라서 계약금의 일부만 지급하고 내일이나 모레 나머지 계약금을 지급한다고 구두상 약정하거나, 계약금 전체를 내일이나 모레 지급한다고 구두상 약정하는 경우가 있는데, 이때는 계약서를 작성해서 계약금이 얼마인지 적시했기 때문에 일응 계약금계약과 본계약이 성립단계에 접어든 것으로 볼 수 있다(단, 계약금계약의 요물성을 요구하는 판례로는 대법원 2007다73611 판결 등).

가계약은 중개사가 "이 물건을 잡아두려면 다만 얼마라도 주고 가라"는 말에 의해 성립되는 경우가 많고, 계약금계약은 계약체결을 원하는 매수인이 자신의 욕심으로 당장 계약서를 쓰되 돈이 모자라니 계약금의 일부만 지급하거나 나중에 계약금을 지급하겠다는 상황에서 많이 발생한다.

계약서가 작성되어 있는 경우는 계약금계약과 본계약의 조건이 명확한 반면, 계약서 없이 가계약한 상황에서는 실제 계약의 계약금이나 본계약이 명확하게 정해져 있지 않다. 문제는 계약서의 작성 없이 가계약을 한 경우 및 계약서까지 작성을 한 후에 매수인이 마음이 바뀌어 계약을 각 해제하고자 하는 경우이다.

민법 제565조(해약금에 의한 계약해제)는 "매매의 당사자 일방이 계약 당시에 금전 기타 물건을 계약금, 보증금 등의 명목으로 상대방에게 교부한 때에는 당사자 간에 다른 약정이 없는 한 당사자의 일방이 이행에 착수할 때까지 교부자는 이를 포기하고 수령자는 그 배액을 상환하여 매매계약을 해제"할 수 있도록 규정하면서 같은 조 제2항에서 이와 같이 해약금에 의한 계약을 해제할 때는 손해배상을 별도로 청구하지 못함을 규정하고 있다.

계약서를 작성하지 않은 가계약의 경우에 민법 제565조의 규정에 따라 매수인이 지급한 가계약금을 포기하고 계약을 해제할 수 있을까? 매수인이 스스로 매도인에게 계약 및 가계약금의 포기의사를 밝히고 매도인이 이를 받아들인다면 계약에서 해방될 수는 있을 것이다.

그러나 대법원 2022다247187 판결에 의할 경우 민법 제565조에 따른 해제는 계약의 성립을 전제하므로 민법 제565조에 따른 계약해제는 어렵다는 취지로 이해된다. 즉 계약서를 작성하지 않아 계약의 내용이 불분명하여 계약이 성립되었다고 보기 어려운 가계약의 경우에는 매수인이 단순변심으로 계약을 포기하면서 매수인이 매도인에게 지급한 가계약금을 부당이득으로 반환청구할 때 그 부당이득반환청구가 인용될 수 있다는 취지이다.

위 대법원 2022다247187 판결은 "가계약금에 관하여 해약금 약정이 있었다고 인정하기 위해서는 약정의 내용, 계약이 이루어지게 된 동기 및 경위, 당사자가 계약에 의하여 달성하려고 하는 목적과 진정한 의사, 거래의 관행 등에 비추어 정식으로 계약을 체결하기 전까지 교부자는 이를 포기하고, 수령자는 그 배액을 상환하여 계약을 체결하지 않기로 약정하였음이 명백하게 인정되어야 한다(대법원 2021다248312 판결 참조).”라는 취지로 판시하였다.

그렇다면, 계약서를 작성하여 계약을 한 뒤 계약서에 적힌 계약금의 일부만 지급했거나, 계약금을 나중에 지급하기로 한 후 매수인이 마음이 바뀌어 민법 제565조에 의하여 계약해제를 할 수 있을까? 이에 대하여 대법원 2007다73611 판결은 계약금계약의 요물성을 강조하면서 “교부자가 계약금의 잔금 또는 전부를 지급하지 아니하는 한 계약금계약은 성립하지 아니하므로, 당사자가 임의로 주계약을 해제할 수 없다.”는 태도다.

결국 계약서를 작성하여 계약금계약과 본계약(주계약)을 체결한 경우 계약금의 일부만 지급하거나, 계약금을 나중에 지급하기로 한 후에 매수인이 마음이 바뀌어 민법 제565조를 이용하여 계약을 해제하려면 지급하지 못한 계약금의 일부나 계약금의 전부를 지급하고 나서야 계약을 해제할 수 있다고 해석된다.

즉, 지급한 계약금의 일부만 포기하고 계약을 해제할 수는 없으며, 계약금을 전혀 지급하지 않았다면 아무런 돈도 지급하지 않고 계약을 해제할 수는 없다는 것이다. 다만, 민법 제565조 이외의 계약해제사유(약정해제사유 또는 채무불이행 등의 사유)가 있다면 그 사유를 근거로 계약해제가 가능할 것이다.

<관련내용 정리>

민법 제565조는 계약의 성립을 전제한 규정으로 이해된다. 중개의뢰인(부동산 매수예정자)이 공인중개사에게 자신이 필요한 토지의 대강을 설명한 사실이 있었는데, 그로부터 며칠이 지난 후에 공인중개사가 중개의뢰인에게

연락을 하여 '물건을 잡으려면 다만 얼마라도 입금하라'고 하여 덜컥 돈을 입금하였을 뿐이고 매매대상 토지가 정확하게 어느 곳에 위치하고 지목이 무엇인지, 그리고 매도인이 누구인지, 대략의 평수는 어떻게 되는지 등 계약의 본질적이고 중요한 사항을 전혀 모른 상태였다면 이는 계약의 성립을 인정하기 어려운 상황이 된다.

따라서 돈을 입금한 부동산 매수예정자가 단순변심으로 계약의 불성립을 주장하면서 입금한 돈을 반환해 달라고 할 수 있다. 이런 경우라면 계약의 성립을 전제한 민법 제565조가 적용되기 어렵다는 것이다. 즉 돈을 입금한 부동산 매수예정자가 돈을 포기할 필요 없이 계약의 불성립을 전제로 지급한 돈의 반환을 부당이득금으로 청구할 수 있다는 것이다.

21. 지급한 가계약금에 대한 반환청구가 가능한 경우가 있다.

부동산계약을 체결함에 있어, 계약서를 작성하지 않은 채 가계약금 명목으로 돈이 오고 간 경우에, 그 가계약금의 반환을 청구할 수 있는지를 종합적으로 정리해 본다.

일단 계약이 성립되지 않았다는 판단이 내려진다면, 가계약금은 단지 증거금에 해당하는 것으로 보아 가계약금을 지급한 자가 설사 단순변심으로 가계약금을 지급받은 자에게 부당이득반환청구를 소송으로 청구하더라도 승소할 가능성이 높다(서울남부지방법원 2018가소204587 판결).

대법원 2000다51650 판결 취지는 "계약이 성립하기 위하여는 당사자 사이에 의사의 합치가 있을 것이 요구되고 이러한 의사의 합치는 당해 계약의 내용을 이루는 모든 사항에 관하여 있어야 하는 것은 아니나 그 본질적 사항이나 중요사항에 관하여는 구체적으로 의사의 합치가 있거나 적어도 장래 구체적으로 특정할 수 있는 기준과 방법 등에 관한 합의는 있어야 한다."는 것이므로, 계약의 본질적 사항이 정해지지 않아 계약이 성립되지 않은 경우는 지급한 가계약금의 부당이득반환청구가 인정될 수 있다는 것이다.

(가)계약서를 작성했다면, 계약의 성립이 인정될 가능성이 있다. 이와 관련하여 대법원 2005다39594 판결에 의하면, "부동산매매에 관한 가계약서 작성 당시 매매목적물과 매매대금 등이 특정되고 중도금 지급방법에 관한 합의가 있었다면 그 가계약서에 잔금지급시기가 기재되지 않았고 후에 정식계약서가 작성되지 않았다 하더라도 매매계약은 성립하였다."는 취지이므로, 정식계약서를 작성하지는 못했더라도, 가계약서를 작성하면서 계약의 본질적 내용을 적시하였다면, 매매계약 성립이 인정될 가능성이 있다.

결국 계약서를 작성하지는 않았지만 계약의 성립이 인정된다면, 가계약금을 지급한 자가 가계약금을 받은 자에게 계약불성립을 이유로 가계약금의 부당이득반환을 청구할 수는 없다.

다만 계약서를 작성하지 않았고 계약의 본질적 내용도 명확하지 않은 경우에 매수인이 설사 단순변심으로 계약을 포기하면서 매수인이 매도인에게 지급한 가계약금을 부당이득이라면서 반환청구를 할 경우에라도 매수인이 승소할 가능성이 있다. 해약금에 의한 계약해제 규정인 민법 제565조는 계약의 성립을 전제하는데, 위와 같은 경우는 계약이 성립되지 않은 것으로 이해되기 때문이다(대법원 2022다247187 판결 취지).

그렇다면, 중개사가 핸드폰 문자메시지 내지 카톡 메시지 등으로 계약조건을 적시한 경우에 계약의 성립이 인정될 것인가? 필자 개인적으로는 핸드폰 문자메시지 내지 카톡 메시지 등을 통해 계약의 본질적 내용을 조율하였고, 공인중개사가 '사자의 권한'을 보유한 상황이라면(이때 '사자의 권한' 보유를 입증해야 할 것. 현실적으로 입증하기 어려워 보임), '사자'는 '대리'와 달리 '사실행위'에도 인정되는 경우가 있다는 점에서 구체적 사정에 따라 계약의 성립이 인정될 수 있다고 본다.

다만, '대리'에 대한 규정이 '사자'의 성질에 반하지 않은 한 '본인'·'사자'·'상대방'의 법률관계에 유추 적용된다는 것이 일반론이므로 구체적 사정에 따라 '쌍방 사자' 등의 문제가 쟁점이 될 여지는 있어 보인다(공인중개사법 제33조 제1항 제6호는 공인중개사의 쌍방대리를 금지함. 다만, 각 당사자에게 각 공인중개사가 중개행위를 하고 있는 상황이라면 쌍방대리·쌍방사자 문제는 없을 것).

그러나 '공인중개사는 알선이라는 사실행위를 하는 자'이고, "공인중개사가 당사자로부터 수권을 받았다는 특별한 사정이 없는 한 법률행위의 대리인이 아니며 당사자의 완성된 의사표시를 전달하거나 완성하는 사실행위의 사자도 아니다."는 전제하에 계약의 성립을 부정하는 견해도 보인다(김상철 변호사, '공인중개사의 계약 조건 제시와 계약 성립 여부에 대한 소고', 법률신문 2021. 1. 7.자 법조광장).

인천지방법원 부천지원 2018가합100655 사건의 경우 계약서를 작성하는 단계에는 이르지 못했지만, 공인중개사를 통해 계약조건이 여러 날에 걸쳐 전달되었음에도 불구하고, 계약의 구체적인 내용은 유동적인 상태에서 계속하여 합의하는 단계에 있었다고 보는 것이 타당하다면서 매매계약의 성립을 부정하는 판단을 내렸으니, 주의할 일이다. 결국 이러한 경우에 지급한 가계약금은 증거금으로 부당이득반환청구의 대상이 될 것이다.

공인중개사가 쌍방 당사자의 동의 아래 쌍방 계약당사자로부터 '사자의 권한'을 받아 계약의 본질적 내용을 처음부터 한 번의 문자 메시지 등으로 전달하되 문자 등으로 적시된 본질적 내용이 계약서를 작성하는 것과 버금가도록 표시하고, 그에 따라 계약을 진행했다면 '다른 결론이 나올 수 있지 않을까'라는 생각을 하나, 일단 계약서가 작성되지 않은 경우에는 계약 성립에 소극적 판단이 내려질 가능성이 있다는 사실을 알고 있을 필요가 있다.

이와 관련하여 수원지방법원 성남지원 2018가소23127 판결에 의하면, "공인중개사가 '매매대금 3억 8,500만원, 계약금 3,500만원 중 당일에 1,000만원을 입금하고 2018. 7. 9. 오후 2시에 계약서 작성하고 나머지 입금한다. 중도금 지급일과 잔금지급일(계약일로부터 3개월)은 계약 시 협의한다.'는 문자메시지를 원고에게 보내고 원고가 피고에게 1,000만원을 송금한 사실 등만으로는 중도금과 잔금의 액수, 각 단계별 지급일, 목적물인 아파트의 인도와 소유권이전등기일 등의 매매계약의 중요사항이 정하여졌다고 볼 수 없다."는 태도다.

그리고 앞서 언급한 대법원 2022다247187 판결은 원심판결을 파기·환송한 것인데, 환송심인 서울중앙지방법원 2022나59242 판결은 '이 사건 아파트의 소유자인 피고는 중개사에게 이 사건 아파트의 임대차 중개를 의뢰하였을 뿐이고 자신을 대리하여 임대차계약을 체결할 권한을 위임한 사실을 인정할 만한 주장이나 증거가 없'고, '가계약금을 지급한 원고와 피고는 중개인을 통해 간접적으로 연락을 주고받았을 뿐 서로의 인적사항에 대하여 잘 알지 못하였고, 임대차보증금 액수와 대략적인 입주시기 외에 부동산 임대차계약의 중요사항(임대차계약기간, 대금 지급방법 등)에 대하여도 구체적으로 협의하지 않았다.'면서 '중개인을 통해 임대차보증금을 협의하고 계약일을 정하면서 가계약금을 지급하는 것만으로는 당사자 사이에 임대차계약이 성립하였다고 볼 수 없다'라는 취지로 판시하여 원고의 피고에 대한 가계약금 반환청구를 인용하였다[위 사안을 정리하면 원고가 중개사에게 이 사건 아파트를 임차하겠다는 의사를 밝히자, 위 중개사는 피고에게 '0호 전세금 8억 7천만원에 2월 24일까지 입주'라는 문자메시지와 함께 '이 사건 아파트 0호 전세금 금8억 7천만원으로 2021. 2. 24.까지 입주키로 하고 계약금 중 3,000,000원을 신한은행(계좌번호 생략) 피고로 송금합니다. 원고명의로 입금예정'으로 기재된 메모지를 촬영한 사진을 전송하였고, 원고가 그 계좌로 3,000,000원을 송금한 후, 중개사는 피고에게 '300입금하였답니다. 다음 주 목요일까지 계약서 쓰도록 할께요~'라는 내용의 문자메시지를 보낸 것. 위 환송심 판결에 대한 재상고 사건 대법원 2023다 272463 판결을 확인하면 심리불속행 기각된 것이 확인됨].

<관련내용 정리>

가계약금의 반환청구 문제는 일단 계약이 성립한 것인지부터 확인하는 것이 먼저다. 계약의 본질적인 부분에 대해 정해진 사실이 없다면 계약이 성립하지 않은 것이고, 설사 매수인이 단순변심으로 계약의 불성립을 주장하면서 지급한 돈을 돌려달라고 하더라도 그 매수인의 청구는 타당하다.

계약이 성립되지 않은 단계에서의 가계약금에 관하여 해약금 약정이 있었다고 인정된다면 그에 따를 것이지만 계약이 성립되지도 않았는데, 해약금 약정의 성립이 인정되는 상황은 거의 없을 것이다. 그리고 계약이 성립되었다면 그제서야 민법 제565조에 따른 해약금에 의한 해제와 채무불이행에 의한 해제 등이 문제될 수 있다.

제 6 장

부동산계약의 취소

22. 쌍방 공통하는 동기의 착오에 대하여 일부취소가 인정될 수도 있다.

부동산매매에 있어 거래 쌍방 모두 동기의 착오가 있었을 때에 그 착오를 이유로 매매계약을 취소할 수 있을까? 당사자 쌍방이 착오가 없었다면 합의하였을 내용으로 수정하여 보고 그 공통의 동기의 착오로 인하여 불리하게 계약을 체결한 당사자에게는 계약의 구속력에서 벗어날 수 있게 하는 것이 합리적일 것이다.

대법원 2005다13288 판결은 "계약당사자 쌍방이 계약의 전제나 기초가 되는 사항에 관하여 같은 내용으로 착오가 있고 이로 인하여 그에 관한 구체적 약정을 하지 아니하였다면, 당사자가 그러한 착오가 없을 때에 약정하였을 것으로 보이는 내용으로 당사자의 의사를 보충하여 계약을 해석할 수 있는바, 여기서 보충되는 당사자의 의사는 당사자의 실제 의사 또는 주관적 의사가 아니라 계약의 목적, 거래관행, 적용법규, 신의칙 등에 비추어 객관적으로 추인되는 정당한 이익조정 의사를 말한다."고 판시하고 있다.

이와 관련하여 대법원 97다44737 판결 사안을 검토해 보자. 원고(인천광역시)는 한국도로공사 등이 시행하는 인천신공항고속도로 건설사업에 편입될 토지의 용지보상 업무를 위탁받아 시행하게 되었다. 이 사건 토지들이 그 도로 부지로 편입되게 되자, 공공용지의 취득 및 손실보상에 관한 특례법(이하 '공특법')에 정한 절차에 따라 이를 취득하기 위하여 소유자인 피고들에게 협의를 요청하였다.

원고는 위 협의에 앞서 공특법이 정하는 바에 따라 대금액을 결정하기 위하여 두 곳의 감정평가법인에 토지가격에 대한 감정평가를 의뢰하여, ㎡당 금76,000원 및 금74,000원으로 평가한 감정서를 각 제출받은 후, 그 두 감정가격의 산술평균치인 금75,000원을 피고들에게 대금 결정 기준액으로 제시하여, 매매대금을 ㎡당 금75,000원을 기초로 하여 산정한 금액으로 정하여 협의매수가 성립되었다.

이에 따라 원고가 피고들로부터 이 사건 토지들을 매수하는 계약을 체결하고, 그 무렵 피고들에게 각 그 해당 금액을 지급하였다. 그런데 위 두 감정평가법인은 협의매수가 이루어진 이후에, 이 사건 토지들에 대한 최초 평가 시 용도지역 인정에 착오가 있어 자연녹지 개발제한구역을 생산녹지로 잘못 알고 평가하였음을 발견하고 ㎡당 금41,000원 및 금40,000원으로 각 다시 평가하여 작성한 정정서를 원고에게 통보하였고, 원고는 그 무렵 피고들에게 그러한 사정을 통지하면서, 이미 지급한 매매대금 중 정정된 두 감정가격의 산술평균치인 금40,500원을 기준으로 계산한 금액을 초과하는 금액(㎡당 금34,500원)을 반환할 것을 요청하였다.

한편 원고가 피고들에 대한 협의 요청 시, 공특법이 정한 방법에 따라 두 개의 감정평가기관의 평가액을 산술평균한 금액을 기준으로 결정한다는 점 및 그에 따라 ㎡당 금75,000원씩으로 산출한 금액을 서면으로 통지·제시하였고, 그 후 피고들과 협의매수 계약 시 그러한 내용을 설명하고, 매매계약서 '물건의 표시'란에 그 대금 결정 내역에 관하여 단가와 면적을 기재함과 아울러, 대금결정 방법에 관하여도 매매계약서 제1조 제1항에 "가격은 공특법 제4조 및 동법 시행령 제2조 관련 조항의 규정에 따라 산정된 단가를 쌍방 협의에 의하여 정하였음"을 명시하였다.

동기의 착오가 법률행위의 내용의 중요 부분의 착오에 해당함을 이유로 표의자가 법률행위를 취소하려면 그 동기를 당해 의사표시의 내용으로 삼을 것을 상대방에게 표시하고 의사표시의 해석상 법률행위의 내용으로 되어 있다고 인정되면 충분하고 당사자들 사이에 별도로 그 동기를 의사표시의 내용으로 삼기로 하는 합의까지 이루어질 필요는 없다. 위 사안은 목적물의 시가에 관한 착오로서 이른바 동기의 착오에 해당하는데, 동기가 매매계약서에 표시되어 법률행위의 내용으로 편입된 사안이다.

착오를 이유로 계약을 취소(민법 제109조 제1항)를 하려면, 법률행위의 내용에 착오가 있어야 하고, 중요부분에 착오가 있어야 하며, 표의자에게 중과실이 없어야 한다.

위 대법원 97다44737 판결 사안은 매매대금액 결정에 착오가 있는 것인데, 이것이 중요부분의 착오가 될 수 있는가? 시장경제하에서 가격은 늘 변동하므로 매매대금액 결정에 다소간의 차이는 중요부분의 착오로 볼 수 없다.

그러나 위 대법원 판결은 중요부분 착오로 보았다. 즉 정당 평가액을 무려 85%나 과다하게 평가된 사정, 전문가가 아닌 원고가 목적물의 시가에 관한 착오인 동기의 착오가 없었더라면 그처럼 과다하게 잘못 평가된 금액을 기준으로 협의매수 계약을 체결하지 않았을 것이 명백한 사정 등을 고려하여 중요부분의 착오로 판단하였다.

그렇다면, 원고에게 중과실이 있어 취소할 수 없다고 볼 수 있지 않을까? 위 대법원 판결은 원고가 인천신공항고속도로 건설사업으로 도로로 편입될 예정 토지가 수백필지에 이르고 시가감정은 평가기관의 전문영역임을 고려할 때에 원고가 착오를 일으킨 데에 중대한 과실은 없다고 보았다. 결국 원고의 착오에 의한 취소를 인정한 것이다.

그렇다면, 착오취소로 인하여 매매계약 전부가 취소되는 것인가? 일부취소가 인정될 수 있는가? 위 대법원 판결은 "하나의 법률행위의 일부분에만 취소사유가 있다고 하더라도 그 법률행위가 가분적이거나 그 목적물의 일부가 특정될 수 있다면, 나머지 부분이라도 이를 유지하려는 당사자의 가정적 의사가 인정되는 경우 그 일부만의 취소도 가능하다고 할 것이고, 그 일부의 취소는 법률행위의 일부에 관하여 효력이 생긴다고 할 것이다."는 취지로 일부취소를 인정하면서, 그 취소 부분만 소급적으로 무효를 인정하였다(일부취소 부분에 대한 원고의 부당이득반환청구 인정).

<관련내용 정리>

부동산에 대한 계약을 체결한 후에 취소 가능성을 확인할 때에 검토하는 조문은 민법 제109조의 착오취소와 민법 제110조의 사기·강박에 의한 취소인데, 사기·강박 사례보다는 착오취소 사례가 더 많다.

착오를 이유로 계약을 취소(민법 제109조 제1항)를 하려면, 법률행위의 내용에 착오가 있어야 하고, 중요부분에 착오가 있어야 하며, 표의자에게 중과실이 없어야 한다.

착오취소가 문제되는 사안은 대체로 동기에 대한 착오가 문제되는 사안인데, 그 동기가 표시되어 계약의 내용으로 삼아졌던 경우라야 취소 가능성이 있다. 다만 상대방에 의하여 동기의 착오가 유발된 경우에는 표시되지 않은 동기의 착오일 경우에도 착오취소가 인정된다.

즉 상대방이 어떤 사정을 잘못 인식한 채 동기를 제공하였고 그러한 동기의 제공이 사기에 이르지는 않지만 그러한 동기의 제공으로 인하여 의사표시를 하였다면 그 동기는 법률행위 내용의 중요부분에 해당하여 취소할 수 있다.

23. 유동적 무효상태에서도 해제합의가 가능할 뿐만 아니라 해제합의의 착오취소도 가능하다.

토지거래허가 구역에서 시장, 군수 등의 허가 없이 토지에 대한 매매계약을 체결하였다면, 부동산거래신고법(부동산거래신고 등에 관한 법률)이 무효를 선언(제11조 제1항, 제6항)하고 있음에도 불구하고 원칙적으로 유동적 무효라고 보는 것이 판례의 입장이다[대법원(전합) 90다12243 판결].

토지에 대한 매매계약이 유동적 무효인 상태에서는 그 계약 내용대로의 효력이 있을 수 없어 매수인에게 그 계약 내용에 따른 대금지급의무가 없다.

따라서 매수인이 약정한 잔금을 지급하지 않았다고 하여 매도인이 매수인을 상대로 대금지급의무 불이행을 이유로 매매계약을 해제할 수 없다. 다만, 당사자 사이에 별개의 약정으로 매매 잔금이 그 지급기일에 지급되지 아니하는 경우 토지에 대한 매매계약을 자동적으로 해제하기로 약정하는 것은 가능하다(대법원 2010다1456 판결).

그렇다면, 토지거래허가구역 내에서 토지에 대한 매매계약을 체결한 후에 약정한 잔금지급기일에 잔금을 지급하지 못하게 되자, 매수인이 매도인에게 제안하여 잔금지급기일을 연기하되, 그 연기된 기일까지도 잔금을 지급하지 못할 경우 이 사건 매매계약은 해제된 것으로 처리하고 기지급된 계약금의 반환청구권은 포기하기로 하는 합의(이하 '이 사건 합의')는 유효한가?

이 사건 매매계약이 이 사건 토지에 대한 토지거래허가를 받지 않아 유동적 무효인 상태에서도 이 사건 합의는 유효하며, 연장된 잔금지급기일까지 잔금을 지급하지 못할 경우 토지에 대한 매매계약은 자동적으로 해제된다(대법원 2010다1456 판결).

한편, 부동산매매계약에 있어서 매수인이 잔금지급기일까지 그

대금을 지급하지 못하면 그 계약이 자동적으로 해제된다는 취지의 약정이 있더라도 매도인이 이행의 제공을 하여 매수인을 이행지체에 빠뜨리지 않는 한 그 약정기일의 도과 사실만으로는 매매계약이 자동해제된 것으로 볼 수 없으나, 매수인이 수회에 걸친 채무불이행에 대하여 책임을 느끼고 잔금지급기일의 연기를 요청하면서 새로운 약정기일까지는 반드시 계약을 이행할 것을 확약하고 불이행 시에는 매매계약이 자동적으로 해제되는 것을 감수하겠다는 내용의 약정을 한 특별한 사정이 있다면, 매수인이 잔금지급기일까지 잔금을 지급하지 아니함으로써 그 매매계약은 자동적으로 실효된다(대법원 2010다1456 판결).

그런데 매수인이 유동적 무효상태에 있기 때문에 매수인에게 잔금지급의무가 없다는 것을 모르고 '이 사건 합의'를 하였다면 어떠한가? 착오를 이유로 '이 사건 합의'를 취소할 수는 없는가?

대법원 2010다1456 판결의 원심은 착오취소를 부정하였으나, 원심판결과 달리 위 대법원은 합의서에 "이 사건 매매계약에 있어 2008. 1. 31.로 지정된 잔금일을 원고의 귀책사유로 지연함을 확인하며"라고 기재된 사정을 들어 동기의 착오가 표시되었음을 인정하면서, 착오취소가 가능하다는 취지로 원심을 파기·환송하였다.

유동적 무효상태에서는 매수인이 잔금지급기일에 잔금을 지급하지 못하더라도 매수인인 원고에게 귀책사유가 인정되지 않는다. 매수인의 대금지급의무 자체가 없기 때문이다. 위 합의서의 문구를 고려하면, 매수인인 원고가 합의서를 작성한 이유는 잔금지급의무가 있다고 착오한 것인데, 그 착오가 합의서에 명확하게 표시된 것으로 해석된다는 것이다.

즉, 대법원 2010다1456 판결은 판결 이유에서 "원고(매수인)가 이 사건 합의에 이르게 된 동기는 이 사건 매매계약이 유동적 무효 상태이어서 자신에게 잔금지급의무가 없다는 사실을 알지 못하여 잔금지급의무를 지체하고 있다고 생각했기 때문이라고 할 것이고, 그러한 동기는 이 사건 합의 과정에서 위 합의서 문언을 통해 의사표시의 내용으로 삼을 것이 피고에게 표시됨으로써 의사표시의 내용으로 되었다고 봄이 상당하다."고 설명하였다.

<관련내용 정리>

유동적 무효도 무효의 일종이다. 따라서 무효를 다시 해제합의를 통해 무효로 돌리는 것이 논리적으로 가능한 것인지 의문이 들 수 있다. 유동적 무효도 무효이기는 하나 법원의 판단이 개입되어야 유동적 무효인지 아니면 처음부터 확정적 무효가 되는 것인지 확인할 수 있기 때문에 법원의 판단과 무관하게 당사자 사이의 합의로 해제합의를 통해 계약을 명확하게 무효로 돌리고 그에 따른 원상회복 등 후속문제도 정리하는 것을 부정할 이유가 없다. 다만 유동적 무효가 해제합의로 정리되더라도 착오취소의 요건이 충족된다면 해제합의 자체를 취소할 수 있다.

24. 토지 매도인에 의하여 유발된 토지의 현황과 경계에 관한 착오를 이유로 매매계약을 취소할 수 있다.

민법은 "제109조(착오로 인한 의사표시) ① 의사표시는 법률행위의 내용의 중요부분에 착오가 있는 때에는 취소할 수 있다. 그러나 그 착오가 표의자의 중대한 과실로 인한 때에는 취소하지 못한다. ② 전항의 의사표시의 취소는 선의의 제삼자에게 대항하지 못한다. 제146조(취소권의 소멸) 취소권은 추인할 수 있는 날로부터 3년 내에 법률행위를 한 날로부터 10년 내에 행사하여야 한다."라고 규정하고 있다.

따라서 토지매매에 있어 착오를 이유로 매매계약을 취소하려면, 중요부분에 대한 착오, 그리고 착오에 있어 중대한 과실이 없을 것을 최소한의 요건으로 한다.

대법원 2016다239345 판결에 의하면 "착오를 이유로 의사표시를 취소하는 자는 법률행위의 내용에 착오가 있었다는 사실과 함께 착오가 의사표시에 결정적인 영향을 미쳤다는 점, 즉 만일 착오가 없었더라면 의사표시를 하지 않았을 것이라는 점을 증명하여야 한다."는 취지이고, 대법원 2005다6228 판결에 의하면 "민법 제109조 제1항 단서에서 규정하는 착오한 표의자의 중대한 과실 유무에 관한 주장과 입증책임은 착오자가 아니라 의사표시를 취소하게 하지 않으려는 상대방에게 있는 것"이라는 취지이다.

그렇다면, 토지매매에 있어 토지의 현황과 경계에 대한 착오를 이유로 계약을 취소할 수 있을까?

대법원 2019다288232 판결에 의하면, "가령 토지의 현황과 경계에 착오가 있어 계약을 체결하기 전에 이를 알았다면 계약의 목적을 달성할 수 없음이 명백하여 계약을 체결하지 않았을 것으로 평가할 수 있을 경우에 계약의 중요부분에 관한 착오가 인정된다(대법원 67다2160 판결, 대법원 74다54 판결 동일 취지)."는 취지이므로, 추가요건인 표의자에게 중대한 과실이 없다면 착오취소가 인정된다.

토지의 현황과 경계에 착오가 있었다는 것은 주로 토지의 매수인이 착오를 일으켰다고 보는 것이 일반적일 것이다.

그렇다면, 추가적 요건에 해당하는 '중과실이 없을 것'이라는 요건과 관련하여, 매수인이 경계측량을 하지도 않고 매매계약을 체결하였다는 그 사실 자체로 곧바로 매수인에게 중대한 과실이 있는 것인가? 즉 토지 매수인이 토지에 대한 경계확인을 위해 측량도 하지 않고 매수를 하였다면, 계약 후 매수인이 착오취소를 주장할 수 없는 것인가? 그렇지 않다.

매수인이 매매계약시점에 토지를 측량하고 매수할 의무는 없다. 즉 대법원 2019다288232 판결 등에 의하면, "토지매매에서 특별한 사정이 없는 한 매수인에게 측량을 하거나 지적도와 대조하는 등의 방법으로 매매목적물이 지적도상의 그것과 정확히 일치하는지 여부를 미리 확인하여야 할 주의의무가 있다고 볼 수 없다."는 취지이다(대법원 84다카2344 판결 동일 취지).

토지매매에 있어서 경계와 현황에 대한 정보는 매수인이 일단 매도인 내지 중개인으로부터 설명을 듣는 것이 일반적이라는 점을 고려하면, 토지 매수인에게 경계확인을 위한 측량의무를 부과할 수는 없다는 측면에서 위 대법원 판결은 타당하다.

토지의 경계와 현황에 대하여 매도인도 착오에 빠져 있었고, 이러한 착오에 근거해서 토지의 경계와 현황을 매수인에게 잘못 설명한 경우라면 어떠한가? 이는 매도인에 의하여 유발된 착오에 해당하여, 매수인에게 중대한 과실이 있다고 볼 수 없다(대법원 2019다288232 판결).

결국 이러한 사안에서는 매수인의 착오취소가 인정된다. 민법은 "제141조(취소의 효과) 취소된 법률행위는 처음부터 무효인 것으로 본다. 다만, 제한능력자는 그 행위로 인하여 받은 이익이 현존하는 한도에서 상환할 책임이 있다."고 규정하므로, 매수인이 착오로 매매계약을 취소하면, 매수인이 매도인에게 지급한 계약금 등을 반환청구할 수 있게 된다.

<관련내용 정리>

'법률행위의 중요부분에 착오'가 있어야 착오취소가 인정된다. 착오로 인하여 의사표시자가 '경제적인 불이익'을 입은 것이 아니라면 이를 법률행위 내용의 중요부분의 착오라고 할 수 없다(대법원 2006다41457 판결).

예를 들어, 기부채납한 시설물의 부지에 대한 소유권의 귀속에 착오가 있었지만 의사표시자가 그 시설물을 약정대로 사용하는 데에 사실상 아무런 문제가 없는 경우는 중요부분의 착오가 아니어서 취소가 인정되지 않는다(대법원 98다47924 판결). 착오로 인하여 경제적인 불이익을 입었거나 장차 불이익을 당할 염려도 없기 때문이다.

제 7 장

부동산계약의 무효

25. 토지거래허가구역 토지거래에 있어 유동적 무효상태를 해소하는 방법은 여러 가지가 있다.

부동산거래신고법 제11조 제1항, 제6항 등의 규정에 의하면[과거에는 국토의 계획 및 이용에 관한 법률(이하 '국토계획법') 제118조 등에 규정되어 있었음], 토지거래허가 구역으로 지정된 지역의 토지를 거래할 때에는 시장, 군수 등의 허가를 받아야 하고, 허가를 받지 않은 계약의 무효를 선언하고 있다.

다만, 토지거래허가 구역으로 지정되었더라도 '대가를 받고 이전하거나 설정하는 경우'가 아니라면 토지거래허가를 받을 필요가 없고(유상성), 대통령령이 정하는 용도별 면적 이하의 토지는 허가를 요구하지 않는다. 즉, 대통령령이 용도별로 분류해서 정한 소규모의 토지에 대하여는 토지거래허가를 받을 필요가 없다.

유상성이 있는 토지거래허가구역의 소규모 토지 이외의 토지에 대하여 허가를 신청할 경우 허가의 기준은 무엇인가? 허가를 내주는 관청이 허가의 기준으로 삼는 사항은 크게 ① 매수자가 실제로 필요로 하는 토지인지, ② 이용하고자 하는 면적이 적절한 것인지, ③ 법령에서 요구한 일정한 거주 요건 등을 충족하였는지 등이 기준이 된다고 한다.

토지거래허가구역 내의 허가 없는 계약의 무효를 선언한 부동산거래신고법의 규정에도 불구하고 대법원은 허가 전 계약의 유동적 무효를 인정하고 있다. 즉, 대법원 판결의 핵심은 허가대상 토지에 대한 허가 전 계약은 물권적 효력과 채권적 효력이 인정되지는 않지만, 허가를 받을 경우 그 계약은 소급하여 유효한 계약이 되며, 불허가 시 무효로 확정되므로, 허가를 받기까지는 유동적 무효라는 것이다[대법원(전합) 90다12243 판결].

그렇다면 유동적 무효라는 불안정상 상태를 해소할 방법이 있을까? 예를 들어 토지거래허가구역의 대규모 토지를 구입한 매수인이 시장 등으로부터 토지거래허가를 받기 전에 계약을 해소하거나, 허가를 받은 후라도 계약을 해소할 방법은 없을까?

계약의 해소 방법으로 생각할 수 있는 것은 계약해제, 착오 등에 의한 취소나 무효 주장 등이 있을 수 있다. 우선 해제 가능 여부를 고려해 보자. 해제사유의 일반이론을 검토할 때 생각할 수 있는 계약의 해소 방법은 ① 합의해제, ② 해약금에 의한 해제, ③ 약정해제, ④ 채무불이행에 의한 해제 등이 있다.

유동적 무효상태라도 합의로 문제를 해결하는 방식의 ① 합의해제는 가능할 것으로 본다. 그리고 ② 해약금에 의한 해제가 가능한지 여부에 대하여 대법원은 가능하다는 태도다[다만, 해약금에 의한 해제조항, 즉 민법 제565조는 임의규정으로 특약으로 배제 가능(대법원 2008다50615 판결)].

즉, 토지거래허가가 없어 유동적 무효인 상태에서도, 이행착수 전에 계약금 교부자는 계약금을 포기하고, 상대방은 계약금의 배액을 상환하고 계약을 해제할 수 있다는 것이다(대법원 97다9369 판결).

이에 더하여 대법원은 당사자가 토지거래허가신청을 하여 관할관청으로부터 그 허가를 받았다고 하더라도 이러한 사정만으로는 아직 이행에 착수가 있다고 볼 수 없으므로 매도인은 계약금의 배액을 상환하여 매매계약을 해제할 수 있다고 한다(대법원 2008다62427 판결).

또한 대법원 판결은 ③ 약정해제는 가능하다는 취지로 해석된다. 즉 "매매계약 체결 당시 일정한 기간 안에 토지거래허가를 받기로 약정하였다고 하더라도, 그 약정된 기간 내에 토지거래허가를 받지 못할 경우 계약해제 등의 절차 없이 곧바로 매매계약을 무효로 하기로 약정한 취지라는 등의 특별한 사정이 없는 한, 이를 쌍무계약에서 이행기를 정한 것과 달리 볼 것이 아니므로 약정기간이 경과하였다는 사정만으로 곧바로 매매계약이 확정적으로 무효가 된다고 할 수 없다(대법원 2008다50615 판결)."고 한다.

그러나 대법원은 유동적 무효상태에서의 ④ 채무불이행에 의한 계약해제를 부정한다. 즉, 유동적 무효상태에서는 물권적으로는 물론이고 채권적으로도 무효이므로 계약당사자는 소유권이전등기나 토지의 인도를 구하거나 매매대금의 이행 등을 구할 수 없고, 상대방도 그러한 이행을 할 의무가 없으며, 거래계약에 따른 이행의무가 없어 이행지체가 발생할 수 없고, 이에 기반한 채무불이행에 의한 손해배상청구권이나 계약해제권도 발생하지 않는다고 한다(대법원 97다4357 판결 등).

그렇다면 ⑤ 협력의무 위반을 이유로 계약을 해제할 수 있을까? 대법원은 부정적이다(대법원 98다40459 판결).

다음으로 계약의 무효화 가능 여부를 살펴보자. 즉, 의사의 불일치 또는 사기나 강박을 근거로 유동적 무효상태의 토지거래 계약을 무효화시킬 수 있을까? 요건이 된다면 가능할 것이다.

대법원은 거래허가를 신청하기 전 단계에서 이러한 사유를 주장하여 협력에 대한 거절의사를 명백히 하여 그 계약을 확정적으로 무효화시키고 협력의무를 면할 수 있다고 한다(대법원 97다36118 판결).

<관련내용 정리>

부동산거래신고법 제11조 제6항은 '⑥ 제1항에 따른 허가를 받지 아니하고 체결한 토지거래계약은 그 효력이 발생하지 아니한다.'라고 규정하여 토지거래허가 구역에서 유상거래를 할 때에 관할 관청의 허가를 받지 않으면 그 계약에 대하여 '무효'를 규정할 뿐이지 '유동적 무효'라는 표현이 없다.

그럼에도 불구하고 거래를 먼저 한 후에 허가 여부를 검토하는 국민들이 많아 거래계약 후에 허가를 받으면 확정적으로 유효가 되고, 거래계약 후에 허가를 받지 못하면 확정적 무효가 되어, 거래계약시점과 허가 여부 결정시점까지도 법률문언에 따라 '무효'로 보되, 유효가 될 수도 있어 '유동적 무효'라는 법리가 형성된 것으로 이해하면 쉽다.

법률에 어떤 행위에 대하여 무효라고 적혀 있는 것은 법원에서 유동적 무효로 해석하든 아니면 단순 무효로 해석하든 당연하게 법률 문언대로 '무효'로 해석한다.

그러나 법률에 어떤 행위에 대하여 무효라고 적혀 있지 않고 형사처벌 규정 또는 행정규제 규정만 존재하는 경우에 그 행위를 민사상 무효로 볼 것인지의 해석문제가 남는다.

이때 형사처벌 규정 또는 행정규제 규정 등을 법원에서 강행규정으로 해석하면 그 행위를 민사상으로도 무효로 볼 여지가 있지만, 단속규정으로 해석하면 그 행위를 무효로 보기 힘들게 된다.

26. 토지거래허가구역 토지거래에 있어 유동적 무효의 경우에도 해약금 해제가 가능하다.

부동산거래신고법 제11조 제1항, 제6항 등의 규정에 의하면(과거에는 국토계획법 제118조 등에 규정되어 있었음), 토지거래허가 구역으로 지정된 지역의 토지를 거래(유상계약)할 때에는 시장, 군수 등의 허가를 받아야 하고, 허가를 받지 않은 계약의 무효를 선언하고 있다.

토지거래허가구역 내의 허가 없는 계약의 무효를 선언한 부동산거래신고법의 규정에도 불구하고 대법원은 허가 전 계약의 유동적 무효를 인정하고 있다.

즉, 대법원 판결의 핵심은 허가대상 토지에 대한 허가 전 계약은 물권적 효력과 채권적 효력이 인정되지는 않지만, 허가를 받을 경우 그 계약은 소급하여 유효한 계약이 되며, 불허가 시 무효로 확정되므로, 허가를 받기까지는 유동적 무효라는 것이다[대법원(전합) 90다12243 판결].

그렇다면, 유동적 무효상태에서 해약금에 의한 계약해제가 가능할까? 대법원은 가능하다는 태도다[다만, 해약금에 의한 해제조항, 즉 민법 제565조는 임의규정인바, 특약으로 배제가능(대법원 2008다50615 판결)].

즉, 토지거래허가가 없어 유동적 무효인 상태에서도, 이행착수 전에 계약금 교부자는 계약금을 포기하고, 상대방은 계약금의 배액을 상환하고 계약을 해제할 수 있다는 것이다(대법원 97다9369 판결).

다만, 토지거래허가를 전제로 하는 매매계약의 경우 허가가 있기 전에는 매수인이나 매도인에게 그 계약내용에 따른 대금의 지급이나 소유권이전등기 소요서류의 이행제공의 의무가 있다고 할 수 없다는 것이 대법원의 견해이므로(대법원 97다9369 판결 등), 중도금 내지 잔금까지 지급을 하였을 경우라도 이를 이행의 착수로 볼 수 없어, 민법 제565조에 따른 해약금해제가 가능한 것은 아닌지에 대한 의문이 있다.

해약금 규정은 이행의 착수 전에 계약금 상당액을 포기함으로서 그 계약에서 해방되는 것이 그 취지이고, 부동산거래신고법은 토지거래허가구역 지정 토지에 대하여 토지거래허가 없는 유상거래를 '무효'로 선언하여 유동적 무효도 원칙적으로는 무효이기 때문이다(필자의 개인의견).

다만, 위 대법원 97다9369 판결 취지는 유동적 무효인 상태에서도 계약금 지급단계에서만 민법 제565조에 따른 해약금해제가 가능하다는 취지로 이해되는바(필자의 개인의견이나 이견이 있을 수 있음), 이는 유동적 무효상태에서는 계약당사자가 서로 계약완성에 협력할 의무가 부담한다는 입장이 고려된 것으로 이해된다.

이에 더하여 대법원 2008다62427 판결에 의하면, "토지거래계약에 관한 허가구역으로 지정된 구역 안의 토지에 관하여 매매계약이 체결된 후 계약금만 수수한 상태에서 당사자가 토지거래허가신청을 하고 이에 따라 관할관청으로부터 그 허가를 받았다 하더라도, 그러한 사정만으로는 아직 이행의 착수가 있다고 볼 수 없어 매도인으로서는 민법 제565조에 의하여 계약금의 배액을 상환하여 매매계약을 해제할 수 있다."라는 취지이다.

유동적 무효상태에서 허가를 받았으니, 특별한 사정이 없는 한 확정적 유효가 된 것이고, 유효한 계약에 계약금만 지급한 상태이니 민법 제565조에 따른 해약금 해제가 가능하다는 취지로 이해된다.

그렇다면, 토지거래허가 협력의무의 이행을 구하는 소송을 제기하여 1심에서 승소한 경우는 어떠한가? 이렇게 소송을 제기하여 1심에서 승소한 경우에도 과연 이행의 착수로 볼 수 없어, 민법 제565조에 따른 해약금 해제가 가능할까?

대법원 97다9369 판결에 의하면, 이러한 경우에도 이행의 착수로 볼 수 없어 계약당사자는 민법 제565조에 따른 해약금 해제를 할 수 있다는 취지이다.

즉, "매수인이 매도인의 의무이행을 촉구하였거나 매도인이 그 의무 이행을 거절함에 대하여 의무이행을 구하는 소송을 제기하여 1심에서 승소판결을 받은 것만으로는 매수인이 그 계약의 이행에 착수하였다고 할 수 없고, 또한 매도인이 계약금의 배액을 상환하고 매매계약을 해제하는 것을 신의칙에 반하는 것이라고 할 수 없다."라는 취지이다.

그렇다면, 계약금은 계약일에 지급하되 잔금은 토지거래허가 후에 쌍방 합의 하에 지급하기로 하는 매매계약이 체결되었는데, 매수인이 매도인의 계약해제를 거절하기 위하여 서둘러 잔금을 공탁한 것은 적법한 계약이행의 착수라고 할 수 있는가?

적법한 이행의 착수로 볼 수 없다는 것이 위 대법원 97다9369 판결의 취지이다. 즉, "유동적 무효 상태에 있는 위 매매계약은 토지거래허가가 있을 때까지는 계약내용에 따른 중도금이나 잔금의 지급의무가 발생하지 아니하므로 당초 약정에 위반하여 중도금이나 잔금을 지급하지 아니하였다고 하더라도 계약의 위반이 되지 아니하는 반면 그 지급기일 이전에 이를 지급하였다고 하더라도 이를 계약의 이행으로 볼 수는 없다"는 것이다.

<관련내용 정리>

토지거래허가구역의 토지는 물론이고 토지거래허가구역이 아닌 일반적인 토지거래에 있어서도 계약금만 지급한 단계에서는 민법 제565조에 따른 해약금 해제가 가능하다. 계약금만 지급한 단계에서는 계약 일방의 이행의 착수가 없기 때문이다.

즉 계약 일방의 이행의 착수가 있으면 민법 제565조에 따른 해약금 해제가 인정되지 않는다. 이때 토지거래허가구역에 있어 허가를 받는 것은 이행의 착수가 아니다. 허가로 유동적 무효가 확정적으로 유효한 계약이 된 것에 불과하기 때문이다.

토지거래허가 협력의무의 이행을 구하는 소송을 제기하여 1심에서 승소했더라도 이행의 착수로 볼 수 없다. 이행의 착수로 볼 수 없다는 것은 민법 제565조에 따른 해약금해제가 가능하다는 것이다.

토지거래허가구역 토지가 아닌 경우에 매수인이 중도금을 기습적으로 이행기 전에 입금하여 매도인의 민법 제565조에 따른 해약금 해제를 못하게 하는 경우가 있는데, 토지거래허가구역 토지의 경우에는 이러한 기습적 이행 방법으로 매도인의 민법 제565조에 따른 해약금 해제를 막지 못한다. 유동적 무효법리에 따라 중도금 등의 지급의무가 없어 지급기일 전에 이를 지급한 것을 두고 이행의 착수로 보기 어렵기 때문이다.

27. 허가구역 내의 토지매매를 하면서 처음부터 허가를 배제·잠탈하려 한 경우는 확정적 무효다.

토지거래허가구역 내의 토지를 매매할 경우에 처음부터 허가를 배제하거나 잠탈하는 계약을 체결한 경우에 계약체결 시부터 확정적으로 무효가 된다는 것이 대법원의 일반적 입장이다.

이와 관련하여 계약서를 허위로 작성하는 경우도 확정적으로 무효가 된다는 대법원 2009다96328 판결을 확인해 보자.

대법원 2009다96328 판결은 1심과 2심의 동일했던 결론을 부정한 것인데, 위 대법원 판결취지를 보면 1심과 2심의 결론이 명백하게 부당해 보인다.

그럼에도 불구하고, 1심과 2심이 동일하지만 부당한 결론을 어떻게 도출했는지 확인하는 것도 좋을 것 같아 1심, 2심, 대법원 판결을 모두 요약·정리하였다.

〈1심: 인천지방법원 부천지원 2007가단48570 판결〉

반소 청구취지 요약: 2005. 3. 23. 매매계약에 따른 토지거래허가신청절차를 이행하라.

반소원고가 반소피고 1, 2로부터 이 사건 1, 2, 3, 4 토지를 2005. 3. 23.경 매입하였다. 이 사건 1, 2, 3, 4 토지는 토지거래허가구역 내에 존재한 상황이었다(당시는 국토계획법이 적용, 현재는 부동산거래신고법 제11조 등이 적용).

토지거래허가구역 내 토지매매 시 처음부터 허가를 배제하거나 잠탈하는 계약인 경우를 제외하고는 허가를 받을 때까지 유동적 무효. 계약당사자는 계약이 효력 있는 것으로 완성될 수 있도록 협력 의무 존재. 본건은 유동적 무효상태다. 반소피고들은 반소원고에게 이 사건 1, 2, 3, 4 토지에 대하여 매매계약에 기한 토지거래허가신청절차를 각 이행할 의무가 있다(반소원고를 매수인으로 인정함).

1심은 반소피고들의 항변을 모두 배척했는데, 항변내용을 요약하면, "① 반소피고들은 소외 1이 매수자인 줄 알았다. 소외 1이 이전등기 필요서류라고 준 백지에 반소피고들 도장을 날인해 주었을 뿐이다. ② 반소원고는 매매 당시 토지거래허가요건을 충족하지 못하자 소외 1의 명의를 도용한 것이다. 즉 확정적 무효"라는 것이었다.

〈2심: 인천지방법원 2008나15728 판결 – 1심유지〉

추가판단: 반소피고들이 반소원고에게 토지거래허가신청서를 작성해 준 사실이 있다(단, 대신 접수를 위한 반소피고들의 위임장을 작성해주지 않음) 등이 근거. 반소원고가 거래허가에 필요한 거주요건을 충족하지 못했어도, 매매계약 체결 당시 거주요건이 충족되어 있던 소외 1을 매수자로 기재했어도 토지거래허가 잠탈 목적 단정은 어렵다는 취지.

〈3심: 대법원 2009다96328 판결 – 원심파기 · 환송〉

토지거래허가구역 내 토지매매 시 처음부터 허가를 배제하거나 잠탈 계약은 계약체결 시부터 확정적 무효. 허가의 배제 잠탈행위는 계약서를 허위로 작성하는 행위도 포함. 따라서 원심파기·환송.

원심수긍불가 이유 ① 반소피고들 2004. 2. 3. 소외 2에게 이 사건 각 토지 매도. 소외 2는 매매대금 지급 후 이전등기하지 않은 채 전매, ② 반소원고는 2005. 3. 23. 2천만원 추가 지급하고 반소피고들과 매매계약 체결, ③ 반소원고는 매매계약서상에 무단으로 소외 1을 매수인으로 기재(사문서위조 및 동행사로 형사처벌까지 받음), 반소피고들은 반소원고와 소외 1이 공동매수하는 것으로 알았음, ④ 계약 당시 소외 1은 거주요건 충족, 반소원고는 거주요건 불충족, ⑤ 반소원고가 거래허가를 위한 거주요건 충족위해 2004. 11.경 전입신고를 했는데, 실제거주하지 않았으며, 건설업자로 농업인, 임업인도 아니고 자영요건도 갖추지 못함, ⑥ 반소원고가 거래허가를 받지 못한 이유는 반소피고들의 비협조보다는 본인의 허가요건 불충족 때문.

결국, 반소원고가 허가요건을 갖춘 소외 1 명의를 도용하여 한 매매계약 체결행위는 허가잠탈 매매계약으로 처음부터 확정무효. 반소원고청구 기각취지로 파기 · 환송.

<관련내용 정리>

부동산거래신고법 제11조 제6항은 '⑥ 제1항에 따른 허가를 받지 아니하고 체결한 토지거래계약은 그 효력이 발생하지 아니한다.'라고 규정하여 토지거래허가 구역에서 유상거래를 할 때에 관할 관청의 허가를 받지 않으면 그 계약에 대하여 '무효'를 규정할 뿐이지 '유동적 무효'라는 표현이 없다.

그럼에도 불구하고 거래를 먼저 한 후에 허가 여부를 검토하는 국민들이 많아 거래계약 후에 허가를 받으면 확정적으로 유효가 되고, 거래계약 후에 허가를 받지 못하면 확정적 무효가 되어 거래계약시점과 허가 여부 결정시점까지도 법률문언에 따라 '무효'로 보되, 유효가 될 수도 있어 '유동적 무효'라는 법리가 형성된 것으로 이해하면 쉽다.

다만 토지거래허가구역 내의 토지를 매매하면서 처음부터 허가를 배제하거나 잠탈하는 계약을 체결한 경우에는 법률 규정 그대로 계약체결 시부터 확정적으로 무효가 된다. 즉 대법원 2009다96328 판결 사안에서 확인되는 것처럼, 반소원고는 토지거래허가를 위한 거주요건조차 충족하지 못한 상태였고, 반소원고가 허가요건을 갖춘 소외 1명의를 도용하여 매매계약을 체결하였는바, 이는 토지거래허가를 잠탈하는 매매계약으로 처음부터 확정무효가 된다.

28. 토지거래허가를 잠탈하려는 증여를 원인으로 한 소유권이 전등기는 무효이다.

부동산거래신고법 제11조 제1항, 제6항 등의 규정에 의하면(과거에는 국토계획법 제118조 등에 규정되어 있었음), 토지거래허가 구역으로 지정된 지역의 토지를 거래할 때에는 시장, 군수 등의 허가를 받아야 하고, 허가를 받지 않은 계약의 무효를 선언하고 있다.

다만, 토지거래허가 구역으로 지정되었더라도 '대가를 받고 이전하거나 설정하는 경우'가 아니라면 토지거래허가를 받을 필요가 없고(유상성), 대통령령이 정하는 용도별 면적 이하의 토지는 허가를 요구하지 않는다.

그렇다면, 실제 매매를 하였음에도 불구하고, 토지거래허가를 잠탈하기 위하여 유상성 요건을 결하는 증여를 원인으로 소유권이전등기를 경료한 경우는 어떠한가? 대법원 93다44319, 44326 판결 취지에 의하면, 위 소유권이전등기는 처음부터 확정적으로 무효가 된다.

즉, 대법원은 "매수인들이 국토이용관리법상의 규제지역에 속하는 임야를 매수하였음에도 관할관청으로부터 토지거래허가를 받은 바 없이 위 임야에 관하여 증여를 원인으로 소유권이전등기를 경료하였다면, 적어도 매수인들이 토지거래허가를 받지 아니하고 이를 잠탈하기 위하여 증여를 원인으로 소유권이전등기를 하기로 한 때로부터는 매매계약은 확정적으로 무효로 되었고, 이에 터 잡은 매수인들 명의의 소유권이전등기 역시 원인이 없게 되어 무효라고 보아야 한다."고 판시하였다.

강행법규인 부동산거래신고법상 토지거래허가 규정한 위반한 자가 스스로 무효를 주장할 수 있을까? 원칙적으로 가능하다.

대법원은 "강행법규인 국토이용관리법 제21조의3 제1항, 제7항을 위반하였을 경우에 있어서 위반한 자 스스로가 무효를 주장함이 신의성실의 원칙에 위배되는 권리의 행사라는 이유로서 이를 배척한다면 투기거래계약의 효력발생을 금지하려는 국토이용관리법의 입법취지를 완전히 몰각시키는 결과가 되므로, 거래당사자 사이의 약정내용과 취득목적대로 관할관청에 토지거래허가신청을 하였을 경우에 그 신청이 국토이용관리법 소정의 허가기준에 적합하여 허가를 받을 수 있었으나 다른 급박한 사정으로 이러한 절차를 회피하였다고 볼 만한 특단의 사정이 엿보이지 아니하는 한, 그러한 주장이 신의성실의 원칙에 반한다고는 할 수 없다(대법원 93다44319, 44326 판결)."라는 취지이다.

따라서 거래당사자 일방이 무효를 주장하고 나올 경우, 무효가 아닌 유효임을 주장하는 자는 위 대법원 판결 취지대로, "거래당사자 사이의 약정내용과 취득목적대로 관할관청에 토지거래허가신청을 하였을 경우에 그 신청이 국토이용관리법 소정의 허가기준에 적합하여 허가를 받을 수 있었으나 다른 급박한 사정으로 이러한 절차를 회피하였다고 볼 만한 특단의 사정"을 입증해야 한다.

토지거래허가구역에서 토지를 매수하려는 자가 토지취득요건을 결하자, 매도인과 매수인이 매매대상 토지에 대하여 증여를 원인으로 소유권이전등기를 경료한 후에 토지가격이 급등하자, 매도인이 무효를 주장하면서 소유권이전등기의 말소를 청구할 경우, 매수인의 방어책은 어떻게 되는가?

확정적으로 무효가 되었을 때에 매수인이 매도인에게 지급한 금원에 대하여 부당이득으로 그 반환을 청구할 수 있고, 민법 제748조 제2항의 악의의 수익자가 된 때로부터 이자의 반환을 구할 수 있다.

즉, 대법원은 토지거래허가를 받지 못해 매매계약이 무효로 된 사안에서, 민법 제548조 제2항을 준용하여 매도인은 매매대금을 받은 날로부터의 이자를 가산하여 지급하여야 한다는 매수인의 주장에 대하여, "매매계약이 무효인 때의 매도인의 매매대금 반환 의무는 성질상 부당이득 반환 의무로서 그 반환 범위에 관하여는 민법 제748조가 적용된다 할 것이고, 명문의 규정이 없는 이상 그에 관한 특칙인 민법 제548조 제2항이 당연히 유추적용 또는 준용된다고 할 수 없다(대법원 96다54997 판결)."고 판시하였다.

부동산이 급등했을 때 매도인이 계약의 무효를 주장하는 것이 신의칙에 반하기는 어려운 상황일 경우에, 매수인 입장에서 지급한 매매대금과 민법 제748조 제2항의 악의의 수익자가 된 때로부터 이자만을 청구할 수 있다는 것은 부당한 면이 없지 않다. 부동산 매수인이 급등한 부동산가격을 모두 보전받을 방법은 없을까?

대법원 94다51789 판결에 의하면, "토지거래허가를 받지 아니하여 유동적 무효상태에 있는 계약이라고 하더라도 일단 거래허가신청을 하여 불허되었다면 특별한 사정이 없는 한, 불허된 때로부터는 그 거래계약은 확정적으로 무효가 된다고 보아야 하고, 거래허가신청을 하지 아니하여 유동적 무효인 상태에 있던 거래계약이 확정적으로 무효가 된 경우에는 거래계약이 확정적으로 무효로 됨에 있어서 귀책사유가 있는 자라고 하더라도 그 계약의 무효를 주장하는 것이 신의칙에 반한다고 할 수는 없다(이 경우 상대방은 그로 인한 손해의 배상을 청구할 수는 있다)."는 취지이므로, 구체적 사정에 따라 부동산 매수인의 손해배상청구 가능성을 검토할 수 있을 것으로 해석된다(다만, 구체적 상황에 따라서는 매도인의 소유권이전등기 말소청구는 확정무효에 따른 부당이득반환청구이고, 매도인은 허가잠탈이라는 불법적인 원인에 기하여 매수인에게 부동산의 소유권을 이전해 준 것인바, 민법 제746조 본문에 따라 매도인은 자신이 행한 불법적인 급여 즉 소유권 이전의 반환을 청구할 수 없다는 불법원인급여에 해당할 여지도 있을 것).

<관련내용 정리>

토지거래허가구역 내의 유상거래, 예를 들어 토지거래허가구역 내에서의 토지매매는 관청의 허가를 받아야 하고 관청의 허가를 받지 못하면 그 매매계약이 확정적으로 무효가 된다.

토지거래허가구역으로 지정되었다면 그 토지는 투자가치가 높은 곳이고, 여러 투자자들이 주목하는 곳이다. 이런 문제로 인하여 실제는 토지를 매매하였음에도 증여를 원인으로 소유권이전등기를 함으로써 토지거래허가를 받지 않는 경우가 있다. 증여는 유상거래가 아닌 무상거래에 해당하여 토지거래허가구역 내의 토지라도 관청의 허가가 불필요하기 때문이다.

전혀 모르는 사람 사이에 증여를 원인으로 토지에 대한 소유권이전등기가 이루어지는 경우가 있을까? 있다. 투자열기가 높아지면 이런 경우가 발생하고 대대적인 단속에 걸리는 경우가 있다. 단속에 걸리면 형사처벌이 된다. 형사처벌만 되고 끝나면 좋겠지만, 매도인이 무효를 주장하면서 소유권이전등기의 말소등기를 청구하면 그 청구가 인용될 가능성이 높아져 투자를 한 사람이 적지 않게 피해를 보는 경우가 있다.

29. 토지거래허가구역 내에서의 토지거래의 효력에 대해 유형별로 정리해 보자.

부동산거래신고법 제11조 제1항, 제6항 등의 규정에 의하면(과거에는 국토계획법 제118조 등에 규정되어 있었음), 토지거래허가 구역으로 지정된 지역의 토지를 거래할 때에는 시장, 군수 등의 허가를 받아야 하고, 허가를 받지 않은 계약의 무효를 선언하고 있다. 그럼에도 불구하고 대법원은 허가 전 계약의 유동적 무효를 인정하고 있다.

즉, 대법원 판결의 핵심은 허가대상 토지에 대한 허가 전 계약은 물권적 효력과 채권적 효력이 인정되지는 않지만, 허가를 받을 경우 그 계약은 소급하여 유효한 계약이 되며, 불허가 시 무효로 확정되므로, 허가를 받기까지는 유동적 무효라는 것이다[대법원(전합) 90다12243 판결].

위 대법원(전합) 90다12243 판결 이후에 각 구체적 사정을 고려한 추가적 판례들이 나오게 되었는데, 이를 종합하여 정리하면 ① 토지거래가 처음부터 확정적으로 무효가 되는 경우, ② 유동적이었던 토지거래계약이 후발적으로 확정무효가 되는 경우, ③ 유동적이었던 토지거래계약이 후발적으로 확정유효가 되는 경우로 구분할 수 있다.

① 토지거래가 처음부터 확정적으로 무효가 되는 경우는 어떠한

경우인가?

대법원(전합) 90다12243 판결에 의하면, "허가를 받기 전의 거래계약이 처음부터 허가를 배제하거나 잠탈하는 내용의 계약일 경우에는 확정적으로 무효"라고 한다.

그리고 대법원 2009다96328 판결에 의하면, "허가의 배제·잠탈행위에는 토지거래허가가 필요한 계약을 허가가 필요하지 않은 것에 해당하도록 계약서를 허위로 작성하는 행위뿐만 아니라, 정상적으로는 토지거래허가를 받을 수 없는 계약을 허가를 받을 수 있도록 계약서를 허위로 작성하는 행위도 포함된다."는 취지이다. 이렇게 토지거래가 확정적으로 무효가 되면, 계약 체결 후에 허가구역 지정이 해제되더라도 유효로 전환될 여지가 없다(대법원 2017다228618 판결).

이처럼 토지거래계약이 처음부터 확정적 무효인 경우에 강행법규를 위반한 것으로 볼 수 있는데, 강행법규를 위반한 자 스스로가 무효를 주장하더라도 특단의 사정이 없는 한 이를 신의성실의 원칙에 위배되는 권리의 행사라고 볼 수 없다(대법원 93다44319, 93다44326 판결).

토지거래허가를 배제하기 위하여 매매계약일자를 소급작성하고 매매대금액도 낮춘 별도의 매매계약서를 허위로 작성한 것은 토지거래허가를 배제하거나 잠탈하려는 경우에 해당한다(대법원 92다44671 판결).

② 유동적이었던 토지거래계약이 후발적으로 확정무효가 되는 경우는 어떠한 경우인가?

토지거래허가를 받지 않아 유동적 무효상태였던 계약은 관할관청의 불허가 처분 또는 당사자 쌍방이 허가신청 협력의무의 이행거절 의사를 명백히 표시한 경우에 그때부터 확정적 무효가 된다.

토지거래계약이 유동적 무효의 상태에 있었는데, 토지에 대한 경매절차가 개시되어 제3자에게 소유권이 이전되었다면(참고로 부동산거래신고법 제14조 제2항 제2호에 의하면, 토지거래허가구역 내 토지를 경매로 취득하는 경우에는 토지거래허가를 받을 필요가 없음) 이행불능으로 유동적 무효의 토지거래는 확정무효가 된다(대법원 2012다89900 판결).

다만, 매수인이 토지거래허가신청절차청구권을 피보전권리로 하는 처분금지가처분을 마친 상태라면 경매로 제3자가 토지의 소유권을 취득하더라도 제3자에 대항할 수 있어 확정적 무효로 볼 수 없다(대법원 98다44376 판결).

토지거래허가 전의 거래계약이 정지조건부 계약인 경우에 있어서 그 정지조건이 토지거래허가를 받기 전에 이미 불성취로 확정되었다면 허가 전 거래계약의 유동적 무효상태가 더 이상 지속된다고 볼 수 없고 그 계약관계는 확정적으로 무효가 된다(대법원 97다36996 판결).

대법원 97다36965 판결에 의하면 단지 매매계약의 일방 당사자만이 임의로 토지거래허가신청에 대한 불허가처분을 유도할 의도로 허가신청서에 기재하도록 되어 있는 계약 내용과 토지의 이용 계획 등에 관하여 사실과 다르게 또는 불성실하게 기재한 경우라면 실제로 토지거래허가신청에 대한 불허가처분이 있었다는 사유만으로 곧바로 매매계약이 확정적인 무효상태에 이르렀다고 할 수 없다는 취지이다. 당사자 쌍방이 허가 신청을 하지 아니하기로 의사표시를 한 경우에 확정적 무효가 되므로 당사자 중에서 일방만이 매매계약을 철회하고 토지거래허가의무를 이행하지 않겠다고 거절하는 경우에는 계약이 확정적으로 무효가 되지 않는다(대법원 93다26397 판결). 그 이유는 당사자 중에서 어느 일방이 허가신청 협력의무의 이행거절 의사를 명백히 하였다고 하더라도 그 상대방은 소로써 허가신청절차에 협력해 줄 것을 청구할 수 있기 때문이다(대법원 95다28236 판결).

③ 유동적이었던 토지거래계약이 후발적으로 확정유효가 되는 경

우는 어떠한 경우인가?

토지거래계약 후에 토지거래허가를 받은 경우와 허가구역 지정이 해제되거나 허가구역지정기간이 만료되었으나 허가구역으로 재지정되지 않은 경우에 그 토지거래계약이 확정적으로 유효가 된다[대법원(전합) 90다12243 판결, 대법원(전합) 98다40459 판결].

거래한 토지가 허가구역과 비허가구역으로 나뉘는 경우와 허가구역 내의 토지와 건물을 일괄적으로 거래한 경우는 어떠한가? 민법 제137조에 따라 일부무효법리에 따라 그 효력유무가 결정될 것이다.

대법원 93다45930 판결에 의하면, "설사 위 지침 등이 행정내규로서 법규로서의 효력이 없고, 따라서 위 매매계약이 그 목적물 중 자연녹지지역에 관한 부분에 관하여서만 무효라고 하더라도, 민법 제137조에 따라서 원칙적으로 위 매매계약 전부가 무효가 되며, 다만 그 무효부분이 없더라도 위 매매계약을 체결하였을 것이라고 인정될 때에 한하여 나머지 부분은 무효가 되지 아니한다."라는 취지이다.

<관련내용 정리>

토지거래허가 구역에서의 토지 유상거래는 유동적 무효라는 것이 대법원의 입장이므로 언제 확정적 유효 내지 확정적 무효가 되는지 문제된다. 토지거래허가지역에서 유상거래를 하면서 처음부터 그 허가를 배제하거나 잠탈하기 위한 것으로 판단되는 경우라면 처음부터 확정적 무효가 되는 것이고, 그 이외에는 후발적 확정 무효 또는 후발적 확정 유효가 된다. 위 내용은 이를 정리해 둔 것이다.

제 8 장

부동산계약의 해제 · 해지

30. 부동산매매계약 해제의 유형을 알아보고 그 중에서 합의해제를 자세하게 살펴보자.

부동산을 매도하거나, 매수하였을 때 이런저런 사정으로 인하여 계약을 해제하는 경우가 있다. 계약해제사유로는 어떤 것들이 있을까? 계약당사자 사이에 해제에 대한 합의가 성립된 경우에 발생하는 합의해제가 있을 수 있다. 이때 해제의 구체적인 내용은 합의에 의하여 결정될 것이다.

해제에 대한 합의가 성립될 수 없다면, 계약당사자 일방이 계약을 해제하는 경우가 발생할 수 있다. 그런데 계약당사자 일방이 계약을 해제하고, 그 해제에 따른 법적 효과가 인정되려면, 해제의 근거가 있어야 한다. 계약해제의 사유로 법률상 인정되는 것은 해약금에 근거한 해제, 채무불이행에 의한 해제, 약정해제 등이 있다.

시중에 유통되는 부동산매매계약서 등을 확인하면, “계약의 해제”라는 제목의 규정도 있고, “채무불이행과 손해배상”이라는 제목의 규정도 있다.

“계약의 해제”라는 제목의 규정은 대체로 민법 제565조를 옮겨 놓은 것으로 “해약금에 의한 계약해제”를 의미한다. 이 규정은 중도금 지급 전에 매도인은 계약금 배액을 상환하고, 매수인은 지급한 계약금을 포기하고 각 계약을 해제할 수 있다는 것으로, 이유를 불문하고 계약의 구속으로부터 자유로워지고 싶다면, 계약금상당액을 포기하면 된다는 취지로 이해하면 된다.

“채무불이행과 손해배상”이라는 제목의 규정은 계약일방이 채무불이행할 경우 상대방이 계약을 해제하면서 손해배상을 청구할 수 있다는 것인데, 이때 주의할 것은 계약서에 손해배상기준이 적시되었는지 여부를 확인하는 것이다.

손해배상기준이 계약금이라고 계약서에 적시되어 있다면, 채무불이행을 이유로 계약을 해제하는 자는 상대방에게 손해배상예정액으로 해석되는 계약금 상당액을 청구할 수 있지만, 손해배상기준이 계약금이라는 문구가 계약서에 적시되어 있지 않으면, 계약을 해제하면서 손해배상을 청구하려면 손해액을 입증해야 하는 문제가 발생한다.

채무불이행에는 크게 이행지체와 이행불능 등이 있는데, 이행지체의 경우는 이행할 기회를 제공(이른바 ‘최고’)해야 한다는 점을 주의해야 하고, 동시이행항변이 붙어 있는 경우에는 이행제공이 필요하다는 사실도 주의할 필요가 있다. 다만, 상대방이 명백히 이행거절을 하는 경우라면, 이행제공이 필요 없다는 것이 법원의 입장이다.

약정해제는 계약서에 “~ 사유가 발생하면 계약을 해제할 수 있다.”고 약정하여 적시하였는데, “~ 사유”가 발생한 경우 그 사유를 근거로 계약을 해제하는 것으로 계약 후 차후에 합의로 계약을 해제하기로 약정하여 합의해제를 하는 것과 구별된다는 것도 알아두자.

참고로 엄격한 요건의 충족을 전제로 ‘사정변경에 의한 계약해제’가 인정될 수 있다는 취지의 대법원 판례도 있다는 사실도 알아두자[대법원 2004다31302 판결, 대법원(전합) 2012다13637 판결, 대법원 2016다249557 판결 등].

합의해제와 관련하여 대법원 2020다271315 판결에 의하면 "당사자 사이의 합의로 성립한 계약을 합의해제하기 위하여서는 계약이 성립하는 경우와 마찬가지로 기존 계약의 효력을 소멸시키기로 하는 내용의 해제계약의 청약과 승낙이라는 서로 대립하는 의사표시가 합치될 것을 그 요건으로 하며, 이러한 합의가 성립하기 위하여는 쌍방 당사자의 표시행위에 나타난 의사의 내용이 서로 객관적으로 일치하여야 한다. 계약의 합의해제는 묵시적으로 이루어질 수도 있으나, 계약이 묵시적으로 합의해제 되었다고 하려면 계약의 성립 후에 당사자 쌍방의 계약실현의사의 결여 또는 포기로 인하여 당사자 쌍방의 계약을 실현하지 아니할 의사가 일치되어야 한다. 한편 당사자 사이에 계약을 종료시킬 의사가 일치되었더라도 계약이 일부 이행된 경우에는 이미 이행된 부분에 관한 원상회복 및 손해배상에 관하여 아무런 약정 없이 계약을 종료시키는 합의만 하는 것은 경험칙에 비추어 이례적이고, 이 경우 합의해제가 성립하였다고 보기 어렵다(대법원 94다17093 판결, 대법원 98다17602 판결, 대법원 2004다11506 판결 등)."라는 취지이다.

그리고 대법원 2017다220416 판결에 의하면 "계약이 합의에 따라 해제되거나 해지된 경우에는 상대방에게 손해배상을 하기로 특약하거나 손해배상 청구를 유보하는 의사표시를 하는 등 다른 사정이 없는 한 채무불이행으로 인한 손해배상을 청구할 수 없다(대법원 86다카1147, 1148 판결). 그와 같은 손해배상의 특약이 있었다거나 손해배상 청구를 유보하였다는 점은 이를 주장하는 당사자가 증명할 책임이 있다(대법원 2013다8755 판결). ~ 중략 ~ 위와 같은 특약이나 의사표시가 있었는지는 합의해제·해지 당시를 기준으로 판단하여야 하는데, 원래의 계약에 있는 위약금이나 손해배상에 관한 약정은 그 것이 계약 내용이나 당사자의 의사표시 등에 비추어 합의해제 · 해지의 경우에도 적용된다고 볼 만한 특별한 사정이 없는 한 합의해제 · 해지의 경우에까지 적용되지는 않는다."는 취지이다.

또한 대법원 95다16011 판결에 의하면 "합의해제 또는 해제계약이라 함은 해제권의 유무에 불구하고 계약당사자 쌍방이 합의에 의하여 기존 계약의 효력을 소멸시켜 당초부터 계약이 체결되지 않았던 것과 같은 상태로 복귀시킬 것을 내용으로 하는 새로운 계약으로서, 그 효력은 그 합의의 내용에 의하여 결정되고 여기에는 해제에 관한 민법 제548조 제2항의 규정은 적용되지 아니하므로, 당사자 사이에 약정이 없는 이상 합의해제로 인하여 반환할 금전에 그 받은 날로부터의 이자를 가하여야 할 의무가 있는 것은 아니다."는 취지이다(합의해지와 관련된 유사취지의 판결로는 대법원 2000다5336, 5343 판결 참고).

<관련내용 정리>

부동산매매계약의 해제 유형은 합의해제, 해약금 해제, 채무불이행 해제, 약정해제 등이 있다. 합의해제는 '계약'이므로 당사자들의 청약과 승낙의 내용 중 사소한 부분이 불일치해도 인정되기 어렵다. 따라서 당사자 쌍방이 모두 채무불이행을 이유로 해제한다는 주장을 하고 있더라도 계약이 합의해제된 것으로 볼 수는 없다.

계약이 합의해제 된 경우에도 종전의 법률관계가 소급하여 소멸하고 합의해제가 된 경우의 원상회복에는 민법 제548조 제2항에 따른 받은 날로부터 연 5%의 이자가 가산되지 않는다(대법원 95다16011 판결). 합의해제가 인정되는 경우에 손해배상을 하기로 하는 특약을 하거나 손해배상청구를 유보하는 의사표시가 있는 경우가 아니라면 손해배상의무도 부담하지 않으며 민법상 해제의 일반적인 효과가 모두 그대로 적용되는 것도 아니다(2022. 9. 30.자 '서울고등법원판례공보스터디' 제869쪽, 제870쪽 참고).

31. 부동산매매계약 해제로 인한 원상회복법리에 대하여 알아보자.

임야에 대한 매매계약이 체결되었다고 가정하자. 임야 매수인이 임야를 매수한 후 이를 인도받아 점유하다가 적법한 해제의 의사표시를 통해 매매계약이 해제되었다. 임야매수인은 지급한 매매대금의 반환을 구할 것이고, 임야매도인은 임야의 인도를 구할 것이다.

부동산매매계약이 해제되면 계약의 효력이 소급적으로 소멸된다. 결국 계약이 무효로 돌아가는 것이므로 계약에 의하여 실행된 급부(주고 받은 것)는 부당이득으로 반환되어야 한다. 부당이득의 반환에 대하여 민법 제748조는 "수익자의 반환범위"라는 제목아래 "① 선의의 수익자는 그 받은 이익이 현존한 한도에서 전조의 책임이 있다. ② 악의의 수익자는 그 받은 이익에 이자를 붙여 반환하고 손해가 있으면 이를 배상하여야 한다."라고 규정하고 있다.

부동산매매계약이 해제되면 위 민법 제748조 규정에 따라 해결될까? 아니다. 계약의 해제에 대하여는 민법 제748조에 대한 특칙으로 민법 제548조를 규정하고 있으므로, 민법 제548조에 따라 해결된다.

민법 제548조는 "해제의 효과, 원상회복의무"라는 제목 아래에 "① 당사자 일방이 계약을 해제한 때에는 각 당사자는 그 상대방에 대하여 원상회복의 의무가 있다. 그러나 제삼자의 권리를 해하지 못한다. ② 전항의 경우에 반환할 금전에는 그 받은 날로부터 이자를 가하여야 한다."라고 규정하고 있다.

따라서 임야에 대한 매매계약이 있은 후에 임야 매수인이 임야를 인도받아 점유하다가 적법한 해제를 하였다면, 민법 제548조에 따라 당사자 쌍방은 원상회복의무를 부담하게 되는데, 임야매수인의 경우에 임야매도인으로부터 금전을 반환할 때에는 받은 날로부터 민법 내지 상법이 정한 법정이자를 가산하여 반환받아야 하며, 위 법정이

자와의 균형상 임야매수인은 임야매도인에게 원물을 반환하면서 그 사용이익을 반환해야 한다.

임야 매수인의 원물반환의무 및 사용이익반환의무와 임야 매도인의 매매대금반환의무 및 법정이자반환의무는 동시이행관계에 있다. 따라서 임야 매수인 내지 임야 매도인이 이행제공을 하지 않은 경우라면 이행지체로 인한 손해배상문제가 발생하지 않는다.

즉 임야 매수인이 임야 매도인을 상대로 적법하게 매매계약을 해제하고 매매대금의 반환을 구함에 있어 이행제공을 한 사실이 없다면 채무불이행으로 인한 지연손해금 문제가 생기지 않는다. 따라서 이러한 경우라면 소송촉진법 소정의 법정이율이 적용되지 않는다. 단지 민법 제548조 제2항에 따라 민법이나 상법이 정한 법정이율이 적용될 뿐이다.

민법 제548조 제2항은 계약해제로 인한 원상회복의무의 이행으로서 반환하는 금전에는 받은 날로부터 이자를 가산하여야 한다고 정하였는데, 위 이자의 반환은 원상회복의무의 범위에 속하는 것이기 때문이다(대법원 2023다289720 판결/2024. 4. 15.자 공보에 대한 '서울고등법원판례공보스터디' 해설 참고).

한편 매매계약이 해제된 경우에 당사자 쌍방의 원상회복의무는 동시이행의 관계에 있고, 이때 계약의 해제로 인하여 당사자가 상대방에 대하여 원상회복의무와 손해배상의무를 부담하는 경우에는 당사자가 부담하는 원상회복의무뿐만 아니라 손해배상의무도 함께 동시이행관계에 있다(대법원 95다25138, 25145 판결 등).

〈관련내용 정리〉

부동산매매계약이 해제되면 계약의 효력이 소급적으로 소멸하여, 계약에 의하여 실행된 급부는 부당이득으로 반환되어야 하고, 그 반환범위는 민법 제748조이 규정한다. 그러나 해제는 민법 제748조의 특칙으로 민법 제548

조를 규정하고 있고, 민법 제548조 제2항은 '반환할 금전에는 그 받은 날로부터 이자를 가하여야 한다.'라고 규정하고 있어 해제에 있어서는 민법 제548조 규정이 적용된다.

그런데 민법 제548조 제2항에 있어 '이자의 반환'은 원상회복의무의 범위에 속하는 것으로 일종의 부당이득반환의 성질을 가지고 있고, 동시이행의 관계가 있는 경우에는 이행제공 없이 지체책임을 물을 수 없어, 이행제공이 있지 않았던 경우에는 위 이자에 소송촉진법 제3조 제1항에서 정한 이율을 적용할 수 없다.

32. 잔금지급 전에 부동산 가압류 집행이 이뤄진 경우에 잔금지급을 거절할 수 있을 뿐이고 계약해제를 할 수 없음이 원칙이다.

부동산매매에 대한 계약서를 쓰면서, 계약 당시에 부동산등기사항증명서를 떼어 보았는데, 근저당권이나 가압류 및 가처분 등 그 부동산의 권리행사를 제한하는 권리 등이 없었다. 이러한 상황에서 매수인이 계약금을 지급하고, 중도금 없이 잔금 및 잔금지급일을 별도로 정한 계약서를 작성하였다고 가정하자.

그런데 잔금일에 이르러, 잔금을 주기 위해 다시 해당 부동산의 등기사항증명서를 떼어 보았더니, 가압류가 걸려 있는 것이 아닌가? 이때 계약을 해제할 수 있을까? 계약해제사유는 ① 약정해제, ② 합의해제, ③ 채무불이행에 의한 계약해제, ④ 해약금에 의한 해제 등이 있다.

우선 부동산매매계약 당시에 잔금일 전에 가압류 등이 걸리면 계약을 해제할 수 있다는 약정을 특약으로 적어두었다면, 그에 따른 해제, 즉 약정해제권을 행사할 수 있을 것이다. 또한 잔금일에 가압류를 발견한 계약당사자가 합의로 계약을 해제할 수도 있다.

그런데 계약을 해제하려는 사람은 매수인일 것이기 때문에 매수인이 계약금을 포기하고 계약을 해제하는 해약금에 의한 해제는 기대하기 어려울 것이다. 그렇다면, 채무불이행에 의한 계약해제가 남게 되는데, 채무불이행 중에서 검토할 수 있는 것은 이행지체에 의한 계약해제와 이행불능에 의한 계약해제가 있을 수 있다.

시중에서 많이 사용되는 부동산매매계약서에는 "매도인은 위 부동산에 설정된 저당권, 지상권, 임차권 등 소유권 행사를 제한하는 사유가 있거나, 조세금과 기타 부담금의 미납금 등이 있을 때에는 잔금 수수일까지 그 권리의 하자 및 부담 등을 제거하여 완전한 소유권을 매수인에게 이전한다. 다만, 승계하기로 합의하는 권리 및 금액은 그러하지 아니하다."라는 문구가 부동문자로 인쇄되어 있는 경우가 있다.

위와 같은 취지의 부동문자가 인쇄되어 있다면, 부동산 매수인이 매도인에게 내용증명우편 등을 활용하여 가압류를 풀어줄 기간을 설정해서 그 기간 내에 가압류를 풀지 않으면 이행지체에 의해 계약을 해제하겠다는 취지를 통보하는 방식의 계약해제가 가능할 수 있다. 다만, 잔금일이 지난 경우 매수인이 동시이행관계를 깨기 위해 잔금을 이행제공해야 하는 문제가 있다.

대법원 2000다50688 판결에 의하면 "매매목적물인 부동산에 근저당권설정등기나 가압류등기가 있는 경우에 매도인으로서는 위 근저당권설정등기나 가압류등기를 말소하여 완전한 소유권이전등기를 해주어야 할 의무를 부담한다고 할 것이지만, 매매목적물인 부동산에 대한 근저당권설정등기나 가압류등기가 말소되지 아니하였다고 하여 바로 매도인의 소유권이전등기의무가 이행불능으로 되었다고 할 수 없고, 매도인이 미리 이행하지 아니할 의사를 표시한 경우가 아닌 한, 매수인이 매도인에게 상당한 기간을 정하여 그 이행을 최고하고 그 기간 내에 이행하지 아니한 때에 한하여 계약을 해제할 수 있다."라는 취지이다.

이행불능을 이유로 계약을 해제할 수는 없을까? 대법원은 이행불능의 의미에 대하여 "단순히 절대적·물리적으로 불능인 경우가 아니라 사회생활에 있어서의 경험법칙 또는 거래상의 관념에 비추어 볼 때 채권자가 채무자의 이행의 실현을 기대할 수 없는 경우(대법원 2009다75321 판결)"라고 정의하고 있다.

또한 대법원은 잔금지급 전에 부동산에 가압류가 집행되었다고 해서 이행불능이라고 단정할 수 없고, 신의칙 등에 의하여 매수인은 대금지급채무의 이행을 거절할 수 있을 뿐이라는 태도를 보이고 있다(대법원 99다11045 판결).

다만 관련된 대법원 판례로는 "매도인이 매매목적물의 원소유자에 대하여 가지는 소유권이전등기청구권 또는 분양권에 대한 가압류 또는 처분금지가처분을 해제하여 다시 매수인에게 소유권이전등기절차를 이행하는 것이 불가능하거나 극히 곤란한 무자력 상태에 있다고 봄이 상당하고 이러한 경우에는 이행불능을 이유로 매매계약을 해제할 수 있다(대법원 2005다39211 판결)."라는 취지의 판시가 있다.

결국 위 대법원 2005다39211 판결을 고려할 경우에 이행불능을 이유로 계약을 해제하기 위해서는 매도인이 가압류 집행을 해제할 수 없는 무자력 상태임을 입증해야 할 것이고, 입증이 불가능하다면 잔금지급을 거절할 수 있을 뿐이다.

<관련내용 정리>

부동산매매계약을 체결하였다고 가정할 때에 계약금과 중도금 또는 잔금지급 사이에 두세 달의 기간이 있는 것이 보통인데, 이 기간에 매도인의 채권자가 매도인 부동산에 가압류를 하는 경우가 종종 발생한다.

가압류가 있음에도 이 문제를 해결하지 않고 매수인이 덜컥 매도인에게 잔금을 지급해 버리면 가압류권자가 매도인을 상대로 소송에서 승소한 후에 해당 부동산을 경매에 부칠 경우에 매수인이 소유권을 상실하게 된다. 따라서 매수인은 매도인이 가압류문제를 해결할 때까지 잔금 등의 지급을 거절할 수 있다.

그리고 매수인은 매도인에게 시간을 주면서 가압류 해결을 독촉하고 그러한 해결 요구에도 매도인이 가압류를 말소시키지 못하면 채무불이행을 이유로 계약을 해제할 수 있을 것이지만, 잔금지급기일이 지난 경우라면 채무불이행의 전제인 매수인의 잔금에 대한 이행제공이 필요하게 된다.

잔금지급기일이 지나버리면 매도인의 가압류문제 해결과 매수인의 잔금지급의무가 동시이행관계에 있게 되고, 쌍방이 채무불이행책임을 묻지 못하게 되므로 매수인이 매도인의 채무불이행책임을 물으려면 동시이행관계를 깨기 위해 자신의 의무인 잔금에 대한 이행제공이 필요하게 되는 것이다(다만 동시이행관계도 특약으로 배제할 수 있음).

다만 매도인이 가압류를 해결할 수 없는 무자력인 상황이라면 매수인이 이행제공 없이 계약을 해제할 수 있다. 매도인의 무자력은 이행불능사유로 해석되기 때문이다.

33. 부동산매입 목적이 분명하다면 그 목적을 계약서에 적고 목적 달성이 불가능한 경우에 계약을 해제할 수 있다는 약정해제권을 특약으로 넣는 것이 좋다.

부동산계약을 하면서 계약의 목적을 밝히는 경우가 적지 않다. 그뿐만 아니라, 계약의 목적을 달성할 수 없는 상황이 벌어지게 되면, 해당 부동산계약이 아무런 소용이 없는 경우가 허다하다. 이러한 상황에도 불구하고 부동산계약을 체결하면서 계약의 목적을 구두로만 표현할 뿐, 계약서에 명시하는 경우가 많지 않다.

따라서 부동산계약서에 계약의 목적을 명시하고, 계약의 목적 달성이 어려울 경우 계약을 해제할 수 있다는 조항을 기재해야 문제를 해결하기 수월해 진다. 예를 들어보자. 토지를 매수하면서 매수인은 해당 토지에 공장을 지을 것임을 강조하였고, 중개인과 매도인은 공장을 짓는 데 무리가 없을 것이라고 말하였다. 이러한 상황이라면, 매수인은 공장건축을 위한 허가 등이 나오지 않을 경우 매매계약을 해제할 수 있다는 약정해지권을 계약서에 명기해두는 것이 좋다는 것이다.

공장건축을 목적으로 토지를 매입하였는데, 공장건축이 불가능할 경우 계약을 해제할 수 있다는 특약을 계약서에 명시하지 않았다면, 계약을 파기하는 것이 불가능할까? 그렇지는 않다. 착오취소라는 제도가 존재하기 때문이다. 다만, 약정해제권 행사보다 '착오취소'를 통하여 계약파기를 이끌어내는 것이 훨씬 어렵다는 것을 알고 있어야 한다(패소확률이 높아짐). 그뿐만 아니라, 계약 당시에는 공장건축이 가능했는데, 잔금을 지급할 때에 법령이 변화되면서 공장건축이 불가능한 상황에 처할 수도 있기 때문에 이러한 상황 등을 고려한 약정해제권의 특약 작성은 필요하다.

또한, 공장건축 등 개발을 목적으로 토지를 매입하는 경우, 매매대금을 모두 지급하고 소유권이전등기까지 마친 다음 바로 개발할 수도 있겠지만, 일정기간 경과 후 개발이 진행되는 것으로 예정되어 있는 경우도 있을 것인데, 이러한 경우에도 그사이 법령 등 상황 변화로 공장건축이 불가능한 사유가 발생할 수 있다. 이러한 경우에 대비하여 해당내용을 계약서에 구체화하고, 구체화된 내용의 조건을 충족할 경우 매수인이 매도인에게 약정해제권을 행사할 수 있다는 특약을 넣는 것이 필요하게 된다.

<관련내용 정리>

부동산에 대한 계약을 체결한 후에 그 계약을 무효로 돌리는 방법에는 해제권의 행사, 취소제도 활용, 무효제도 활용, 계약의 부존재 주장 등 다양한 방법이 있다.

부동산을 매입하면서 그 매입목적이 분명한 경우이고, 그 목적 달성이 불가능한 경우에 부동산을 매입하는 사람 입장에서는 그 부동산이 쓸모없게 되므로, 부동산매입 목적을 계약서에 적시하고 그 목적 달성이 어려운 상황이 전개될 경우에, 계약을 해제할 수 있다는 취지의 특약을 적어두면 도움이 된다.

이러한 상황에서 약정해제권 특약을 넣지 않을 경우에 민법 제109조가 규정한 착오취소 제도 또는 사정변경에 의한 계약해제 등의 제도를 활용할 수는 있지만 그 요건을 충족하는 것이 쉽지 않기 때문이다.

34. 부동산매매계약에 있어 중도금 또는 잔금 미지급 시 자동 해제된다는 특약의 효력을 살펴보자

부동산매매계약을 체결함에 있어 일방 당사자의 채무불이행 시 계약이 자동으로 해제된다는 특약을 계약서에 적시하는 경우가 있다. 이와 같은 경우에 계약의 일방 당사자가 계약서에 적시된 채무를 불이행한 경우에 부동산매매계약이 위 특약에 따라 별도의 해제의 의사표시 없이도 자동으로 해제되는가? 구체적 내용에 따라 다르다.

대법원 91다13717 판결에 의하면, "매매계약에 있어서 매수인이 중도금을 약정한 일자에 지급하지 아니하면 그 계약을 무효로 한다고 하는 특약이 있는 경우 매수인이 약정한 대로 중도금을 지급하지 아니하면 (해제의 의사표시를 요하지 않고) 그 불이행 자체로써 계약은 그 일자에 자동적으로 해제된 것이라고 보아야 한다."는 취지이다.

따라서 부동산매매에 있어 중도금 지급의무 불이행 시 매매계약이 자동적으로 해제된다는 특약이 있을 경우에 특별한 사정이 없는 한 별도의 해제의 의사표시를 요하지 않고, 중도금 지급의무 불이행 그 자체로 계약은 자동으로 해제된다. 이러한 대법원 판례의 취지는 중도금 단계에서는 대체로 매도인의 의무가 존재하지 않음에 기인한 것으로 해석된다.

그렇다면, 부동산매매계약에 있어 잔금지급기일까지 잔금을 지급하지 않을 경우 계약이 자동해제된다는 특약을 한 경우에도 그 특약이 그대로 적용되어 별도의 행위가 필요 없는 것인가?

대법원 판결 취지를 고려하면 별도의 해제의 의사표시는 필요하지 않은 것으로 보이나, 자동해제의 전제로써 동시이행관계를 깨기 위한 매도인의 소유권이전등기 서류 등의 이행제공이 필요한 것으로 해석된다.

즉, 대법원 91다15614 판결에 의하면, "부동산매매계약에 잔대금 지급기일까지 잔대금을 지급하지 아니할 때에는 위 매매계약은 자동적으로 해제된다고 하는 약정이 있더라도 매도인이 그 대금지급기일에 자기 채무의 이행제공을 하여 매수인으로 하여금 이행지체에 빠지게 하여야 비로소 자동적으로 매매계약이 해제되는 것이고 매수인이 그 약정기한을 도과하였다고 하더라도 이행지체에 빠진 것이 아니라면 대금 미지급으로 계약이 자동해제되는 것은 아니다." 라는 취지이다.

결국, 중도금이 아닌 잔금지급기일에 이르러서는 매도인의 소유권이전등기 의무 등과 매수인의 잔금지급 의무가 동시이행관계에 있기 때문에 "잔금지급 의무 불이행 시 매매계약 자동해제 특약"이 존재하더라도, 매도인이 동시이행관계를 깨는 이행의 제공이 있어야 비로소 자동해제가 인정된다는 취지로 이해된다.

그렇다면, 매도인이 소유권이전등기에 필요한 서류를 갖추었는지 여부를 묻지 않고 매수인의 잔금지급기일 도과사실 자체만으로 계약을 실효시키기로 특약(이른바 '동시이행관계 배제특약'으로 볼 수 있을 것. 동시이행의 항변권 배제특약이 가능하다는 취지의 판례로는 대법원 87다카2498 판결, 대법원 97다37852, 37869 판결 등)을 하였다거나, 매수인이 수회에 걸친 채무불이행에 대하여 책임을 느끼고 잔금지급기일의 연기를 요청하면서 새로운 약정기일까지는 반드시 계약을 이행할 것을 확약하고 불이행 시에는 매매계약이 자동적으로 해제되는 것을 감수하겠다는 내용의 약정을 하였다고 볼 특별한 사정이 있다면 어떠한가?

대법원 2022다255614 판결에 의하면 위와 같은 경우에는 "매수인이 잔금지급기일까지 잔금을 지급하지 않음으로써 그 매매계약은 자동적으로 실효된다."는 취지이다.

즉 위 대법원 2022다255614 판결에 의하면 "부동산매매계약에서 매수인이 잔금지급기일까지 그 대금을 지급하지 못하면 계약이 자동적으로 해제된다는 취지의 약정이 있더라도 매도인이 이행의 제공을 하여 매수인을 이행지체에 빠뜨리지 않는 한 지급기일의 도과 사실만으로는 매매계약이 자동해제된 것으로 볼 수 없다. 다만 매도인이 소유권이전등기에 필요한 서류를 갖추었는지 여부를 묻지 않고 매수인의 지급기일 도과사실 자체만으로 계약을 실효시키기로 특약을 하였다거나, 매수인이 수회에 걸친 채무불이행에 대하여 책임을 느끼고 잔금지급기일의 연기를 요청하면서 새로운 약정기일까지는 반드시 계약을 이행할 것을 확약하고 불이행 시에는 매매계약이 자동적으로 해제되는 것을 감수하겠다는 내용의 약정을 하였다고 볼 특별한 사정이 있다면, 매수인이 잔금지급기일까지 잔금을 지급하지 않음으로써 그 매매계약은 자동적으로 실효된다."라는 취지이다.

<관련내용 정리>

부동산매매계약을 체결하면서 매수인이 중도금 미지급시 매매계약이 자동해제되고 계약금이 매도인에게 몰취된다는 특약은 유효하다. 부동산매매계약을 체결하면서 매수인이 잔금 미지급시 매매계약이 자동해제되고 계약금 상당액이 매도인에게 몰취된다는 특약은 매도인이 소유권이전등기를 위한 서류 등의 제공을 한 경우에 한하여 유효하다. 부동산 매도인의 소유권이전등기 등의 의무와 매수인의 잔금지급의무가 동시이행관계에 있기 때문이다.

다만 동시이행관계는 특약으로 배제할 수 있다. 따라서 부동산매매계약을 체결하면서 매수인이 잔금 미지급시 매매계약이 자동해제되고 계약금 상당액이 매도인에게 몰취되며, 이때 매도인의 소유권이전등기를 위한 서류의 제공 등 매도인의 이행제공의무는 없다는 취지로 동시이행항변권 행사를 배제 특약을 넣었다면 매수인이 잔금 미지급시 매매계약이 자동해제된다.

그리고 부동산매매계약을 체결하면서 매수인이 잔금 미지급시 매매계약이 자동해제되고 계약금 상당액이 매도인에게 몰취된다는 약정을 한 이유가 매수인이 수회에 걸친 채무불이행에 대하여 책임을 느끼고 잔금지급기일의 연기를 요청하면서 새로운 약정기일까지는 반드시 계약을 이행할 것을 확약하고 불이행 시에는 매매계약이 자동적으로 해제되는 것을 감수하겠다는 취지로 약정을 한 것이라면, 매수인이 잔금지급기일까지 잔금을 지급하지 않음으로써 그 매매계약은 자동적으로 실효된다.

35. 이행기 이전에 이행에 착수한 경우에도 원칙적으로는 해약금에 의한 해제가 인정되지 않는다.

부동산매매계약을 하였을 때, 계약금 지급 단계에서 계약금을 지급한 매수인은 계약금을 포기하고, 계약금을 받은 매도인은 계약금과 더불어 계약금에 해당하는 금액을 추가로 지급하고 계약에서 해방될 수 있다(민법 제565조 참고). 이러한 내용은 상식화되어 있는 것으로 보이는데, 법률적으로 이러한 행동을 '해약금에 의한 계약해제'라는 표현을 쓰고 있다. 이때 해약금이란, 계약에서 해방되기 위하여 지급하는 돈이라고 생각하면 쉽다.

대부분의 부동산계약서에는 이러한 '해약금에 의한 계약해제'를 명문화하고 있지만, 부동산계약서에 명문화되어 있지 않더라도, 민법 제565조에 의하여 '해약금에 의한 계약해제'가 인정된다. 예를 들어, 부동산매매계약서를 확인하면 대체로 "매수인이 매도인에게 중도금(중도금이 없을 때에는 잔금)을 지불하기 전까지 매도인은 계약금의 배액을 상환하고, 매수인은 계약금을 포기하고 본 계약을 해제할 수 있다."고 적시되어 있다.

결국, 중도금 지급 또는 잔금지급(중도금이 없을 때) 전에 해약금에 의한 계약해제가 가능하다는 것인데, 이를 "이행착수 전에 해약금에 의한 계약해제가 가능하다."는 표현을 사용한다.

'해약금에 의한 계약해제'를 이행착수 전으로 제한하는 이유는 무엇일까? 대법원 92다31323 판결에 의하면 "당사자의 일방이 이미 이행에 착수한 때에는 그 당사자는 그에 필요한 비용을 지출하였을 것이고, 또 그 당사자는 계약이 이행될 것으로 기대하고 있는데, 만일 이러한 단계에서 상대방으로부터 계약이 해제된다면 예측하지 못한 손해를 입게 될 우려" 때문이라고 한다.

예를 들어보자. 상가부동산에 대한 매매가 있었다. 계약 당시는 매도인 및 매수인이 모두 만족하였지만, 중도금 기일이 다가오면서, 상가에 대한 가치가 급등하였고, 매도인이 상가를 팔고 싶어하지 않는 상황이고, 이를 상가매수인이 알아차렸다. 이때 마음이 급한 상가매수인이, 중도금 약정일 이전에 중도금을 미리 계좌이체할 경우 상가매도인의 '해약금에 의한 계약해제'가 인정되지 않을까?

중도금 지급기일 이전에 지급을 금지한다는 특약이 없는 한 해약금에 의한 계약해제가 인정되지 않는다. 즉, 대법원 92다31323 판결에 의하면, "계약당사자가 채무의 이행기 전에 착수하지 아니하기로 하는 특약을 하는 등 특별한 사정이 없는 한 이행기 전에 이행에 착수할 수 있다."고 한다.

결국, 부동산의 가격이 급등하여 매도인이 해약금에 의한 해제를 하려는 상황이 포착될 경우에는 중도금의 지급일로 정한 날짜가 도래하지 않은 경우라도, 이행기 전에 착수금지 특약이 없었다면, 매수인이 중도금 등을 즉각적으로 지급함으로써 매도인의 해약금에 의한 해제를 막고, 매수인은 매도인에게 계약의 이행을 촉구할 수 있게 된다.

이와 관련하여 대법원 2004다11599 판결은 매매계약의 체결 이후 시가 상승이 예상되자 매도인이 구두로 구체적인 금액의 제시 없이 매매대금의 증액요청을 하였고, 매수인은 이에 대하여 확답하지 않은 상태에서 중도금을 이행기 전에 제공하였는데, 그 이후 매도인이 계약금의 배액을 공탁하여 해제권을 행사한 사안에서, 시가 상승만으로 매매계약의 기초적 사실관계가 변경되었다고 볼 수 없어 '매도인을 당초의 계약에 구속시키는 것이 특히 불공평하다'거나 '매수인에게 계약내용 변경요청의 상당성이 인정된다.'고 할 수 없고, 이행기 전의 이행의 착수가 허용되어서는 안 될 만한 불가피한 사정이 있는 것도 아니므로 매도인은 위의 해제권을 행사할 수 없다고 한 원심의 판단을 수긍하였다.

참고로 대법원 97다9369 판결에 의하면 "유동적 무효 상태에 있는 위 매매계약은 토지거래허가가 있을 때까지는 계약내용에 따른 중도금이나 잔금의 지급의무가 발생하지 아니하므로 당초 약정에 위반하여 중도금이나 잔금을 지급하지 아니하였다고 하더라도 계약의 위반이 되지 아니하는 반면 그 지급기일 이전에 이를 지급하였다고 하더라도 이를 계약의 이행으로 볼 수는 없다."라는 취지이므로, 토지거래허가구역에서 매매계약이 존재하여 유동적 무효인 상태에서 중도금을 약정기일보다 일찍 지급한 경우라도 해약금에 의한 해제를 막기 어렵다(유동적 무효인 상태에서도 '해약금에 의한 해제'가 가능).

<관련내용 정리>

부동산매매계약에 있어 계약금만 지급한 상태에서는 쌍방이 계약금 상당액을 포기하면서 계약에서 해방될 수 있다. 즉 계약금을 지급받은 매도인은 계약금의 두 배를 매수인에게 돌려주면서 계약에서 해방될 수 있고, 계약금을 지급한 매수인은 그 지급한 계약금을 포기하면서 계약에서 해방될 수 있다.

그렇다면 부동산매매계약을 체결하면서 중도금 지급 약정기일을 정하였는데, 그 중도금 지급 약정기일 전에 매수인이 중도금을 기습적으로 지급하였다면? 이때는 계약금 지급단계를 벗어났기 때문에 매도인은 물론이고 매수인도 계약금 상당액을 포기하고 계약에서 해방될 수 없다.

다만 중도금 지급 약정기일 전에 중도금을 지급해서는 안 된다는 특약이 있었다면 중도금 지급기일 전에 중도금을 지급하더라도 약정한 중도금 지급기일 전이라면 계약당사자 쌍방이 계약금 상당액을 포기하고 계약에서 해방될 수 있다.

36. 해약금 해제는 이행착수 전에만 가능하므로 이행착수의 의미를 살펴본다.

해약금 해제규정에 해당하는 민법 제565조 제1항은 "매매의 당사자 일방이 계약 당시에 금전 기타 물건을 계약금, 보증금 등의 명목으로 상대방에게 교부한 때에는 당사자 간에 다른 약정이 없는 한 당사자의 일방이 이행에 착수할 때까지 교부자는 이를 포기하고 수령자는 그 배액을 상환하여 매매계약을 해제할 수 있다."고 규정하고 있다.

부동산매매계약을 체결하였다고 가정하자. 부동산가격이 갑자기 폭등하자 매도인이 지급받은 계약금 배액을 매수인에게 지급하고 민법 제565조 제1항에 따라 계약을 해제할 태세를 보인다.

이때 중도금 지급기일이 아직 도래하지 않은 상태에서 매수인이 중도금 지급을 통해 이행착수를 하여 매도인의 민법 제565조 제1항에 따른 계약해제를 막을 수 있을까? 막을 수 있다. 대법원 2004다11599 판결에 따르면, "당사자가 채무의 이행기 전에는 착수하지 아니하기로 하는 특약을 하는 등 특별한 사정이 없는 한 이행기 전에 이행에 착수할 수 있다."라는 취지이기 때문이다.

매수인이 아닌 매도인이 이행에 착수한 경우에도 매도인의 민법 제565조 제1항에 따른 계약해제가 불가능한가? 그렇다.

대법원 70다105 판결에 의하면 "본조 제1항에서 말하는 당사자의 일방이라는 것은 매매쌍방 중 어느 일방을 지칭하는 것이고 상대방이라고 국한하는 것이 아니므로 매매계약의 일부 이행에 착수한 당사자는 비록 상대방이 이행에 착수하지 않았다 하더라도 해제권을 행사할 수 없다."는 취지이다.

위 사안은 매도인 피고가 임야매매계약을 체결한 후에 임야매매계약의 이행을 위하여 임야가 귀속재산으로 잘못 처리된 공부상 기재를 시정하고 이어서 매도인 피고 단독 명의로 소유권이전등기를 경료하였을 뿐만 아니라 매수인 원고에게 분할 후 소유권이전등기를 하기 위해 본건 임야에 대한 분할절차를 밟은 사실에 대하여 이행에 착수한 것이라면서, 매도인 피고의 민법 제565조 제1항에 따른 계약해제를 부정하였다.

여기서 '이행의 착수'란 무엇인가? 대법원 93다1114 판결에 의하면, "매도인이 민법 제565조에 의하여 계약금의 배액을 상환하고 계약을 해제하려면 매수인이 이행에 착수할 때까지 하여야 할 것인바, 여기에서 이행에 착수한다는 것은 객관적으로 외부에서 인식할 수 있는 정도로 채무의 이행행위의 일부를 하거나 또는 이행을 하기 위하여 필요한 전제행위를 하는 경우를 말하는 것으로서 단순히 이행의 준비를 하는 것만으로는 부족하나 반드시 계약내용에 들어맞는 이행의 제공의 정도에까지 이르러야 하는 것은 아니다."는 취지이다.

이와 관련하여 대법원 2005다39594 판결에 의하면, "매매계약 당시 매수인이 중도금 일부의 지급에 갈음하여 매도인에게 제3자에 대한 대여금채권을 양도하기로 약정하고, 그 자리에 제3자도 참석한 경우, 매수인은 매매계약과 함께 채무의 일부 이행에 착수하였으므로, 매도인은 민법 제565조 제1항에 정한 해제권을 행사할 수 없다."는 취지로 판시하였다.

그렇다면 매수인이 중도금 지급 약정기일 이전에 중도금의 일부만 기습적으로 지급한 경우 무조건 이행의 착수가 인정되어 해약금 해제가 불가능하게 되는가? 원칙적으로는 매수인이 중도금 지급기일 전에 중도금 일부를 송금할 경우 이행의 착수가 인정되어 매도인의 민법 제565조 제1항에 따른 계약해제는 인정되기 어렵다. 다만, 해약금 해제를 막을 목적으로 약정한 중도금에 비하여 지나치게 적은 중도금의 일부금액을 그 약정 중도금 지급기일 이전에 기습적으로 지급한 상황이라면 이를 '이행의 착수'로 보기 어려워 해약금에 의한 해제가 가능하다고 이해된다.

이와 관련하여 부산지방법원 동부지원은, 매도인이 매수인에게 계약금 배액을 상환하고 계약을 해제하겠다는 의사를 명확히 표시하고 계좌번호를 요청하자, 매수인이 1시간도 되지 않아 잔금지급기일도 아닌 날에 잔금 47억원 중 위 잔금보다 현저히 적은 5억원만을 기습적으로 송금한 사안에서, 매수인의 잔금일부 기습송금 행위는 매도인의 해제권 행사를 저지하기 위한 목적으로 보면서 통상적인 '이행의 착수'로 볼 수 없다고 판단하여 매도인의 해약금에 의한 해제를 인정하였다(부산지방법원 동부지원 2022가합100614 판결).

<관련내용 정리>

부동산매매계약에 있어 계약금 지급단계를 넘어서면 계약금을 포기하는 방법(이른바 '해약금해제')으로는 계약에서 해방되기 어렵다. 계약금 지급단계를 넘어서는 것이 민법 제565조가 규정하는 '이행의 착수'인데, 이행의 착수는 매수인뿐만 아니라 매도인도 할 수 있으며, '이행의 착수'를 한 당사자도 해약금에 의한 해제를 할 수 없다.

매수인의 '이행의 착수'는 중도금지급기일 전의 기습적 중도금의 일부지급도 포함됨이 원칙이나 매도인이 매수인에게 계약금 배액을 상환하고 계약을 해제하겠다는 의사를 명확히 표시하고 계좌번호를 요청하자, 매수인이 단지 매도인의 해약금 해제를 막을 목적으로 극히 적은 중도금의 일부를 기습적으로 이행하였다면 통상의 '이행의 착수'로 보기는 어렵고, 결국 매도인의 해약금 해제가 인정될 것이다.

제 9 장

부동산중개

37. 부동산 중개사고의 큰 흐름을 살펴보자.

부동산을 중개사를 통해 매수하거나 임차했는데, 중개사의 설명과 달리 중개부동산의 권리관계에 문제가 발생하여 매수인 또는 임차인 등 중개의뢰인이 손해를 보는 경우가 있다. 이런 경우 중개의뢰인은 중개사와 공제증서를 발급한 한국공인중개사협회(이하 "협회") 등에 공인중개사법 내지 민법상의 손해배상책임을 묻게 된다.

협회에 손해에 대한 배상청구를 하기 위해서는 중개사의 중개행위에 기초하여 중개의뢰인에게 손해가 발생해야 하므로, 중개행위로 판단되지 않은 중개사의 행위에 대하여는 협회에 책임을 묻기 어렵다. 중개행위로 보기 힘든 대표적인 경우가 중개사의 권리금 컨설팅 행위라고 할 수 있다.

중개사고라는 판단을 받더라도, 중개사에게 고의가 있다는 사정이 있다면 별론으로 하고, 대체로 법원에서는 과실상계를 통해 중개의뢰인의 과실책임을 손해액 산정에 고려하고 있다.

예를 들어, 중개사의 부동산에 대한 권리관계 설명이 부실하여 해당 부동산이 경매로 매각된 상황에서 임차인이 보증금의 일부만 배당을 받은 손해가 발생하였다고 가정하자. 즉, 보증금이 1억원이었는데, 중개사의 중개대상물 확인·설명의무 위반(공인중개사법 제25조, 제30조)으로 인하여 배당액이 3천만원에 불과하였다. 이때 중개의뢰인의 손해는 7천만원이 되지만, 법원에서는 중개의뢰인의 7천만원의 손해를 모두 인정하는 경우가 많지 않다는 것이다. 중개의뢰인도 중개를 의뢰할 때 해당 부동산에 권리관계 등에 문제가 있는지 살펴볼 의무가 있다는 것이다.

다만, 중개의뢰인과 달리 중개사는 부동산거래의 전문가임을 강조하면서 중개사의 책임을 100% 인정한 판례도 간혹 볼 수 있고 가까운 일본의 경우도 중개사의 전문성 등을 고려하여 중개의뢰인의 과실 인정 시 신중한 태도를 보이는 것으로 알고 있다. 아무튼 중개사고라는 판단이 내려져도 손해액이 전액 인정되는 경우가 많지 않다는 사실에 주의할 필요가 있다.

참고로 서울북부지방법원 2011가단18564 판결은 중개사고에 있어 중개사의 과실을 80%로 제한하였으나, 항소심인 서울북부지방법원 2011나11007 판결은 중개사 책임을 100%로 변경하였고, 상고심인 대법원 2012다69654 판결은 2심의 중개사에 대한 100% 책임인정을 문제삼아 과실상계를 하라는 취지로 파기·환송한 사실이 있다.

중개사고에 대하여 판례는 등기부와 대장(건축물대장, 토지대장 등)과 같은 공적장부에 나타난 내용에 대한 중개대상물 확인·설명을 요구하는 경향이 강했지만, 최근 들어 등기부 및 대장과 같은 공적장부에서 일견 쉽게 확인하기 어려운 부분까지 설명을 요구하는 경우가 늘어나고 있다.

대표적인 것이 다가구주택의 경우 법원에서는 선순위 임차인의 보증금 등까지 확인하여 임차인에게 설명할 의무를 부과하고 있는 점 등이다. 결국 이러한 법원의 태도는 "원고가 임대차보증금을 회수하기 위한 적절한 조치를 취할 수 있도록 조력할 주의의무가 있다(부산고등법원 2013나3750 판결)"거나 "부동산의 임대, 매매 등 거래에서 무권리자로 인한 피해를 방지하는 것이 부동산 중개업자의 가장 중요한 주의의무 중 하나(서울북부지방법원 2011나11007 판결)" 등의 문구를 통해 공적장부 등에 대한 설명이라는 형식적 기준이 아니라, 실질적으로 중개의뢰인의 손해 방지를 위한 설명이라는 차원이 고려된 것으로 보인다.

참고로 춘천지방법원 원주지원 2017가합83 판결은 부동산중개사가 아파트 매수인에게 누수로 인한 수선공사 전력을 고지하거나 설명할 의무가 있는지 여부가 쟁점이 된 사안인데, '이 사건 아파트의 중개대상물 확인·설명서에도 현재의 벽면 누수 여부에 관하여 점검하는 사항이 있을 뿐 과거 누수 전력으로 인하여 수선공사가 있었는지에 관하여 점검하는 사항은 존재하지 않을 뿐더러, 공인중개사법 제25조 제1항, 같은 법 시행령 제21조 제1항은 당해 중개대상물의 상태·입지 및 권리관계, 수도, 전기, 가스, 소방, 열공급, 승강기 및 배수 등 시설물의 상태, 벽면 및 도배의 상태, 일조, 소음, 진동 등 환경조건 등을 공인중개사의 확인·설명의 대상으로 규정하고 있을 뿐이어서, 과거 누수로 수선 공사를 하였는지는 그 누수가 수리되어 현재의 사용에 지장을 초래하고 있지 아니한 이상 공인중개사의 확인·설명의무의 대상에 포함된다고 할 수 없다고 보아 아파트 매수인인 원고의 부동산중개사인 피고에 대한 손해배상청구를 기각' 한 사실이 있다.

<관련내용 정리>

부동산 거래로 인하여 피해를 본 계약당사자는 그 상대방 당사자에게 손해배상 등의 책임을 묻는 것과 더불어 중개행위를 한 공인중개사 또는 중개보조원(이하 '공인중개사 등')에게도 손해배상청구를 고려하게 된다.

부동산 거래를 하면서 중개를 하는 공인중개사 등은 중개의 안전성을 주장하면서 공인중개사가 가입한 보험이라 할 수 있는 공제증서를 중개의뢰인에게 보여주고, 이를 제공하게 되는데, 의뢰인이 공제증서 발급자인 중개협회 등에 손해배상청구를 하기 위해서는 '중개사고'에 해당해야 한다. 물론 공인중개사 등 본인에게 중개로 인한 손해배상청구를 할 수 있지만 자력이 없는 경우가 많아 자력이 충분한 중개협회 등에 손해배상청구를 하는 것이 유용하기 때문이다.

38. 공인중개사의 권리금계약 알선은 행정사법 위반이다.

대법원 2005도6054 판결에 의하면, "이른바 권리금 등을 수수하도록 중개한 것은 구법이 규율하고 있는 중개행위에 해당하지 아니한다."라는 취지인바, 권리금계약 중개 내지 알선은 공인중개사법상 중개행위의 대상이 아니라는 취지이다.

따라서 권리금계약 체결에 공인중개사가 개입하는 것은 공인중개사법상의 중개업무(공인중개사법 제32조 제1항 참고)로 보기 어려워 공인중개사법상의 중개수수료 규정이 적용되지 않는다는 것이 일반론이다.

이에 따라 과거에는 공인중개사가 권리금계약을 알선하면서 공인중개사법상의 중개수수료 한도를 넘어서 수수료도 받을 수 있다고 해석하는 경우가 있었다. 게다가 공인중개사 자격이 없는 '권리금컨설팅' 업체가 권리금계약을 주선하는 경우도 적지 않았으며, 위 권리금컨설팅 업체들이 고액의 컨설팅보수를 받고 있는 것도 현실이었다.

그런데 최근에 선고된 대법원 2024도1766 판결에 의하면 공인중개사가 종전 임차인과 신규 임차인 사이의 권리금계약을 알선하고 수수료를 받는 것이 '행정사법 위반'이라는 취지이다.

공인중개사가 부동산매매 또는 임대차계약 등 공인중개사법상 중개행위 과정에서 받는 중개수수료와 별개로 권리금계약은 반드시 위 계약에 수반되는 것이 아니라 종전 임차인과 신규 임차인 사이에 체결되며, 이러한 권리금계약 알선행위는 공인중개사법상 중개행위에도 포함되지 않아서 공인중개사의 업무범위에 포함되지 않으므로 공인중개사가 권리금계약을 알선하였다고 하더라도 그에 따른 수수료를 받으면 현행법상으로는 '행정사법 위반'에 해당할 수밖에 없다는 취지로 이해된다(항소심: 수원지방법원 2022노6573 판결, 1심: 수원지방법원 성남지원 2022고단577 판결).

위 대법원 판결의 1심, 항소심 모두 대법원 판결과 동일한 결론인바, 1심 판결을 확인하면 법원의 입장을 확인할 수 있다. 즉 1심판결에 해당하는 수원지방법원 성남지원 2022고단577 판결을 요약하여 현출한다.

〈범죄 사실〉

피고인 B는 '㈜C'의 대표이고 'D공인중개사사무소'의 개업공인중개사이고, 피고인 A은 'D공인중개사무소'의 소속 공인중개사이자 '㈜C'의 직원이다. 누구든지 행정사의 자격 없이 행정사의 업무를 업으로 하여서는 아니 된다. 그럼에도 불구하고 피고인들은 2020. 8. 6.경 성남시 분당구 E건물 F호에서, 어린이집 부동산임대차계약을 중개하면서 위 어린이집의 종전 임차인 G과 신규 임차인 H 사이의 권리금계약서인 "컨설팅(인가용역, 시설·권리) 계약서"를 작성하고, 해당 수수료 명목으로 250만원을 받았다. 이로써 피고인들은 공모하여, 행정사가 아님에도 권리의무나 사실증명에 관한 서류를 작성하는 업무를 업으로 하였다.

〈유죄 이유: 벌금 100만원 선고유예〉

이 사건 컨설팅계약은 어린이집에 관한 영업권의 양도에 따른 권리금계약에 해당함이 분명하고, 피고인들이 그 권리금계약을 중개하고 권리금계약서를 작성한 것은 구 행정사법 제2조 제1항 제2호에서 정한 '권리·의무나 사실증명에 관한 서류'를 작성한 것에 해당한다고 판단된다.

권리금계약을 중개하고 권리금계약서를 작성하는 행위는 공인중개사법 및 그 시행령에서 공인중개사의 업무범위로 정하고 있는 중개행위에 해당하지 아니하므로, 결국 피고인들이 권리금계약을 중개하고 권리금계약서를 작성한 행위는 구 행정사법 제2조 제1항 제2호를 위반한 행위에 해당한다.

실무상으로 권리금계약과 임차권양도계약이 일체 불가분의 관계에 있는 경우 공인중개사가 이를 함께 중개하는 경우가 종종 있는 것으로 보이긴 하나, 그러한 실무가 일반 상거래의 관행으로 의심없이 정착되었다고 보기에도 부족하다.

오히려 실무 또는 강학상으로, 권리금계약은 공인중개사의 중개범위에 속하지 않는 것은 분명하고, 다만, 권리금계약이 임차권양도계약과 불가분의 관계에 있는 경우 임차권양도계약이 공인중개사의 중개범위에 속하기 때문에 그에 불가분의 관계로 붙어 있는 권리금계약에도 임차권양도계약에 따른 공인중개사법상 효과가 미치는 것에 불과할 뿐, 권리금계약이 예외적으로 공인중개사법상 중개행위에 해당한다는 의미는 아니라고 해석되는 것으로 보인다.

정리하자면, 과거에는 실무적으로 공인중개사가 권리금계약을 알선하고 수수료를 받는 것이 별다른 문제가 되지 않았지만, 현재는 위 대법원 2024도1766 판결에 따라 공인중개사가 권리금계약을 알선하고 수수료를 받는 것을 업으로 하게 될 경우에 행정사법 위반에 따른 형사처벌 가능성이 높아졌으며, 권리금컨설팅 업체도 권리금계약을 알선하고 그에 따른 수수료를 받는 것을 업으로 할 경우에 컨설팅 용역계약의 특수성에 대하여 법원을 설득하는 데에 실패

할 가능성이 높아진 것으로 보여 행정사법 위반 가능성이 있다고 이해된다.

다만 현실적으로 상업용 부동산 거래 전문가인 공인중개사가 권리금계약 알선행위를 할 수 없다고 보는 것은 현실과 동떨어진 것으로 이해되므로, 권리금계약 알선행위를 공인중개사법상 중개행위에 포섭시키는 입법이 필요한 것으로 이해된다. 권리금계약 알선행위를 공인중개사법상 중개행위로 포섭할 경우에 중개수수료 한도 규정이 적용되는 순기능도 예상되기 때문이다(필자의 개인의견).

<관련내용 정리>

과거에는 공인중개사가 권리금계약에 대하여 개입하는 것이 문제되지 않았다. 다만 권리금계약에 공인중개사가 개입하는 것 즉 공인중개사의 권리금계약서 작성 및 수수료 수수행위를 공인중개사법상의 중개행위로 보지는 않았다. 이러한 바탕 위에 위 대법원 판결이 선고된 것인데, 현재는 공인중개사가 권리금계약서를 작성해 주면서 수수료를 받게 되면 행정사법 위반으로 처벌된다는 것이 위 대법원 판결의 핵심이다.

필자 개인적으로는 상가중개를 하는 공인중개사만큼 권리금에 대하여 잘 아는 직군이 없다고 이해된다는 측면에서 '권리금컨설팅'을 중개행위로 포함하는 입법을 통해 공인중개사가 권리금계약컨설팅 행위를 자유롭게 할 수 있게 하는 것이 그간의 관행 등을 고려할 때 필요하다는 입장이다. 공인중개사의 권리금컨설팅 행위를 중개행위로 포함하는 입법을 하게 되면 중개수수료 한도 규정이 적용되는 순기능이 있다.

39. 공인중개사가 보증금 채무인수의 법적성격까지 설명할 의무는 없다.

주임법(주택임대차보호법)상의 대항력 등 규정 적용에 있어 임차인은 원칙적으로 법인을 제외한 자연인을 전제한다. 다만 주임법 제3조 제2항, 제3항은 일정한 요건을 갖춘 법인에 한하여 주임법에 의하여 보호될 주택 임차인으로 인정하고 있다.

> 제3조(대항력 등) ① 임대차는 그 등기가 없는 경우에도 임차인이 주택의 인도와 주민등록을 마친 때에는 그 다음 날부터 제삼자에 대하여 효력이 생긴다. 이 경우 전입신고를 한 때에 주민등록이 된 것으로 본다. ② 주택도시기금을 재원으로 하여 저소득층 무주택자에게 주거생활 안정을 목적으로 전세임대주택을 지원하는 법인이 주택을 임차한 후 지방자치단체의 장 또는 그 법인이 선정한 입주자가 그 주택을 인도받고 주민등록을 마쳤을 때에는 제1항을 준용한다. 이 경우 대항력이 인정되는 법인은 대통령령으로 정한다. ③ 「중소기업기본법」 제2조에 따른 중소기업에 해당하는 법인이 소속 직원의 주거용으로 주택을 임차한 후 그 법인이 선정한 직원이 해당 주택을 인도받고 주민등록을 마쳤을 때에는 제1항을 준용한다. 임대차가 끝나기 전에 그 직원이 변경된 경우에는 그 법인이 선정한 새로운 직원이 주택을 인도받고 주민등록을 마친 다음 날부터 제삼자에 대하여 효력이 생긴다. ④ 임차주택의 양수인(그 밖에 임대할 권리를 승계한 자를 포함한다)은 임대인의 지위를 승계한 것으로 본다.

정리하자면 주택임차인이 법인이 아닌 자연인인 경우에는 주임법 제3조 제1항의 인도 및 주민등록이라는 요건을 갖추면 대항요건을 갖춘 것이 되고, 이러한 요건을 갖춘 경우에 임차인이 임차주택의 양수인에게 대항할 수 있는 경우라면 양도인은 임차보증금반환채무를 면하게 되어 면책적 채무인수로 평가되는바, 이는 당사자의 의사에 해당하는 법률행위에 의한 것이 아니라 법률의 규정에 의한 것이다.

반면, 임차인이 법인인 경우에는 원칙적으로 주임법이 적용되지 않으나, 예외적으로 주임법 제3조 제2항, 제3항은 임차인이 법인인 경우에도 주임법상 대항요건이 인정되는 경우를 정하고 있는데, 법인이 임차인인 경우, 주임법 제3조 제2항, 제3항에 해당하지 않는 한, 주임법에 따른 대항요건이 인정되거나 그에 따른 대항력 인정의 법률적 효과로서 임차주택의 양도인이 임차보증금반환채무를 면할 여지는 없게 된다.

따라서 이러한 경우에는 임차주택의 양도인이 임차보증금반환채무를 면하는지 아닌지는 당사자 사이의 약정 해석과 그에 대한 채권자의 승낙이 있는지(민법 제454조)에 따라 결정되는 문제이지, 어떤 사실이 있으면 법률의 규정에 의하여 효력이 발생하는 문제는 아니다.

그렇다면 이처럼 주임법 제3조 제2항, 제3항에 해당하지 않는 법인이 임차인인 사안, 즉 주임법이 적용되지 않는 사안에서 주택임차인의 보증금을 인수하는 취지로 주택에 대한 매매계약을 알선한 공인중개사가, 주택매도인에게 채무인수의 법적성격을 설명하여 주택매도인을 보호할 의무가 있는가?

채무인수의 법적성격에 대한 판단은 법률사무에 속하는 부분으로 공인중개사의 설명의무가 없다는 것이 대법원 2024다239364 판결의 취지이다.

즉 대법원은 공인중개사에게 법인인 임차인이 주임법 제3조 제2항, 제3항에 해당하여 그 임차인 법인이 주임법상 대항력을 가질 수 있는지 여부, 주임법 제3조 제2항, 제3항에 해딩하지 않아 결과적으로 주임법이 적용되지 않을 경우에 주택 매매계약의 약정의 해석을 통하여 매도인이 임차보증금반환채무를 면하는 면책적 채무인수에 해당하는지 아닌지를 조사·확인, 설명할 의무는 없다는 취지이다. 이러한 법령의 해석이나 약정의 법적 효력에 관한 해석은 변호사만이 할 수 있는 법률사무일 뿐이라는 것이다.

원심은 공인중개사에게 "공인중개사법 제29조 제1항에 따라 주택매도인에게 임대차보증금 반환채무의 면책적 인수에 필요한 요건과 이를 갖추지 못할 시의 위험성에 관하여 성실하고 정확하게 설명할 의무가 있었다."는 취지로 판단하였으나, 대법원은 원심과 달리 원칙적으로 공인중개사에 대하여 이러한 의무의 존재를 부정한 것이다. 나아가, 공인중개사인 피고가 원고에게 이 사건 약정이 면책적 채무인수에 해당한다고 그릇된 정보를 제공하였다고 볼 만한 증거도 없다고 취지이다.

그렇다면, 공인중개사인 피고가 주택매도인인 원고에게 이 사건 약정이 면책적 채무인수에 해당한다고 그릇된 정보를 제공하였다면 어떻게 될까? 이러한 경우에는 공인중개사가 책임질 가능성이 있다.

즉 대법원 2022다212594 판결에 의하면 "공인중개사는 자기가 조사·확인하여 설명할 의무가 없는 사항이라도 중개의뢰인이 계약을 맺을지를 결정하는 데 중요한 것이라면 그에 관해 그릇된 정보를 제공해서는 안 되고, 그 정보가 진실인 것처럼 그대로 전달하여 중개의뢰인이 이를 믿고 계약을 체결하도록 했다면 선량한 관리자의 주의로 신의를 지켜 성실하게 중개해야 할 의무를 위반한 것이 된다(대법원 98다30667 판결, 대법원 2008다42836 판결 참조)."라는 취지이기 때문이다.

<관련내용 정리>

법인이 임차인에 해당할 경우에는 원칙적으로 주임법이 적용되지 않는다. 주임법은 임차인이 자연인인 경우를 전제하기 때문이다(예외 존재). 따라서 법인이 임차인에 해당하여 주임법이 적용되지 않는 사안에서 주택매도인이 주택매수인과 합의를 통해 임차인 법인의 보증금을 주택매수인이 인수하기로 약정하였더라도, 주택매도인의 임차인 법인에 대한 보증금지급의무가 소멸되지 않는다. 자연인이 임차인에 해당하는 경우에는 주택매수인이 보증금반환채무를 인수하고 주택매도인은 보증금반환채무가 면책되는 경우와 다르다는 것이다.

40. 다가구주택을 임차할 경우에는 선순위 임차인들의 보증금 내역 등을 반드시 확인해야 한다.

원룸을 임차하였고, 개인사정으로 계약완료 전에 원룸을 비우고 이사를 가게 되었다. 임차인은 대략 계약종료 3개월 전 즈음에 계약종료 통보를 하고 그 통보가 그즈음 도달하였다. 그럼에도 불구하고 임대인은 임차인에게 새로운 임차인이 들어오면 보증금을 주겠다는 말만 되풀이 한다.

이에 계약기간이 경과하자 임차인은 어쩔 수 없이 임차권등기명령신청을 통해 임차권등기를 경료하고 지급명령신청을 통하여 지급명령 확정결정문까지 법원으로부터 받았다. 지급명령이 확정되었고, 임차권등기까지 이미 마쳐졌음에도 임대인은 보증금을 줄 생각도 없다. 이런 경우에는 확정된 지급명령을 근거로 해당 부동산을 경매에 부칠 수 있다.

문제는 해당 부동산에 선순위 근저당권자(은행)가 있을 뿐만 아니라, 선순위 확정일자 임차인도 다수가 있다. 결국 경매에 부치더라도 배당순위에 밀려 배당을 일부만 받을 가능성이 있고, 배당을 전혀 받지 못할 가능성도 있다[다만, 경매신청자가 배당을 전혀 받지 못할 상황이라면 법원에 의하여 경매가 취소됨(잉여주의를 규정한 민사집행법 제102조 및 제91조 제1항 등 참고)].

보증금에 대한 배당을 전혀 받지 못하거나 배당을 받더라도 보증금의 일부만 배당받을 경우 임차인은 어떠한 보호도 받지 못할까? 이러한 경우에도 임차인이 보호받을 방법이 있을 수 있다. 배당을 받아 문제가 해결되면 좋겠지만, 배당을 일부라도 받지 못한 경우 다가구주택은 법률적으로 단독주택이라는 다가구주택의 특수성에 주목할 필요가 있다. 다가구주택은 다가구의 각 호실별로 매각되지 않고 단독주택과 동일하게 일괄 매각이 된다.

따라서 다가구에 먼저 전입한 선순위 임차인들이 확정일자를 받을 경우 그 후에 입주한 임차인은 확정일자를 받더라도 순위에 따른 배당만을 받게 되므로 다가구를 중개하는 공인중개사는 이러한 다가구주택의 특수성을 설명할 의무가 있다. 결국 배당을 일부라도 받지 못한 다가구주택의 임차인은 다가구주택에 대한 특수성을 설명하지 않은 공인중개사 등을 상대로 손해배상청구를 할 수 있다.

대법원은 이와 관련하여 "중개업자는 다가구주택 일부에 관한 임대차계약을 중개하면서 임차의뢰인이 임대차계약이 종료된 후에 임대차보증금을 제대로 반환받을 수 있는지 판단하는 데 필요한 다가구주택의 권리관계 등에 관한 자료를 제공하여야 하므로, 임차의뢰인에게 부동산 등기부상에 표시된 중개대상물의 권리관계 등을 확인·설명하는 데 그쳐서는 아니 되고, 임대의뢰인에게 다가구주택 내에 이미 거주해서 살고 있는 다른 임차인의 임대차계약내역 중 개인정보에 관한 부분을 제외하고 임대차보증금, 임대차의 시기와 종기 등에 관한 부분의 자료를 요구하여 이를 확인한 다음 임차의뢰인에게 설명하고 자료를 제시하여야 하며, 공인중개사의 업무 및 부동산 거래신고에 관한 법률 시행규칙 제16조에서 정한 서식에 따른 중개대상물 확인·설명서의 중개목적물에 대한 '실제 권리관계 또는 공시되지 아니한 물건의 권리 사항'란에 그 내용을 기재하여 교부하여야 할 의무가 있고, 만일 임대의뢰인이 다른 세입자의 임대차보증금, 임대차의 시기와 종기 등에 관한 자료요구에 불응한 경우에는 그 내용을 중개대상물 확인·설명서에 기재하여야 할 의무가 있다. 그러므로 중개업자가 고의나 과실로 이러한 의무를 위반하여 임차의뢰인에게 재산상의 손해를 발생하게 한 때에는 공인중개사의 업무 및 부동산 거래신고에 관한 법률 제30조에 의하여 이를 배상할 책임이 있다(대법원 2011다63857 판결)."라고 판시한 사실이 있다(단, 공인중개사의 책임을 30%로 제한).

또한 대법원 2023다259743 판결은 "직접 조사·확인하여 설명할 의무가 없는 사항이라고 할지라도 중개의뢰인이 계약을 맺을지를 결정하는 데 중요한 것이라면 그에 관하여 그릇된 정보를 제공해서는 아니 되고, 그 정보가 진실인 것처럼 그대로 전달하여 중개의뢰인이 이를 믿고 계약을 체결하도록 했다면 선량한 관리자의 주의로 신의를 지켜 성실하게 중개해야 할 의무를 위반한 것이 된다(대법원 98다30667 판결, 대법원 2022다212594 판결 등)."면서,

"중개업자로서는 설혹 임대인이 관련 자료제공을 거부해 실상을 정확히 알기 어려웠더라도 이 사건 다가구주택의 규모와 전체 세대수, 인근 유사 부동산의 임대차보증금 시세에 비추어 임대인이 구두로 확인한 금액이 실제와 다를 수 있고 상당수의 소액임차인이 있을 것임을 충분히 알 수 있었다고 보아야 한다. 그런데도 피고 1은 중개대상물 확인·설명서에 임대인이 총액으로 알려준 금액만을 기재하였을 뿐 그 내용이 불충분하거나 부정확할 수 있음을 알리는 등으로 다가구주택의 중개업자로서 준수하여야 할 선량한 관리자의 주의의무를 다하지 않았고, 원고로서는 이러한 사정을 알았다면 이 사건 다가구주택을 임차하지 않았거나 적어도 같은 조건으로는 계약을 체결하지 않았을 여지가 크다."라고 판시하였다(피고 1이 중개대상물 확인·설명의무를 부실하게 한 것이 아니라고 판시하여 원고의 손해를 인정할 수 없다고 본 원심판결의 파기·환송한 사례).

<관련내용 정리>

다가구주택은 단독주택의 일종으로 개별 호실이 매각되는 아파트와 달리 건물 전체가 매각되는 구조이다. 따라서 다가구주택이 경매에 부쳐지면 각 호실을 임차한 임차인 입장에서 선순위 다른 호실의 임차인의 보증금이 얼마나 되는지가 중요한 문제가 된다. 다세대 또는 아파트처럼 각 호실이 매각되는 경우와 다르다는 것이다.

다세대 또는 아파트처럼 각 호실이 경매로 매각되는 경우에 임차인은 각

호실에 대한 권리분석만 하면 되지만, 다가구가 경매로 매각되는 경우에는 다른 호실의 보증금 및 그 우선순위를 알아야 된다. 따라서 다가구의 한 호실을 임차할 때에는 공인중개사를 통해 다른 호실 임차인의 선순위 보증금의 합계를 확인할 필요가 있다. 다가구 전체가 경매대상이 되고, 그 경매절차에서 선순위보다 후순위로 배당받기 때문이다.

제 10 장

부동산소유권

41. 토지소유자의 독점적 · 배타적 사용 · 수익권 행사의 제한 법리는 토지소유자 권리를 제한하여 지료청구조차 인정되지 않는다.

대법원은 기존 토지소유자의 독점적 · 배타적 사용 · 수익권 행사의 제한 법리를 그대로 유지하는 판결을 선고하였다[대법원(전합) 2016다264556 판결(시설물철거 및 토지인도 청구의소)].

그렇다면, 토지소유자의 독점적 · 배타적 사용 · 수익권 행사의 제한 법리란 무엇일까? 토지소유자가 그 소유 토지를 도로, 수도시설의 매설 부지 등 일반 공중을 위한 용도로 제공한 경우, 여러 경위 및 사정을 종합고찰하고, 토지소유자의 소유권과 공익 사이를 비교형량한 결과, 소유자가 그 토지의 독점적 · 배타적 사용 · 수익권을 포기한 것으로 볼 수 있을 경우, 타인(사인, 국가, 지자체 등)이 그 토지를 점유 · 사용하더라도, 특별한 사정이 없는 한 토지소유자의 부당이득청구가 인정되지 않으며, 토지의 인도청구도 인정되지 않는다는 것이다.

다만, 소유권의 핵심적 권능인 사용·수익권능의 영구적 포기는 허용되지 않기 때문에 토지소유자의 독점적·배타적 사용·수익권이 제한되는 경우라도 일반 공중의 통행 등 이용을 방해하지 않는 범위 내에서 그 토지를 처분하거나, 사용·수익할 권능을 상실하지는 않는다.

피상속인(사망자)의 사용·수익권이 이 법리에 따라 제한된 경우, 특별한 사정이 없는 한 상속인의 사용·수익권도 제한되며, 이 법리로 사용·수익권이 제한된 토지를 경매·매매·대물변제 등으로 특정승계한 경우도, 특별한 사정이 없는 한 그 특정승계인의 사용·수익권도 제한된다(물권은 채권을 깨뜨린다는 원칙에 대한 예외가 된다는 것. 이에 대하여는 2021. 11. 19.자 '서울고등법원판례공보스터디' 제190쪽 참고).

결국, 경매로 사용·수익권이 제한된 토지를 낙찰받았다면, 그 낙찰자가 자신의 독점적·배타적 사용·수익권의 행사를 허용할 특별한 사정을 입증해야 하는 문제가 발생하게 된다.

다만, 토지소유자의 독점적·배타적 사용·수익권 행사의 제한 법리도, 공익목적을 위해 그 토지를 제공할 당시 객관적인 토지이용상황이 유지되는 한도 내에서만 존속하므로, 사정변경이 현저하고, 토지제공 당시 이와 같은 변화를 예견할 수 없었고, 사정변경이 현저한 경우에도 계속 제한 시 공익과 사익의 중대한 불균형 등이 초래될 경우, 사정변경원칙에 따라 토지소유자는 다시 사용·수익권능을 포함한 완전한 소유권에 기한 권리주장이 가능하다.

즉 대법원 2022다228544 판결(통행권존재확인 등 청구)에 의하면 "이러한 사정변경이 있는지는 해당 토지의 위치와 물리적 형태, 토지소유자가 토지를 일반 공중의 이용에 제공하게 된 동기·경위, 해당 토지와 인근 다른 토지와의 관계, 토지이용 상태가 바뀐 경위와 종전 이용 상태와의 동일성 여부 및 소유자의 권리행사를 허용함으로써 일반 공중의 신뢰가 침해될 가능성 등 전후 여러 사정을 종합적으로 고려하여야 한다."는 취지이다.

<관련내용 정리>

토지소유자의 사익과 사회일반의 공익을 비교·형량하여 토지소유자가 그 토지의 독점적·배타적 사용·수익권을 포기한 것으로 볼 수 있을 경우 타인(사인, 국가, 지자체 등)이 그 토지를 점유·사용하더라도 특별한 사정이 없는 한 토지소유자의 부당이득반환청구, 토지인도, 철거청구 등이 인정되지 않고, 토지소유자는 사회일반의 공익에 반하지 않는 한도 내에서 그 토지를 사용할 권한 및 매도권한 등만을 보유한다는 것이고, 물권이 채권을 깬다는 원칙의 예외로 토지소유자의 특정승계인(경매포함)도 위 독점적·배타적 사용·수익권의 포기를 그대로 승계하고, 단지 공익 대 사익의 문제가 사익 대 사익의 변동되는 등 사정변경이 생기면 토지소유자의 부당이득반환청구 등이 인정될 수 있으며, 다만 토지소유자의 그 토지에 대한 독점적·배타적 사용·수익포기 이론이 적용되려면 토지소유자가 독점적·배타적 사용수익권을 포기하는 데에 '상응하는 이익'을 얻었어야 한다는 것이다.

42. 토지소유자의 독점적·배타적 사용·수익권 제한과 권리남용인정의 차이는 지료를 청구할 수 있는지의 문제가 된다.

도로소유자가 지방자치단체를 상대로 도로로 사용되는 토지의 인도를 구하고 있다. 이러한 토지소유자의 권리행사에 대하여 ① 토지소유권의 독점적·배타적 사용·수익권이 제한된다는 판단이 내려질 경우와 ② 토지소유자의 권리행사가 권리남용에 해당한다는 판단이 내려질 때의 차이는 무엇일까? '지료를 청구할 수 있는지'에 대한 차이가 발생한다.

즉, 도로소유자의 지방자치단체에 대한 도로 인도청구(아스팔트 철거, 토지인도, 지료상당 부당이득반환청구 등)에 대하여 도로소유자의 권리행사에 대하여 해당 사안이 ① 토지소유자의 독점적·배타적 사용·수익권이 제한되는 것으로 판단되면, 도로소유자의 지방자치단체에 대한 아스팔트 철거, 토지인도 청구는 물론이고 지료상당의 부당이득반환청구까지 부정되는데 반하여, 해당 사안이 ② 권리남용으로 판단되면 아스팔트 철거청구 및 인도청구가 인정되지 않을 뿐이고 지료상당 부당이득반환청구는 인정된다는 것이다.

결국 위 ①과 ②의 차이는 '지료상당 부당이득반환청구가 인정되는지'가 그 핵심이 된다(관련된 사례로는 대법원 2023다214108 판결 참고).

대법원(전합) 2016다264556 판결(시설물 철거 및 토지인도 청구의소)에 의하면, 토지소유자가 그 소유 토지를 도로, 수도시설의 매설 부지 등 일반 공중을 위한 용도로 제공한 경우, 여러 경위 및 사정을 종합고찰하고, 토지소유자의 소유권과 공익 사이를 비교형량한 결과, 소유자가 그 토지의 독점적·배타적 사용·수익권을 포기한 것으로 볼 수 있을 경우, 타인(사인, 국가, 지자체 등)이 그 토지를 점유·사용하더라도, 특별한 사정이 없는 한 토지소유자의 부당이득청구가 인정되지 않으며, 토지의 인도청구도 인정되지 않는다는 것이다.

다만, 소유권의 핵심적 권능인 사용·수익권능의 영구적 포기는 허용되지 않기 때문에 토지소유자의 독점적·배타적 사용·수익권이 제한되는 경우라도 일반 공중의 통행 등 이용을 방해하지 않는 범위 내에서 그 토지를 처분하거나, 사용·수익할 권능을 상실하지는 않는다는 취지이다.

그리고 대법원 2020다254280 판결에 의하면 "민법 제2조 제1항은 권리남용 금지 원칙에 관하여 '권리는 남용하지 못한다.'라고 정한다. 권리남용에 해당하는지는 구체적인 사안에서 개별적으로 판단해야 하는데, 권리 행사자에게 아무런 이익이 없는데도 상대방을 괴롭히기 위해 권리를 행사하거나 권리 행사에 따른 이익과 손해를 비교하여 권리 행사가 사회 관념에 비추어 도저히 허용할 수 없는 정도로 막대한 손해를 상대방에게 입히게 한다거나 권리 행사로 말미암아 사회질서와 신의성실의 원칙에 반하는 결과를 초래하는 경우에는 권리남용으로서 허용되지 않는다. 소유권에 기초를 둔 토지 인도 청구가 권리남용에 해당하는지는 토지 취득 경위와 이용현황 등에 비추어 토지 인도에 따른 소유자의 이익과 상대방의 손해 사이에 얼마나 큰 차이가 있는지, 토지소유자가 인도 청구를 하는 실제 의도와 목적이 무엇인지, 소유자가 적절한 가격으로 토지를 매도해 달라는 상대방의 요구에 정당한 이유 없이 불응하며 상대방에게 부당한 가격으로 토지를 매수할 것을 요구하고 있는지, 토지에 대한 법적 규제나 토지 이용현황 등에 비추어 다른 용도로 사용할 수 있는지, 토지 인도로 말미암아 사회 일반에 중대한 불이익이 발생하는지, 인도 청구 이외에 다른 권리구제수단이 있는지 등 여러 사정을 종합적으로 고려해서 판단해야 한다(대법원 64다720 판결, 대법원 68다1526 판결, 대법원 73다995, 996 판결, 대법원 77다2324, 2325 판결, 대법원 83다카335 판결, 대법원 97다42823 판결 등). 원심은 다음과 같은 이유로 이 사건 토지 인도를 청구하는 것이 권리남용에 해당한다고 보아 원고의 청구를 받아들이지 않았다. 이 사건 토지는 오래 전부터 도로로 이용되었고 원고는 경매절차에서 이를 알면서 매수하였다. 원고는 피고에게 높은 금액의 보상금을 요구하였으나 피고가 응하지 않자 이 사건 토지의 인도를 구하였다. 이 사건 토지는 평택로의 일부로 은실고가도로를 연결하는 지점에 위치하고 있어 차량 통행에 필수적이고 통행량도 많다. 이 사건 토지가 인도되면 교통에 큰 지장이 초래되는 반면 주변 현황에 비추어 원고가 이를 다른 용도로 사용하기 어렵다. 원심판결 이유를 위에서 본 법리와 기록에 비추어 살펴보면, 원심판결 이유 중 권리남용 여부를 판단하면서 독점적·배타적인 사용·수익권 포기의 법리를 언급한 부분은 부적절하지만, 원고의 청구를 배척한 결론은 정당하다."라는 취지이다.

<관련내용 정리>

토지소유권자는 원칙적으로 다른 사람의 사용 등을 배제하고, 자신의 토지를 자신 스스로 독점적이고 배타적으로 사용할 수 있다. 그러나 토지소유자가 자신의 독점적이고 배타적인 토지에 대한 권리를 포기한 것으로 볼 수 있는 경우라면 토지소유권이 제한된다.

예를 들어 건축허가를 받기 위해 자신의 토지를 도로의 일부로 내어 놓아 인근주민들이 자신의 토지를 사용하고 자신도 그로 인해 건물도 짓고 건물을 위한 상·하수도관 등을 설치하여 이익을 얻은 경우라면, 건물신축 후에 돌변하여 인접 주민들이 자신의 토지를 사용하는 것에 문제를 제기하면서 지료를 청구할 수는 없다.

그러나 이와 달리 인근 주민들이 내 토지를 오랜기간 무단으로 사용하여 도로화되었고, 그 도로를 지방자치단체에서 나에게 어떠한 보상도 없이 아스팔트를 깔아 공중이 사용토록 하였다면, 내 토지에 대한 지료는 청구할 수 있다는 것으로 정리하면 된다. 즉 이때 도로철거 및 토지의 인도를 청구하는 것은 권리남용으로 허용되지 않지만, 보상도 없이 도로를 깔았다면 그 지방자치단체에게 지료를 청구할 수 있다고 보는 것이 정당하기 때문이다.

43. 통행지역권은 그 개념상 통행로가 항상 특정한 장소로 고정되어 있는 것을 전제하지만, 주위토지통행권은 그렇지 않다.

민법 제219조는 '주위토지통행권'이라는 제목 아래에 "① 어느 토지와 공로 사이에 그 토지의 용도에 필요한 통로가 없는 경우에 그 토지소유자는 주위의 토지를 통행 또는 통로로 하지 아니하면 공로에 출입할 수 없거나 과다한 비용을 요하는 때에는 그 주위의 토지를 통행할 수 있고 필요한 경우에는 통로를 개설할 수 있다. 그러나 이로 인한 손해가 가장 적은 장소와 방법을 선택하여야 한다. ② 전항의 통행권자는 통행지소유자의 손해를 보상하여야 한다."라고 규정하고 있다.

그리고 민법전 제2편 제5장에서는 "지역권"을 규정하고 있는바, 이와 관련하여 민법 제291조는 "지역권의 내용"이라는 제목 아래에 "지역권자는 일정한 목적을 위하여 타인의 토지를 자기 토지의 편익에 이용하는 권리가 있다."고 규정하고 있다.

이와 관련하여 통행지역권이 설정되어 있는 경우에 통행지역권 개념상 그 통행로가 항상 특정한 장소로 고정되어 있는 것을 전제하는 것으로 이해된다. 그렇다면 주위토지통행권도 그 통행로가 항상 특정한 장소로 고정되어 있다고 볼 수 있는가? 그렇지 않다.

즉 대법원 2008다75300,75317,75324 판결에 의하면 "주위토지통행권은 통행을 위한 지역권과는 달리 그 통행로가 항상 특정한 장소로 고정되어 있는 것은 아니고, 주위토지통행권확인청구는 변론종결 시에 있어서의 민법 제219조 소정의 요건에 해당하는 토지가 어느 토지인가를 확정하는 것이므로, 주위토지소유자가 그 용법에 따라 기존 통행로로 이용되던 토지의 사용방법을 바꾸었을 때에는 대지소유자는 그 주위토지소유자를 위하여 보다 손해가 적은 다른 장소로 옮겨 통행할 수밖에 없는 경우도 있는 것이다(대법원 88다카10739, 10746 판결 등)."라고 판시하였다.

또한 위 대법원 2008다75300, 75317, 75324 판결은 "주위토지통행권은 공로와의 사이에 그 용도에 필요한 통로가 없는 토지의 이용이라는 공익목적을 위하여 피통행지 소유자의 손해를 무릅쓰고 특별히 인정되는 것이므로, 그 통행로의 폭이나 위치 등을 정함에 있어서는 피통행지의 소유자에게 가장 손해가 적게 되는 방법이 고려되어야 할 것이고, 어느 정도를 필요한 범위로 볼 것인가는 구체적인 사안에서 사회통념에 따라 쌍방 토지의 지형적·위치적 형상 및 이용관계, 부근의 지리상황, 상린지 이용자의 이해득실 기타 제반 사정을 기초로 판단하여야 한다. 한편, 주거는 사람의 사적인 생활공간이자 평온한 휴식처로서 인간생활에 있어서 가장 중요한 장소라고 아니할 수 없어 우리 헌법도 주거의 자유를 보장하고 있는바, 주위토지통행권을 행사함에 있어서도 이러한 주거의 자유와 평온 및 안전을 침해하여서는 아니 된다(대법원 2003다18661 판결 등).”라는 취지이다.

여기서 우리가 주목할 것은 주위토지통행권확인청구는 변론종결 시에 있어서의 민법 제219조 소정의 요건에 해당하는 토지가 어느 토지인가를 확정하는 것이라는 점이다.

따라서 원고가 통행로라고 주장하는 부분을 오랜 기간 동안 이용하고, 피고 등이 원고의 통행을 묵인하여 왔다는 사실 등은 주위토지통행권의 인정 여부를 판단함에 있어서 크게 고려할 것은 아니라는 점이다.

이와 같은 관점에서 위 대법원 2008다75300, 75317, 75324 판결은 ‘인접 토지의 일부를 통행로로 이용하던 중 그 토지 위에 연립주택이 건축된 사안에서, 연립주택 단지 내 기존 통행로는 연립주택 주민들 전체의 주거공간이므로, 공로로 통할 수 있는 다른 인접 토지가 있다면 별도의 통행로를 개설하는 비용이 들더라도 그 인접 토지를 통하여 공로로 나가는 것이 연립주택 단지 내의 주거의 평온과 안전에 대한 침해를 최소화할 수 있다는 이유로, 기존 통행로에 대한 주위토지통행권을 인정한 원심판결을 파기한 사례’로 정리된다(유사한 논리로 원고의 주위토지청구권을 배척한 사례로는 제주지방법원 2022가단4921 판결 참조).

<관련내용 정리>

맹지의 통행로 확보를 위해 토지소유자에 대한 보상을 전제로 인정되는 것이 주위토지통행권인데, 이러한 주위토지통행권은 통행지역권이라는 물권과 달리 고정된 것이 아니다.

즉 통행지역권은 그 개념상 통행로가 항상 특정한 장소로 고정되어 있는 것을 전제하지만, 주위토지통행권은 그렇지 않다.

따라서 주위토지통행권이 인정될 가능성이 있는 사안이라도, 그 부분에 해당하는 토지가 주민들 전체의 주거공간화 되었고, 공로로 통할 수 있는 다른 인접 토지가 있다면 주거의 평온과 안전 등을 고려할 때에 주위토지통행권이 부정될 수 있다.

44. 무효등기는 말소등기청구를 통해 해결하는 것이 원칙이지만 진정명의회복을 원인으로 하는 소유권이전등기청구권을 활용하는 것이 필요할 수 있다.

실체적 법률관계에 부합하지 않는 무효의 등기가 경료된 경우에 그 부동산의 소유권자는 말소등기를 통하여 등기부기재와 실체적 법률관계의 합치를 도모함이 원칙이다. 그렇다면, 무효등기를 유효등기로 바로잡기 위하여 그 부동산의 진정한 소유자가 부동산 소유명의자를 상대로 등기의 말소를 청구하는 방법 이외에 무효등기의 명의인에 대하여 직접 소유권이전등기를 청구할 수 있을까?

대법원 판례에 의하면, 이미 자기 앞으로 소유권을 표상하는 등기가 되어 있었거나 법률에 의하여 소유권을 취득한 그 부동산의 진정한 소유자가 그의 등기명의를 회복하기 위한 방법으로 현재의 등기부상 소유명의자를 상대로(대법원 2015다240645 판결), 그 등기의 말소를 구하는 외에 진정명의회복을 (등기)원인으로 한 소유권이전등기절차의 이행을 직접 구할 수 있다는 취지이다[대법원(전합) 89다카12398 판결].

그렇다면, 말소등기에 갈음하여 허용되는 진정명의회복을 원인으로 한 소유권이전등기청구권과 무효등기의 말소청구권은 그 실질이 같다고 보아 상호 기판력이 미친다고 보아야 하는가?

대법원(전합) 99다37894 판결에 의하면, "말소등기에 갈음하여 허용되는 진정명의회복을 원인으로 한 소유권이전등기청구권과 무효등기의 말소청구권은 어느 것이나 진정한 소유자의 등기명의를 회복하기 위한 것으로서 실질적으로 그 목적이 동일하고, 두 청구권 모두 소유권에 기한 방해배제청구권으로서 그 법적 근거와 성질이 동일하므로, 비록 전자는 이전등기, 후자는 말소등기의 형식을 취하고 있다고 하더라도 그 소송물은 실질상 동일한 것으로 보아야 하고, 따라서 소유권이전등기 말소청구소송에서 패소확정판결을 받았다면 그 기판력은 그 후 제기된 진정명의회복을 원인으로 한 소유권이전등기 청구소송에도 미친다."라는 취지이다.

그렇다면, 말소등기청구가 아닌 진정명의회복을 원인으로 한 소유권이전등기청구를 인정할 실익이 있는 경우는 어떠한 경우일까?

첫째, 부동산에 관하여 원인무효의 등기가 순차로 마쳐진 경우에 모든 중간명의인을 상대로 말소청구를 하는 것은 번거롭다. 중간명의인이 사망을 했다면 그 상속인들 모두를 피고로 삼아야 하는데, 이러한 경우에 진정한 소유자가 최종등기명의인을 상대로 직접 이전등기청구를 하게 되면 간명하게 된다.

둘째, 무효등기임에도 불구하고 제3자에 대항할 수 없는 경우에 실익이 있다. 예를 들어, 甲 소유의 부동산에 대하여 허위표시(민법 제108조)에 의하여 乙 앞으로 소유권이전등기를 한 후에 그 등기가 허위표시에 따라 무효라는 사실을 모르는 丙 앞으로 근저당권설정등기가 이루어졌다면, 乙 등기가 무효인 사정을 丙에게 대항할 수 없다. 이러한 경우는 甲이 등기상 이해관계자에 해당하는 丙의 승낙을 얻지 못하는 한 乙의 등기말소를 할 수 없기 때문(부동산등기법 제57조 제1항)에 甲이 乙을 상대로 진정명의회복을 원인으로 한 소유권이전등기청구권을 행사할 실익이 있다.

다만, 선의자인 丙의 근저당권을 甲이 인수하는 상황이 발생할 것이다. 물론 甲이 乙과 丙을 상대로 말소청구(丙에 대하여는 승낙의 의사표시를 구할 수도 있을 것)를 해서 乙에게는 승소, 丙에게는 패소를 하게 되면, 甲이 丙에게 근저당권 피담보채권을 갚고 승낙을 받아 乙의 등기를 말소하는 방법도 가능할 것으로 보인다.

셋째, 단독소유부동산에 대하여 공유등기가 되어 있거나 공유부동산에 대하여 단독명의등기가 되어 있는 경우이다.

대법원 2016다6309 판결에 의하면, "실체관계상 공유인 부동산에 관하여 단독소유로 소유권보존등기가 마쳐졌거나 단독소유인 부동산에 관하여 공유로 소유권보존등기가 마쳐진 경우에 소유권보존등기 중 진정한 권리자의 소유부분에 해당하는 일부 지분에 관한 등기명의인의 소유권보존등기는 무효이므로 이를 말소하고 그 부분에 관한 진정한 권리자의 소유권보존등기를 하여야 한다. 이 경우 진정한 권리자는 소유권보존등기의 일부말소를 소로써 구하고 법원은 그 지분에 한하여만 말소를 명할 수 있으나, 등기기술상 소유권보존등기의 일부말소는 허용되지 않으므로, 그 판결의 집행은 단독소유를 공유로 또는 공유를 단독소유로 하는 경정등기의 방식으로 이루어진다. 이와 같이 일부말소 의미의 경정등기는 등기절차 내에서만 허용될 뿐 소송절차에서는 일부말소를 구하는 외에 경정등기를 소로써 구하는 것은 허용될 수 없다."는 취지이다. 따라서 이러한 경우에 진정명의회복을 원인으로 하는 소유권등기청구권을 활용하면 간명하게 처리될 여지가 있다(논점 민법강의 재산법 제7판 송영곤 제1305쪽 참고).

<관련내용 정리>

갑의 토지를 을이 서류위조를 통해 소유권이전해 갔다면, 갑이 을에게, 을명의의 소유권이전등기의 말소를 청구하는 것이 원칙이다. 그런데 을로부터 병, 정, 무 등에게 소유권이 넘어간 경우는 갑이 을, 병, 정, 무 모두를 피고로 삼아 말소등기청구 소송을 진행해야 하는 번거로움이 있다. 이때 갑이 최

종 명의자인 무를 상대로 소송을 진행할 수 있도록 한 것이 진정명의회복을 원인으로 한 소유권이전등기청구소송으로 이해하면 된다.

진정명의회복을 원인으로 한 소유권이전등기청구소송은 말소의 승낙을 구하는 소송에서 패소할 상황에서 특히 실익이 있는데, 말소청구소송과 진정명의회복을 원인으로 한 소유권이전등기청구소송이 같은 소송으로 취급되어 기판력이 미친다는 점에서 어느 소송으로 재판을 진행할 것인지 전문적인 판단이 필요하다는 점도 기억해 두자.

45. 토지소유자가 권원 없는 건물소유자를 상대로 건물철거를 청구할 수는 있겠지만, 건물에서 퇴거하라는 청구를 할 수는 없다.

어떤 토지에 법정지상권 등의 권원도 없이 건물이 들어서 있다면, 토지소유자는 건물소유자를 상대로 건물을 철거하고 토지를 인도하라는 소송을 할 수 있다. 이때 건물에서 퇴거하라는 청구(청구취지)가 가능할까? 불가능하다.

토지소유자는 토지만을 소유하고 있을 뿐이고 건물의 소유자는 아니므로 건물소유자에게 건물에서 퇴거하라고 할 권한이 없기 때문이다.

어떤 토지에 아파트가 들어서 있는데, 토지에 대한 법정지상권 등의 권원이 전혀 없다. 이에 토지소유자가 아파트 소유자 일부를 상대로 아파트의 철거 및 토지의 인도를 구하여 승소·확정되었다.

이러한 상황인데도 패소한 아파트 소유자 일부가 그 아파트를 계속 점유할 경우에도 승소한 위 토지소유자가 그 점유자를 상대로 아파트에서 퇴거하라는 소송(청구취지)을 할 수 없는가? 퇴거소송을 할 수 있겠지만 패소하게 된다.

결국 토지소유자로서는 건물 전체에 대하여 철거에 관한 집행권원을 확보하여 곧바로 집행에 들어가거나(건물 전체에 대한 철거의 집행권원만으로 집행관이 건물소유자를 퇴거시키고 건물을 철거하게 됨) 철거집행 전까지 토지 점유에 관한 부당이득반환 등을 청구하는 방법으로 권리구제를 받을 수 있다(대법원 2021다276256 판결).

이와 관련하여 "연도별 2023. 9. 1.자 '서울고등법원판례공보스터디' 제2307쪽"에 의하면 건물철거의무에는 퇴거의무가 포함되어 있어서, 건물철거를 명하는 판결의 효력은 건물소유자 등 건물철거의무가 있는 자의 퇴거에도 효력을 미치므로, 건물소유자에 대하여 건물퇴거의 집행권원을 따로 얻어둘 필요가 없는바 건물철거의 집행권원만 있어도 집행관이 건물소유자를 퇴거시키고 건물을 철거하므로 건물철거를 위한 건물소유자의 퇴거를 별도로 구하는 소는 소의 이익이 없어서 부적법 각하되어야 한다는 설명을 하고 있다.

이와 관련하여 민사집행법 제258조 제1항은 "① 채무자가 부동산이나 선박을 인도하여야 할 때에는 집행관은 채무자로부터 점유를 빼앗아 채권자에게 인도하여야 한다."라고 규정하고 있다.

그렇다면 토지소유자가 토지의 소유권을 방해하고 있는 건물소유자를 상대로는 철거청구를 하고, 그 건물의 소유자로부터 건물을 임차한 임차인을 상대로는 퇴거청구를 할 수는 있는가? 가능하다.

실무에서는 주로 토지소유자의 소유권을 방해하는 건물의 철거를 구하면서, 그 건물의 처분권자는 아니지만 그 건물을 현실적으로 점유하고 있는 사람을 상대로 토지소유자에 대한 방해제거청구(민법 제214조)로서 그 건물에서의 퇴거를 청구할 수 있다는 것인데, 이러한 퇴거청구가 허용되지 않으면 철거집행을 할 수 없어 토지소유권의 완전한 실현이 방해가 되기 때문이다.

위와 같은 경우의 퇴거집행에 관하여, 주문에 특별한 제한이 없더라도 철거집행과 함께 신청할 때에만 집행할 수 있다고 설명하는 것이 일반적인 견해이다(2024. 8. 1.자 공보에 대한 '서울고등법원판례공보스터디' 참고).

부동산에서의 '퇴거'는 점유자로 하여금 물건(동산)을 가지고 나가면서 점유를 포기하게 하는 것이고, 채무자의 점유를 빼앗은 다음 채권자에게 점유를 취득하게 하는 것이 아니라는 점에서 '인도'와 차이가 있다.

정리하자면, 토지소유자가 소유권방해제거로서 건물소유자를 상대로는 건물철거를, 건물소유자로부터의 임차인 등 건물점유자를 상대로는 건물에서의 퇴거를 구할 수는 있지만, 위 건물점유자를 상대로 토지소유자에 대한 건물'인도'를 구할 수는 없다. 토지소유자가 그 건물을 인도받아 점유하거나 사용할 권원은 없기 때문이다.

이와 관련하여 대법원 2024다213157 판결에 의하면 "민사소송법 제203조는 '처분권주의'라는 제목으로 '법원은 당사자가 신청하지 아니한 사항에 대하여는 판결하지 못한다.'라고 정하고 있다. 민사소송에서 심판 대상은 원고의 의사에 따라 특정되고, 법원은 당사자가 신청한 사항에 대하여 신청 범위 내에서만 판단하여야 한다(대법원 2015다49422 판결). 건물의 '인도'는 건물에 대한 현실적·사실적 지배를 완전히 이전하는 것을 의미하고, 민사집행법상 인도 청구의 집행은 집행관이 채무자로부터 물건의 점유를 빼앗아 이를 채권자에게 인도하는 방법으로 한다[대법원(전합) 2018다287522 판결]. 한편 건물에서의 '퇴거'는 건물에 대한 채무자의 점유를 해제하는 것을 의미할 뿐, 더 나아가 채권자에게 그 점유를 이전할 것까지 의미하지는 않는다는 점에서 건물의 '인도'와 구별된다. 그러므로 채권자가 소로써 채무자가 건물에서 퇴거할 것을 구하고 있는데 법원이 채무자의 건물 인도를 명하는 것은 처분권주의에 반하여 허용되지 않는다."라는 취지이다.

<관련내용 정리>

토지소유자는 자신의 토지에 권원 없는 건물을 소유한 자를 상대로 그 건물의 철거를 청구할 수 있지만, 건물소유자를 상대로 건물에서 퇴거하라는 청구는 할 수 없다. 철거판결에 따른 집행을 할 때에 건물을 점유하고 있는 건물소유자를 퇴거시키고 철거할 수 있기 때문이다.

위 권원 없는 무단축조 건물이 집합건물이라도 이러한 원칙에는 변함이 없는바, 집합건물 1동 전부에 대한 철거판결의 집행권원이 없어 집합건물 1개, 예를 들어 201호에 대한 철거판결의 확정에도 불구하고 사실상 철거집행이 불가능한 상황에서 위 201호 소유자가 계속 201호를 점유함에도 추가적으로 퇴거를 청구할 수 없는 결과가 발생하더라도 마찬가지이다. 이러한 문제는 부당이득반환청구로 해결하면 족하다는 것이다.

그러나 토지소유자의 토지에 권원 없는 건물의 소유자가 있을 뿐만 아니라, 위 건물을 임차한 임차인이 위 건물을 점유하는 경우라면, 토지소유자가 건물소유자에게는 그 건물의 철거청구를 하고, 건물임차인에게는 그 건물에서의 퇴거청구를 할 수 있다. 건물소유자에 대한 철거판결을 받더라도 집행을 할 때에 임차인을 퇴거시킬 근거가 없는바, 토지소유자가 그 임차인에게 퇴거판결을 받을 실익이 있기 때문이다.

이때 토지소유자가 위 건물임차인을 상대로 인도를 청구할 수는 없다. 토지소유자가 위 권원 없는 건물을 인도받아 점유 또는 사용할 권원 내지 근거가 없기 때문이다. '퇴거'라는 것은 '점유자로 하여금 물건(동산)을 가지고 나가면서 점유를 포기하게 하는 것을 의미'하며, '인도'라는 것은 '채무자의 점유를 빼앗은 다음에 채권자에게 취득하게 하는 것'으로 정리할 수 있다.

제 11 장

공유부동산

46. 단독소유, 구분소유, 구분소유적 공유, 공유의 개념을 구분해 보자.

부동산소유권과 관련하여 여러 개념이 있는데, 이번에는 ① 단독소유, ② 구분소유, ③ 구분소유적 공유, ④ 공유의 개념을 확인해 보자. 1필지의 토지가 있다고 가정하자. 1필지의 토지를 1인이 소유하고 있다면, 그 1필지의 토지를 '① 단독소유'하고 있다고 말할 수 있다. 1필지의 토지를 2인 이상이 공유지분으로 소유하고 있는 경우에는 어떠한가? 이러한 경우에는 그 1필지의 토지를 '④ 공유'한다고 설명한다.

예를 들어보자. 갑 토지 1필지의 토지 면적이 300㎡라고 가정하자. 갑 토지를 a가 100㎡, b가 100㎡, c가 100㎡를 공유지분으로 소유하고 있다. 이러한 경우에 등기부상의 표시는 보통 표제부 면적란에 300㎡로 적시되어 있고, 등기부의 갑구란에 a, b, c의 각 경우 모두 공유자 지분 3분의 1(또는 300분의 100)의 형식으로 기재된다. 이러한 경우에 일반적으로 1필지의 토지를 a, b, c라는 3인이 공유한다고 말하는데, 이는 1필지의 전체 토지를 a, b, c라는 3인이 지분의 비율로 사용·수익할 수 있음을 의미한다.

그렇다면, 등기부에 공유지분으로 기재되어 있음에도 불구하고, 실제로는 갑 토지 1필지를 a, b, c라는 3인이 특정부분을 배타적으로 점유하여 사용하고 있다면? 이런 경우는 등기부의 형식적 기재와 달리 '③ 구분소유적 공유'로 판단될 가능성이 있다.

구분소유적 공유란, 등기부에는 공유형식인 지분형태로 적시되어 있어 공유로 보이지만, 실제 각 공유자가 해당 필지의 특정부분을 점유하면서 배타적으로 사용하고 있고(내부적으로 구분하여 소유하기로 약정), 형식상의 공유등기는 편의적으로 해둔 경우라고 이해하면 쉽다(구분소유적 공유는 통상 1필지의 토지에 대하여 성립하는 경우가 많지만, 1동의 건물의 경우에도 성립될 수 있다는 취지의 판례로는 대법원 2011다42430 판결).

등기부상의 공유의 실질이 말 그대로 공유라면, 공유물을 분할할 필요가 있을 때에 '공유물분할청구소송'을 제기하면 되지만, 등기부상의 공유의 실질이 구분소유적 공유라면 '공유물분할청구소송'이 아니라, 상호명의신탁해지를 전제한 '지분이전등기청구소송'을 고려해야 한다(대법원 2006다84171 판결 등).

마지막으로 '② 구분소유'란 무엇인가? 아파트와 같은 집합건물에서 내가 살고 있는 아파트의 하나의 '호'를 말한다고 보면 쉽다. 예를 들어, "서초구 서초동 ○○아파트 ○○동 ○○호"가 하나의 구분소유가 된다.

<관련내용 정리>

1필의 토지, 하나의 건물에 대한 소유권을 각 1인이 가질 수도 있지만 여러 명이 함께 가질 수도 있다. 1인이 그 토지 또는 건물을 소유하는 것을 단독소유, 여러 명이 그 토지 또는 건물을 지분으로 소유하는 것을 공유, 여러

명이 그 토지 또는 건물을 등기사항증명서에는 지분으로 소유하는 것으로 되어 있어서 공유로 표시되어 있지만 실제는 그 여러 명이 특정부분을 구분하여 소유하는 것으로 내부적으로 합의된 것을 구분소유적 공유라고 한다. 그리고 건물을 구분하여 소유하는 것, 예를 들어 아파트 101호를 소유하고 있다면 그 101호를 구분소유한다고 말한다.

47. 공유물분할에 대한 협의가 성립되지 않으면 공유물분할소송을 제기하게 되는데, 이때는 현물분할이 원칙이다.

공유물분할과 관련하여 민법 제269조는 "① 분할의 방법에 관하여 협의가 성립되지 아니한 때에는 공유자는 법원에 그 분할을 청구할 수 있다. ② 현물로 분할할 수 없거나 분할로 인하여 현저히 그 가액이 감손될 염려가 있는 때에는 법원은 물건의 경매를 명할 수 있다."라고 규정하고 있다. 위 민법조문을 토대로 공유 토지를 분할한다고 가정해 보자.

공유 토지를 분할할 때에는 우선 공유자 사이에 분할에 대한 협의를 한 후에 협의가 성립되지 않으면 공유자가 나머지 공유자 '전부'를 상대로 공유물분할 청구의 소를 제기하게 된다. 이때 법원은 위 공유 토지를 현물로 분할하는 것이 원칙이고, 공유 토지를 현물로 분할할 수 없거나 분할로 인하여 공유토지의 가액이 현저하게 감손될 염려가 있으면 예외적으로 대금분할(경매분할)을 명하게 된다(대법원 2022다294107 판결 등).

그런데 분할의 방법은 당사자가 구하는 방법에 구애받지 아니하고 법원의 재량에 따라 공유관계나 그 객체인 물건의 제반 상황에 따라 공유자의 지분비율에 따른 합리적인 분할을 하면 충분하다는 것이 법원의 입장임에도 불구하고 공유물분할 청구의 당사자가 법원으로 하여금 원칙적 방법인 현물분할 방법을 유도하기가 쉽지 않다.

결국 현물분할을 원하는 공유지분권자는 현물분할 방법의 여러 가능성을 재판절차에서 공론화하는 것이 필요하고, 그 공론화를 통해 여러 현물분할 가능성이 재판과정에 현출되어야 한다.

그리고 필요한 경우 법원에서 현물분할판결을 부담 없이 할 수 있도록 현물분할을 원하는 공유지분권자가 현물분할의 전제에 해당하는 측량감정을 실시하거나 공유물의 현물분할에 따른 공유자 상호간의 경제적 가치의 과부족을 금전으로 조정하기 위한 시가감정 등의 절차도 진행해야 한다. 이런 과정을 거치지 않은 상태에서 법원의 재량권에만 의존할 경우에 민사소송 구조상 현물분할판결을 받는 것이 쉽지 않다는 사실을 인식할 필요가 있다.

이와 관련하여 공유물분할판결의 원칙적 모습인 '현물분할'에 대하여 그동안의 판례를 종합하면 ① 각 공유자가 취득하는 공유물의 면적×가격비율=각 공유자의 지분비율, ② 각 공유자가 취득하는 공유물의 가격비율=각 공유자의 지분비율, ③ 일부 가격배상(가격조정), ④ 전면적 가격배상(일부 공유자가 공유물 취득, 나머지 공유자에게는 금전 지급)의 순으로 현물분할 방법을 검토하면 된다는 견해가 있다.

위 견해에 의하면, 전면적 가격배상에 대하여는 대법원 2004다30583 판결이 최초로 '전면적 가격배상이 현물분할의 한 방법으로서 허용된다.'고 판시하였는데, 위 판결은 원고의 지분이 피고의 지분보다 약 30배 많은바, 피고가 공유물분할의 소를 제기하여 경매분할을 주장한 사안으로 금전의 수령이 피고의 주된 목적인 경우 공유물을 원고의 소유로 하고, 피고에게는 가격을 배상하는 것이 공평의 관념에 부합하고 합리적이라고 한다(2023. 8. 15.자 공보에 대한 '서울고등법원판례공보스터디' 참고).

<관련내용 정리>

공유물분할은 협의로 해결하고 협의가 성립되지 않으면 공유물분할을 원하는 공유자가 공유물분할소송을 제기하여 해결한다. 이때 공유자 전원이 소송의 당사자로 참여해야 한다.

공유물분할소송에서 법원은 현물로 분할판결을 내리는 것이 원칙인데, 공유자지분을 다른 공유자가 매수하는 방법도 현물분할의 하나의 방법으로 허용된다. 그리고 예외적으로 공유물을 현물로 분할할 수 없거나 분할로 인하여 현저히 그 가액이 감손될 염려가 있는 때에는 법원이 공유물의 경매를 명하는 방식의 대금분할이 가능하다.

48. 민법상의 공유법리와 집합건물대지의 공유법리는 차이가 있다.

민법상 공유법리에 대해 정리해 보자. 민법 제265조는 '공유물의 관리, 보존'라는 제목 아래에 "공유물의 관리에 관한 사항은 공유자의 지분의 과반수로써 결정한다. 그러나 보존행위는 각자가 할 수 있다."라고 규정하고 있다.

따라서 공유자의 지분 과반수로써 공유물의 관리방법을 결정하였다면, 가사 그 관리방법이 특정 공유지분권자의 공유물 사용·수익을 완전히 배제하는 것이라고 하더라도, 그 관리방법은 적법하고 유효하다. 따라서 침해되는 특정 공유지분권자의 이익은 부당이득반환 문제로 해결하면 족하다.

예를 들어, A, B, C가 각 1/3 지분씩 공유하고 있는 토지를 C를 제외한 A, B가 협의하여 A가 토지 중 1/3 부분을, B가 나머지 2/3를 각 배타적으로 점유·사용하는 경우로 정하였고, 월 차임 상당액은 900만원으로 가정한다.

이때 C는 A, B를 상대로 위 공유토지에 대한 인도청구를 할 수 없다(민법 제265조). A, B가 2/3의 지분 즉 과반수의 지분으로 공유토지의 관리방식을 결정하였기 때문에 A, B의 각 배타적 점유는 적법하기 때문이다[참고로 공유물의 소수지분권자는 공유물을 독점적으로 점유하는 다른 소수지분권자를 상대로 하여서 방해배제를 구할 수 있으나, 인도를 구할 수는 없다(대법원(전합) 2018다287522 판결)].

A, B의 점유는 적법하므로 C는 A, B를 상대로 불법행위로 인한 손해배상청구를 할 수는 없다. 다만 C는 A, B를 상대로 부당이득반환청구를 할 수 있다. 즉 C는 민법 제263조에 의하여 공유물 전부를 지분에 따라 사용할 수 있는 권리가 있기 때문에 C는 B를 상대로 300만원의 부당이득반환청구를 할 것이 아니라, A에 대하여 100만원, B에 대하여 200만원의 부당이득반환청구를 해야 한다. 민법상 공유개념상 공유토지의 1/3 지분권자인 A가 자신의 지분비율과 같은 1/3만큼만 그 공유토지를 배타적 점유·사용한다고 하여 부당이득반환의무를 면할 수는 없다는 것이다.

그리고 A는 B에 대하여 200만원의 부당이득반환청구를 할 수 있고, B는 A에 대하여 100만원의 부당이득반환청구를 할 수 있다. 결과적으로 B는 A에게 100만원을 부당이득으로 반환하여야 한다.

그렇다면 집합건물대지의 공유법리는 어떠한가? 민법상 공유법리와는 다른 면이 있는바, 이를 정리해 보자.

민법상 공유법리와 달리 집합건물대지의 경우, 집합건물법을 해석하면 1동의 건물 구분소유자들이 당초 그 건물을 분양받을 당시의 대지 공유지분 비율대로 그 건물의 대지를 공유하고 있는 경우, 구분소유자들 상호간에 대지에 대한 공유지분 비율의 차이를 이유로 부당이득반환을 청구할 수 없다.

집합건물법에 의하면 집합건물의 구분소유자들은 특별한 사정이 없는 한 그 대지에 대하여 가지는 공유지분의 비율에 관계없이 그 건물의 대지 전부를 용도에 따라 사용할 수 있는 적법한 권원을 가진다고 해석되기 때문이다(대법원 2009다76522, 76539 판결).

그리고 민법상 공유법리와 달리 집합건물대지의 경우, 집합건물의 구분소유자가 아닌 대지 공유자는 그 대지 공유지분권에 기초하여 적정 대지지분을 가진 구분소유자를 상대로는 대지의 사용·수익에 따른 부당이득반환을 청구할 수 없다[대법원(전합) 2017다257067 판결].

민법상 공유법리에 따른다면, 집합건물의 구분소유자가 아닌 대지공유자는 상대방이 전유부분의 지분만큼 대지지분을 갖고 있다고 하더라도 부당이득반환청구를 할 수 있을 것(위 사례의 C의 A에 대한 부당이득반환청구)이지만 집합건물대지의 경우는 다르다는 것이다.

집합건물의 구분소유자가 아닌 대지 공유자는 그 대지 공유지분권에 기초하여 적정 대지지분을 가진 구분소유자를 상대로는 대지의 사용·수익에 따른 부당이득반환을 청구할 수 없다고 보아야 할 이유는 무엇인가[종전 대법원 2000다13948 판결, 대법원 2009다76522, 76539 판결 등을 변경한 대법원(전합) 2017다257067 판결 참고]?

집합건물의 경우 구분소유자들은 전유부분 외에 대지사용권을 확보하여야 하고, 전유부분과 대지사용권 사이에는 종속적 일체 분가분성에 따른 '분리처분 불가'라는 법리가 적용되는바(대법원 2005다15048 판결, 대법원 2013다46047 판결), 이렇듯 집합건물 대지의 공유관계에는 민법상 공유법리와는 다른 특수성이 존재하므로 민법상 공유법리가 그대로 적용될 수 없다.

게다가 구분소유자가 대지사용권으로 보유하여야 할 적정 대지지분은 원칙적으로 전유부분의 면적 비율인바(대법원 2012다72469 판결), 구분소유자가 적정 대지지분을 모두 확보한 경우에는 전유부분을 소유하기 위하여 대지 전부를 온전히 사용·수익할 권리를 가지게 되므로, 법률상 원인 없는 이익을 얻는다고 볼 수도 없다(민법상 공유법리에서는 공유물 전부를 지분의 비율로 사용·수익할 수 있을 뿐임).

또한 민법상 공유법리에 따라 구분소유자 전원이 각자 보유한 대지지분의 비율과 관계없이 구분소유자 아닌 대지 공유자에 대하여 전유부분 면적 비율에 따라 부당이득반환의무를 부담한다면, 적정 대지지분을 가진 구분소유자가 손실을 회복하기 위하여 다른 구분소유자를 상대로 부당이득반환청구를 하게 되어 연쇄적 소송으로 이어지게 되고, 이는 정의 관념과 소송경제 등의 측면에서 불합리한 결과를 초래한다.

이와 관련하여 "집합건물 대지의 공유관계에 관하여는 민법상 공유법리를 그대로 적용하는 것은 타당하지 않고, 집합건물의 경우, ① 구분건물의 독립성 및 ② 구분행위가 있어야 구분소유권이 성립하는바, 통상적으로 '구분행위'는 분양계약인 경우가 많은데, 수분양자가 분양계약을 체결하고 분양대금을 지급한 경우, 그 분양대금에는 대지지분권에 대한 대가도 포함되어 있는 것이므로, 이후에 다른 수분양자의 분양계약이 해제되어 일부 대지의 소유권이 수분양자 아닌 사람의 소유가 되거나 애초에 분양자가 대지지분을 전부 확보하지 못했다고 하더라도, 수분양자가 집합건물의 전유부분을 소유하는 데 필요한 대지지분(즉, 적정 대지지분)을 취득하였다면 그 자체로 보호받을 가치가 있다라면서 위 대법원(전합) 2017다257067 판결이 타당하다."라는 취지의 견해가 있다(연도별 2023. 9. 1.자 '서울고등법원 판례공보스터디' 제2506쪽~제2509쪽 참고).

<관련내용 정리>

민법상의 공유법리와 집합건물대지의 공유법리는 차이가 있다. 그 차이의 근본원인은 집합건물의 경우에 집합건물법에 따른 분리처분금지 원칙이 적용된다는 특수성에 있다. 즉 A, B, C가 각 1/3 지분씩 공유하고 있는 토지를 C를 제외한 A, B가 협의하여 A가 토지 중 1/3 부분을, B가 나머지 2/3를 각 배타적으로 점유·사용하는 경우로 정하였고, 월 차임 상당액은 900만원으로 가정할 때에 C는 B를 상대로 300만원의 부당이득반환청구를 할 것이 아니라, A에 대하여 100만원, B에 대하여 200만원의 부당이득반환청구를

해야 하고, A는 B에 대하여 200만원의 부당이득반환청구를 할 수 있고, B는 A에 대하여 100만원의 부당이득반환청구를 할 수 있어서, 결과적으로 B는 A에게 100만원을 부당이득으로 반환하여야 한다.

C의 A에 대한 부당이득반환청구가 인정된다는 것인데, 이는 민법상 공유 개념상 공유토지의 1/3 지분권자인 A가 자신의 지분비율과 같은 1/3만큼만 그 공유토지를 배타적 점유·사용한다고 하여 부당이득반환의무를 면할 수는 없다는 것이다.

그러나 민법상 공유법리와 달리 집합건물대지의 경우, 집합건물의 구분소유자가 아닌 대지 공유자는 그 대지 공유지분권에 기초하여 적정 대지지분을 가진 구분소유자를 상대로는 대지의 사용·수익에 따른 부당이득반환을 청구할 수 없다.

49. 구분소유적 공유토지의 분할방법은 공유물분할방식이 아닌 상호명의신탁해지의 방식으로 해야 한다.

공유토지의 분할은 민법 제269조에 의한 '공유물분할'의 방법에 의하면 된다. 그렇다면 구분소유적 공유토지의 분할도 민법 제269조에 의한 '공유물분할' 방식으로 가능한가? 아니다.

대법원은 "공유물분할청구는 공유자의 일방이 그 공유지분권에 터 잡아서 하여야 하는 것이므로 공유지분권을 주장하지 아니하고 목적물의 특정부분을 소유한다고 주장하는 자는 그 부분에 대하여 신탁적으로 지분등기를 가지고 있는 자들을 상대로 하여 그 특정부분에 대한 명의신탁해지를 원인으로 한 지분이전등기절차의 이행만을 구하면 될 것이고 공유물분할청구를 할 수 없다 할 것이다(대법원 88다카10517 판결)."라고 판시하고 있기 때문이다.

따라서 구분소유적 공유토지의 경우 '공유물분할'을 실시할 것이 아니라, 특정부분을 점유하여 그 분할을 원하는 자가 신탁적으로 지분등기를 가지고 있는 자들을 상대로 하여 지분이전등기를 청구하는 방식에 의하여야 한다(대법원 2006다84171 판결 등).

그렇다면 구분소유적 공유토지란 무엇인가? 구분소유적 공유토지란 수인이 1필지의 대지를 매수함에 있어 각자가 위치를 특정하여 그 특정부분을 매수하되 등기 편의상 분필등기를 하지 않고 종전 토지에 대하여 공유지분등기를 하는 경우를 의미한다.

예를 들면, A라는 하나의 토지를 갑과 을이 함께 매수하여 A－1과 A－2로 구분하여 점유하되, 등기부상으로는 A토지에 대하여 갑이 2분의 1, 을이 2분의 1로 각 지분등기를 경료한 것을 의미한다.

등기에 의하면 갑과 을이 A라는 토지 전부를 지분의 비율로 사용·수익할 수 있는 것처럼 되어 있지만, 실제 갑과 을은 A라는 토지를 A－1이라는 토지와 A－2라는 토지로 나누어 배타적으로 소유권을 행사한다는 것이다.

사례에서 구분소유적 공유토지가 명의신탁(상호명의신탁)해지에 의하여 해소되는 경우를 가정해 보자. 갑이 A토지의 등기부상 2분의 1의 지분을 근거로 은행으로부터 대출을 받아 근저당권을 설정했다면? 대법원 2004다32992 판결에 의하면, 구분소유적 공유관계가 해소되는 경우 쌍방의 지분소유권이전등기의무와 위와 같은 근저당권 설정 등기의 말소의무 또한 동시이행관계에 있게 된다.

즉 위 대법원 2004다32992 판결에 의하면 "구분소유적 공유관계가 해소되는 경우 각 공유지분권자는 특별한 사정이 없는 한 제한이나 부담이 없는 완전한 지분소유권이전등기의무를 지므로, 그 구분소유권 공유관계를 표상하는 공유지분에 근저당권설정등기 또는 압류, 가압류등기가 경료되어 있는 경우에는 그 공유지분권자로서는 그러한 각 등기도 말소하여 완전한 지분소유권이전등기를 해 주어야 하고, 따라서 구분소유적 공유관계가 해소되는 경우에 있어서 쌍방의 지분소유권이전등기의무와 아울러 그러한 근저당권설정등기 등의 말소의무 또한 동시이행의 관계에 있다고 봄이 상당하다. 그리고 구분소유적 공유관계에 있어서 어느 일방이 그 명의신탁을 해지하고 지분소유권이전등기를 구함에 대하여 상대방이 자기에 대한 지분소유권이전등기 절차의 이행이 동시에 이행되어야 한다고 항변하는 경우, 그 동시이행의 항변에는 특별한 사정이 없는 한 명의신탁 해지의 의사표시가 포함되어 있다고 보아야 한다."는 취지이다.

<관련내용 정리>

토지를 공유하는 것으로 등기되어 있다고 무작정 공유물분할소송을 제기해서는 안 된다. 등기부(등기사항증명서)상 공유로 등기가 되어 있더라도 실질이 구분소유적 공유라면 공유물분할소송 형태로 공유토지를 분할하는 것이 아니라, 상호명의신탁해지 소송을 통해 그 구분소유적 공유토지를 분할하는 것이 타당하다는 것이 대법원의 입장이기 때문이다.

50. 공유건물에 대한 임대차는 지분의 과반수로 결정하는 관리행위가 된다.

공유자 중 1인이 임의로 임대차계약을 체결할 수 있을까? 상황에 따라 다르다. 민법 제265조는 "공유물의 관리에 관한 사항은 공유자의 지분의 과반수로 결정한다. 그러나 보존행위는 각자가 할 수 있다."고 규정하고 있다. 공유물의 관리에 관한 사항 중 대표적인 것이 임대차계약이라고 할 수 있다. 따라서 임대차계약은 민법 제265조에 따라 공유자의 지분의 과반수로 결정한다.

예를 들어보자. 갑과 을이 A라는 건물을 각각 2분의 1의 지분으로 소유하고 있다. 그런데 갑이 독자적으로 임대인의 지위에서 병과 임대차계약을 체결하였다면? 갑과 병의 임대차계약을 A건물의 2분의 1 지분권자인 을이 문제를 삼는다면? 예를 들어, 을이 임차인 병에게 명도소송을 제기한다면?

대법원(전합) 2018다287522 판결은 종전 판례를 변경하여, 소수지분권자의 다른 소수지분권자에 대한 보존행위로서의 방해배제 및 인도청구를 모두 부정하고 단지 지분소유권에 의한 방해배제만을 인정하는 취지로 판시하였다. 이러한 판결취지를 고려하면, 을이 임차인 병에게 보존행위를 근거로 명도소송을 제기할 경우에 을이 패소할 가능성이 있다(2분의 1지분까지는 소수지분권자라고 할 수 있음. 2분의 1 지분을 초과하면 그제서야 소수지분권자에서 벗어나서 과반수의 지분권자가 됨).

즉 이와 관련하여 “제5판 주석민법 물권 2”의 제46쪽 각주 39에 의하면, “소수지분권자가 간접점유를 하면서 제3자에게 임의로 임대해준 경우는 어떠한가? 이 경우에도 다른 소수지분권자가 직접 점유자인 제3자에게 인도청구를 할 수는 없다고 보아야 하지 않을까?”라는 입장으로 위 변경된 판례에 의할 때에 을의 임차인 병에 대한 인도청구에 대하여는 부정적인 입장으로 해석된다.

갑과 을이 A라는 건물을 공유하되 갑이 3분의 2의 지분을, 을이 3분의 1의 지분을 각 보유하고 있다면 어떨까? 이런 경우에도 을이 임차인 병에게 건물명도소송을 제기하면 패소한다. 민법 제265조에 의하면 공유물의 관리에 관한 사항은 공유자의 지분의 과반수로 결정하는데, 갑의 지분이 3분의 2로 과반수 요건을 충족하기 때문에 갑이 독자적으로 임대차계약을 체결할 수 있기 때문이다.

그렇다면 을의 입장에서는 월세도 받지 못하여 부당하지 않은가? 을은 갑에게 자신의 지분에 해당하는 월세 등을 부당이득반환청구하면 될 것이다. 을이 임차인 병에게 부당이득반환청구를 할 수는 없는가? 병은 임대권한 있는 갑과 임대차계약을 체결하고 월세를 지급하였으니, 을이 병에게 지분상당 월세를 부당이득으로 청구하기는 어렵다(대법원 2002다9738 판결).

<관련내용 정리>

공유건물을 임차할 때에는 과반수권자와 계약을 체결해야 문제가 없다. 건물을 3인이 공유하고 각각 3분의 1 지분을 가지고 있다면 최소 2인과 계약을 해야 과반수권자와 계약을 하는 꼴이 된다. 다만 이러한 경우에도 나머지 1인이 임차인에게 문제삼을 수는 있을 것이므로 임차인은 되도록 공유지분권자 모두와 임대차계약을 체결하는 것이 좋다.

51. 공유자 모두에게 이익이 되는 행위를 공유물의 보존행위라고 하며, 보존행위는 공유자 단독으로 할 수 있다.

민법 제265조는 '공유물의 관리, 보존'이라는 제목 아래에 "공유물의 관리에 관한 사항은 공유자의 지분의 과반수로써 결정한다. 그러나 보존행위는 각자가 할 수 있다."고 규정하고 있다.

따라서 공유물을 보존하는 행위는 공유자 누구라도 즉 공유자 혼자라도 다른 공유자의 동의 없이 할 수 있고, 공유물을 관리하는 행위는 공유자 지분의 과반수로 해야 한다.

민법 제264조는 '공유물의 처분, 변경'이라는 제목 아래에 "공유자는 다른 공유자의 동의 없이 공유물을 처분하거나 변경하지 못한다."고 규정하여 공유물 전체에 대한 처분·변경은 다른 공유자들의 동의를 받도록 규정하고 있다.

이와 달리 공유자는 자신의 지분을 자유로이 처분할 수 있다. 즉 민법 제263조는 '공유지분의 처분과 공유물의 사용, 수익'이라는 제목 아래에 "공유자는 그 지분을 처분할 수 있고 공유물 전부를 지분의 비율로 사용, 수익할 수 있다."라고 규정하고 있다.

그렇다면 제3자 명의로 마쳐진 부동산의 소유권이전등기가 원인무효인 경우에 그 부동산의 실제 공유자 1인이 공유물에 관한 보존행위를 근거로 제3자를 향하여 그 등기 전부의 말소를 구할 수 있는가?

그렇다. 대법원 92다52870 판결에 의하면 "부동산의 공유자의 1

인은 당해 부동산에 관하여 제3자 명의로 원인무효의 소유권이전등기가 마쳐져 있는 경우 공유물에 관한 보존행위로서 제3자에 대하여 그 등기 전부의 말소를 구할 수 있다."라는 취지이다.

그렇다면 공유물에 관한 원인무효의 등기에 대하여 모든 공유자가 항상 공유물의 보존행위로서 말소를 구할 수 있다고 해석할 수 있는가? 그렇지는 않다.

대법원 2023다273206 판결에 의하면 "공유자가 다른 공유자의 지분권을 대외적으로 주장하는 것을 공유물의 멸실·훼손을 방지하고 공유물의 현상을 유지하는 사실적·법률적 행위인 공유물의 보존행위에 속한다고 할 수는 없으므로(대법원 94다35008 판결 참조), 자신의 소유지분 범위를 초과하는 부분에 관하여 마쳐진 등기에 대하여 공유물에 관한 보존행위로서 무효라고 주장하면서 말소를 구할 수는 없다(대법원 2006다72802 판결, 대법원 2009다67429 판결). 결국 공유물에 관한 원인무효의 등기에 대하여 모든 공유자가 항상 공유물의 보존행위로서 말소를 구할 수 있는 것은 아니고, 원인무효의 등기로 인하여 자신의 지분이 침해된 공유자에 한하여 공유물의 보존행위로서 그 등기의 말소를 구할 수 있을 뿐이므로, 원인무효의 등기가 특정 공유자의 지분에만 한정하여 마쳐진 경우에는 그로 인하여 지분을 침해받게 된 특정 공유자를 제외한 나머지 공유자들은 공유물의 보존행위로서 위 등기의 말소를 구할 수는 없다."라는 취지이다.

<관련내용 정리>

공유부동산에 대한 보존행위는 공유자 단독으로 할 수 있는데, 실무적으로 공유자 단독으로 소송이 가능한지 여부가 중요한 경우가 있다. 보존행위로 판단되면 다른 공유자의 동의 없이 단독으로 일처리를 할 수 있는 장점이 있기 때문이다. 이런 이유로 인하여 공유자 간 이해충돌 방지를 위해 공유자 모두에게 이익이 되는 경우를 보존행위로 보는 것이다.

52. 소수지분권자가 공유부동산을 단독으로 사용하는 경우에 다른 소유지분권자는 지분소유권에 의한 방해배제청구와 부당이득반환청구 가능성이 있다.

공유부동산의 소수지분권자(예를 들어 과반수에 미치지 못하는 2분의 1 지분권자)가 공유부동산을 독점적으로 사용하는 다른 공유부동산 소수지분권자(예를 들어 과반수에 미치지 못하는 2분의 1 지분권자)에게 공유물의 보존행위를 근거로 방해배제 및 공유부동산의 인도청구를 할 수 있는가?

종전 판례는 소수지분권자의 다른 소수지분권자에 대한 방해배제 및 인도청구를 인정하였다[대법원(전합) 93다9392, 9408 판결]. 그러나 최근 대법원(전합) 2018다287522 판결은 종전 판례를 변경하여, 소수지분권자의 다른 소수지분권자에 대한 보존행위로서의 방해배제 및 인도청구를 모두 부정하고 단지 지분소유권에 의한 방해배제만을 인정하는 취지로 판시하였다.

즉 최근 변경된 대법원 판결은 "공유토지의 소수지분권자인 피고가 다른 공유자와 협의 없이 공유토지의 전부 또는 일부를 독점적으로 점유하는 경우 다른 소수지분권자인 원고가 공유물의 보존행위로서 방해배제와 인도를 청구할 수 있는지 여부"가 주요 쟁점임을 밝히면서, "소수지분권자가 공유물을 독점적으로 점유하는 다른 소수지분권자를 상대로 보존행위로서 공유물의 인도를 인정하게 되면, 피고가 공유물을 독점적으로 점유하는 위법한 상태를 시정한다는 명목으로 피고의 점유를 전면적으로 배제함으로써 지분비율에 따른 피고의 사용·수익권까지 근거 없이 박탈하여 부당"하다는 것이다.

또한 "소수지분권자가 공유물을 독점적으로 점유하는 다른 소수지분권자를 상대로 보존행위로 방해배제를 청구할 수 있는지 여부"

에 대하여, "보존행위로서 전면적인 방해배제를 인정할 수는 없지만, 공유자는 자신의 지분권 행사를 방해하는 행위에 대하여 민법 제214조에 따른 방해배제청구권을 행사할 수 있고, 공유물에 대한 지분권은 공유자 개개인에게 귀속되는 것으로 공유자 각자가 행사할 수 있는 바, 공유지분 소유권에 의한 방해배제는 청구할 수 있다."는 취지이다.

그렇다면 공유물의 과반수 지분권자가 공유물의 소수지분권자를 향하여 공유물 관리의 방법으로 공유물의 인도를 청구할 수 있는가? 공유물의 인도를 청구할 수 있다.

즉 대법원 2022다253243 판결(건물인도)에 의하면 "공유자 사이에 공유물을 사용·수익할 구체적인 방법을 정하는 것은 공유물의 관리에 관한 사항으로서 공유자의 지분의 과반수로써 결정하여야 할 것이고, 과반수 지분의 공유자는 다른 공유자와 사이에 미리 공유물의 관리방법에 관한 협의가 없었다 하더라도 공유물의 관리에 관한 사항을 단독으로 결정할 수 있으므로, 과반수 지분의 공유자가 그 공유물의 특정 부분을 배타적으로 사용·수익하기로 정하는 것은 공유물의 관리방법으로서 적법하다. 또한 공유 지분 과반수 소유자의 공유물인도청구는 민법 제265조의 규정에 따라 공유물의 관리를 위하여 구하는 것으로서 그 상대방인 타 공유자는 민법 제263조의 공유물의 사용수익권으로 이를 거부할 수 없다."는 취지이다.

참고로 대법원 2021다252458 판결에 의하면 "과반수 지분권자는 공유물인 토지의 관리방법으로서 특정 부분을 배타적으로 사용·수익할 수 있으나, 그로 말미암아 그 부분을 전혀 사용·수익하지 못하여 손해를 입는 소수지분권자의 지분만큼 임료 상당 부당이득을 얻는 것이므로 이를 반환할 의무가 있다. 소수지분권자가 공유물을 자기 지분 비율로 사용·수익할 권리(민법 제263조)가 침해되었기 때문이다."는 취지이다.

<관련내용 정리>

소수지분권자(과반수에 이르지 못하는 지분권자)가 공유부동산을 단독으로 사용하는 경우에 다른 소유지분권자는 지분소유권에 의한 방해배제청구와 부당이득반환청구 가능성이 있다. 공유부동산을 2인이 각 2분의 1 지분만큼 공유한다고 가정할 때에 위 2분의 1 지분권자도 판례는 소수지분권자로 표현하고 있다. 즉 반수에 해당하는 2분의 1 이하의 지분권자를 소수지분권자로 이해하면 된다.

제 12 장

부동산취득시효

53. 공유토지를 공유자 1인이 전부점유하다라도 취득시효는 인정되지 않는 것이 원칙이지만 예외가 있다.

토지에 대하여 공유를 하고 있는 공유자 사이에 취득시효 완성을 이유로 한 소유권이전등기청구가 가능할까? 기본적으로 어렵다.

민법 제263조는 "공유자는 그 지분을 처분할 수 있고 공유물 전부를 지분의 비율로 사용, 수익할 수 있다."고 규정하고 있는바, 공유 토지는 공유자 1인이 그 전부를 점유하고 있다고 하여도 다른 특별한 사정이 없는 한 그 권원의 성질상 다른 공유자의 지분비율 범위 내에서는 타주점유로 해석되기 때문이다.

그렇다면 공유자 사이에서는 취득시효 주장이 전면적으로 부정되는 것인가? 그렇지는 않다.

대법원 2018다245597 판결에 의하면 "공유 토지는 공유자 1인이 그 전부를 점유하고 있다고 하여도 다른 특별한 사정이 없다면 그 권원의 성질상 다른 공유자의 지분비율의 범위 내에서는 타주점유라고 볼 수밖에 없지만, 공유자들이 분할 전 토지의 전체 면적 중

각 점유 부분을 구분소유하게 된다고 믿고서 그 각 점유 부분의 대략적인 면적에 해당하는 만큼의 지분에 관하여 소유권이전등기를 경료받은 경우에는, 등기부상 공유자들이 각 토지의 일부 공유자로 되어 있다고 하더라도 그들의 점유가 권원의 성질상 타주점유라고 할 수는 없다(대법원 95다53768 판결, 대법원 2006다79995 판결 등)."라는 취지이기 때문이다.

정리하자면, 공유 토지는 공유자 1인이 그 전부를 점유하더라도 취득시효의 자주점유 요건을 결하여 다른 공유자의 지분에 대한 취득시효를 주장할 수 없는 것이 원칙이지만, 공유자들이 각 점유하고 있는 부분을 구분소유하게 된다고 믿고 그 각 점유부분의 유사면적만큼의 지분에 대한 소유권이전등기를 경료받은 경우라면 다른 공유자의 지분에 대한 취득시효에 있어 자주점유 요건을 충족하여 취득시효 가능성이 있다는 것이다(이 쟁점은 공유 토지를 어느 공유자가 배타적으로 점유하는 경우에 그 공유 토지를 점유하지 않은 다른 공유자의 지분을 시효로 취득할 수 있는지 여부에 대한 문제라는 것을 주의할 것).

<관련내용 정리>

취득시효는 자주점유 즉 소유의 의사에 의한 점유를 전제하여 인정된다. 그런데 공유토지는 그 공유토지 '전체'를 공유자가 지분만큼 사용·수익하는 것을 전제하므로, 공유자 1인이 공유토지를 전면적이고 배타적으로 사용한다고 하여 다른 공유지분을 시효로 취득할 수는 없다. 다만 구분소유한다고 믿고 점유한 경우에는 예외가 인정될 수 있다.

54. 내 건물이 타인토지를 일부 점유한 경우 사안별로 그 점유 부분에 대한 취득시효 가능성을 살펴보자.

〈사례 1〉

내 소유의 토지에 집을 짓고 담을 설치하여 20년 이상을 점유하였다. 그런데 옆집(토지 포함)이 팔리면서, 옆집의 신소유자가 토지측량을 실시해 보니 내가 점유하고 있던 토지의 일부(담을 포함한 내가 점유한 부분의 일부)가 옆집 소유라는 측량결과가 나왔다. 나는 내 소유의 토지인 줄 알고 그 곳에 집을 짓고 담까지 설치한 것이었다.

이런 경우 내가 옆집 소유자에게 20년간 점유를 근거로 취득시효를 주장할 수 있을까? 옆집의 신소유자에게 내가 점유취득시효를 주장하더라도 취득시효가 인정되기 어렵다. 옆집의 신소유자에 대한 나의 점유는 20년간의 점유로 인정되지 않기 때문이다.

〈사례 2〉

내 소유의 토지에 집을 짓고 담을 설치하여 19년 정도가 경과되었다. 그런데 그 즈음에 옆집이 팔렸고 옆집(토지 포함)이 신소유자의 소유가 되었다. 그 후 3년 정도 경과한 후(즉 22년 경과)에 내가 집을 다시 짓기 위해 토지측량을 해보니, 내가 옆집의 토지 일부를 점유하고 있다는 측량결과가 나왔다. 이런 경우 내가 옆집(토지 포함) 소유자에게 해당 토지의 점유취득시효 주장을 할 수 있을까? 할 수 있고, 취득시효가 인정될 가능성이 높다.

〈정리〉

점유취득시효의 요건인 20년간의 (계속)점유가 완성되었지만 시효완성자가 아직 등기를 하지 않고 있는 사이에 부동산이 양도되어 그 등기를 마친 제3자에게도 시효완성자가 취득시효를 주장할 수 있는가? 이에 대하여 현재의 판례는 제3자가 취득시효 완성 전에 부동산을 취득한 경우는 점유자가 취득시효를 주장할 수 있지만, 제3자가 취득시효 완성 후에 부동산을 취득한 경우에는 점유자가 그 제3자에 대하여 취득시효를 주장할 수 없는 것으로 확립되어 있다[대법원 76다487 판결, 대법원(전합) 2007다15172, 15189 판결 등].

판례의 태도에 비추어 볼 때, 토지를 매수하게 되면 반드시 측량을 하고 나서 측량결과 타인이 내 토지를 침범한 것으로 밝혀지면 바로 토지의 인도를 구하는 것을 고려하는 것이 필요하다. 내 토지의 점유자가 아직 20년간 점유를 한 것이 아니라면 토지인도청구에 문제가 없을 것이며, 20년을 넘긴 경우라면 점유취득시효의 기산점이 내가 토지소유권을 취득한 때를 기준으로 하게 되어 토지인도청구가 인정될 것이기 때문이다.

다만, 판례 중에는 토지를 침범한 건물의 침범 정도가 경미한 경우 토지소유자가 건물철거를 구한 사안에서 권리남용을 인정한 사례(대법원 93다4366 판결)도 있으니 이러한 내용도 고려하여 문제해결에 나아가야 할 것이다.

<관련내용 정리>

주택이 밀집되어 있는 도시에서 건축물이 옆집 토지를 침범한 경우가 적지 않다. 보통은 토지와 건물을 매수하고 측량한 후에 내 토지를 침범한 옆집 건물이 발견되면 건물철거 및 토지인도, 그리고 지료청구를 고려하게 되는데, 이때 상대방이 취득시효를 주장할 수 있다. 상대방의 취득시효를 막기 위해서는 토지 매입 후 즉시 측량하여 곧바로 문제제기를 하는 것이 필요하다. 특히 상대방이 내 토지를 점유한 후 20년이 안된 경우라면 20년이 되기 전에 반드시 문제를 제기해야 한다.

55. 점유취득시효에 있어 자주점유는 그 점유의 권원에 의하여 결정한다.

'소유의 의사로 하는 점유'는 부동산점유취득시효의 요건 중의 하나이다. 즉 민법 제245조 제1항은 "20년간 소유의 의사로 평온, 공연하게 부동산을 점유하는 자는 등기함으로써 그 소유권을 취득한다."고 규정하고 있다.

이러한 '소유의 의사'는 '자주점유'라고도 말하는데, 민법 제197조 제1항은 "점유자는 소유의 의사로 선의, 평온 및 공연하게 점유한 것으로 추정한다."고 규정하여, 점유자의 '자주점유'가 추정됨을 규정하고 있다. 결국 취득시효를 부정하는 당사자가 점유자가 '자주점유'가 아닌 '타주점유'임을 입증해야 한다.

이때 점유자의 점유가 '자주점유'인지 아니면 '타주점유'인지는 원칙적으로 점유취득의 원인된 사실, 즉 '권원'에 의하여 결정된다(대법원 93다12176 판결 등).

그렇다면 '자주점유', 즉 '소유의 의사에 의한 점유'란 소유권이 있다고 믿고서 하는 점유를 의미하는가? 아니다. '자주점유'란 소유권이 있다고 믿고시 하는 점유를 말하는 깃이 아니라 '소유자처럼 배타적 지배를 행사하려는 의사'를 의미할 뿐이다.

즉 대법원 93다24889 판결에 의하면, "부동산취득시효를 인정하기 위한 요건으로서의 자주점유라 함은 소유자와 동일한 지배를 하려는 의사를 가지고 하는 점유를 의미하는 것이지, 법률상 그러한 지배를 할 수 있는 권원, 즉 소유권을 가지고 있거나 또는 소유권이 있다고 믿고서 하는 점유를 의미하는 것은 아니다."는 취지이다.

대법원 94다14612 판결은 "부동산을 증여받아 그 점유를 개시하였다면 그 점유권원의 성질상 이는 자주점유라 할 것이고 설사 그 증여가 무권리자에 의한 것이어서 소유권을 적법하게 취득하지 못한다는 사정을 알았다고 하더라도 그와 같은 사유만으로 그 점유가 타주점유가 된다고 볼 수는 없다."는 취지인 바, '자주점유'의 구체적인 의미를 확인시켜주고 있다.

다만, 대법원 2017다228342 판결에 의하면, "점유자의 점유가 소유의 의사 있는 자주점유인지는 점유자의 내심의 의사에 의하여 결정할 것은 아니고 점유취득의 원인이 된 권원의 성질이나 점유와 관계있는 모든 사정에 비추어 외형적·객관적으로 결정하여야 할 문제이므로, 점유자가 점유 개시 당시에 소유권 취득의 원인이 될 수 있는 법률행위 기타 법률요건이 없이 그와 같은 법률요건이 없다는 사실을 잘 알면서 다른 사람 소유의 부동산을 무단으로 점유한 것이라면 특별한 사정이 없는 한 점유자는 타인의 소유권을 배척하고 점유할 의사를 갖고 있지 않다고 보아야 하고, 이로써 소유의 의사가 있는 점유라는 추정은 깨어진 것이다."는 취지이므로, 점유개시 당시에 소유권취득의 원인이 될 만한 법률요건이 없음을 잘 알면서 타인 소유부동산을 무단 점유한 악의의 무단점유로 판단되는 경우에는 '자주점유' 추정이 깨어진다.

참고로 대법원 81다1174, 1175 판결에 의하면, "피상속인의 장조카가 자기가 그 상속인 또는 권리귀속자인 것으로 믿고 점유를 개시하여 관리 및 수익을 독점하여 왔다면, 타주점유 중 자기에게 권리귀속된 것으로 믿는 경우와 달리 그 점유의 시초에 있어 권원의 성질상 자주점유라고 보아야 할 것이다."는 취지인 바, 권리귀속자로 믿고 점유를 개시한 경우에도 '자주점유'의 추정이 유지된다.

<관련내용 정리>

점유취득시효에 있어 가장 중요한 쟁점은 취득시효를 주장하는 사람이 '자주점유' 즉 '소유의 의사에 따른 점유'를 하고 있는지 여부이다. 이때 '자주점유'의 여부는 '권원'으로 결정되는데 '매매', '증여'는 그 권원상 소유의

의사에 의한 점유 즉 '자주점유'로 인정된다. 다만 악의의 무단점유로 밝혀지면 '자주점유'가 부정되어 취득시효가 인정되지 않는다.

56. 사정받은 토지에 대한 종중의 토지 시효취득 가능성을 살펴보자.

원고들의 망 증조부는 이 사건 임야를 일제 강점기에 사정받았다. 피고 종중의 종원들은 이 사건 임야에 대하여 구 임야소유권이전등기에 관한 특별조치법에 따라 소유권보존등기를 마쳤다가 명의신탁해지를 원인으로 이 사건 토지를 피고종중 명의로 소유권이전등기를 완료하였다. 이 사건 임야는 피고 종중의 유일한 종산으로 여러 기의 선조묘소가 존재하고 있다.

대법원(전합) 86다카2928 판결에 의하면 "임야소유권 이전등기에 관한 특별조치법(법률 제2111호)에 의한 소유권보존등기가 경료된 임야에 관하여서는 그 임야를 사정받은 사람이 따로 있는 것으로 밝혀진 경우라도 그 등기는 동법 소정의 적법한 절차에 따라 마쳐진 것으로서 실체적 권리관계에 부합하는 등기로 추정된다 할 것이므로 위 특별조치법에 의하여 경료된 소유권보존등기의 말소를 소구하려는 자는 그 소유권보존등기 명의자가 임야대장의 명의변경을 함에 있어 첨부한 원인증서인 위 특별조치법 제5조 소정의 보증서와 확인서가 허위 내지 위조되었다던가 그 밖에 다른 어떤 사유로 인하여 그 소유권보존등기가 위 특별조치법에 따라 적법하게 이루어진 것이 아니라는 주장과 입증을 하여야 한다."는 취지다.

그렇다면, 사정명의인의 상속인들인 원고들이 피고 종중을 상대로 진정명의회복을 원인으로 한 소유권이전등기절차 이행청구가 인용되어야 할까? 이 대법원(전합) 86다카2928 판결취지를 고려하면, 특조법상 등기의 추정력을 번복하지 못한다면, 사정명의인의 상속인인 원고들의 피고종중에 대한 청구가 인용되기 힘들다.

특조법에 의하여 등기한 것이 아닌 일반적 형식에 의한 등기가 이루어졌다면 어떤가? 소유권보존등기가 마쳐진 부동산이라고 하더라도, 이 사건 토지에 대한 사정명의인이 따로 존재한다면 이 사건 보존등기는 그 추정력이 번복되어 무효이고, 보존등기에 터 잡은 피고종중의 소유권이전등기도 무효가 된다.

즉, 대법원(전합) 84다카1773 판결에 의하면, "구 토지조사령(1912. 8. 13. 제령 제2호)에 의한 토지조사부에 토지소유자로 등재되어 있는 자는 재결에 의하여 사정내용이 변경되었다는 등의 반증이 없는 이상 토지소유자로 사정받고 그 사정이 확정된 것으로 추정된다."는 취지다.

그렇다면, 사정명의인의 상속인들인 원고들이 피고 종중을 상대로 진정명의회복을 원인으로 한 소유권이전등기절차 이행청구를 하면서, 특조법상의 절차위반을 근거로 특조법상 등기의 무효를 주장하고 그 주장에 대한 입증이 이루어졌다면 어떠한가?

수원지방법원 여주지원 2018가단52056 판결은 특조법상 절차위법을 인정하여 원고들의 청구를 인용하였다. 피고 종중은 항변을 통하여, ① 피고 종중이 사정명의인에게 이 사건 임야를 명의신탁한 것이다. ② 가사 명의신탁부동산이 아니라 할지라도 피고 종중이 이 사건 임야를 시효로 취득하였다는 주장을 하였으나 법원은 피고종중의 주장을 모두 배척하고 원고들의 청구를 인용하였다.

즉 명의신탁은 증거가 없다는 취지로 배척하였고, 취득시효 항변에 대하여는 이 사건 보존등기가 소유자 미복구 부동산인 이 사건 임야에 관하여 이 사건 특별조치법을 위반하여 마쳐진 것으로 그 등기절차가 위법함을 들어 피고종중의 '소유의 의사'를 부정한 것이다.

참고로, 대법원 2010다78739 판결에 의할 경우에 특조법상의 추정력을 번복시키기 위해서는 "특별조치법의 적용을 받은 수 없는 시점의 취득원인일자를 내세우는 경우와 같이 그 주장 자체에서 특별조치법에 따른 등기를 마칠 수 없음이 명백하거나 그 주장하는 내용이 구체성이 전혀 없다든지 그 자체로서 허구임이 명백한 경우 등의 특별한 사정과 더불어 그 밖의 자료에 의하여 새로이 주장된 취득원인 사실에 관하여도 진실이 아님을 의심할 만큼 증명되어야 한다."는 취지이다.

특별조치법상의 절차위법이 존재한다고 하여 위 수원지방법원 여주지원 2018가단52056 판결처럼 곧바로 피고 종중의 '소유의 의사'가 부정되는 것일까?

필자가 위 사건의 항소심을 맡아, 원심판단 취지처럼 종원들이 이 사건 임야에 대해 특별조치법에 따라 보존등기를 함에 있어 절차위반이 존재한다고 가정하더라도, 그 절차위반이 곧 무단점유가 될 수 없다는 점과 민법 제197조 제1항에 의하면 점유자의 소유의사는 추정된다는 것을 계속적으로 주장하면서, 유사 사안인 서울고등법원 2010나56656 판결(확정됨)을 항소심에서 제시한 바, 항소심에서 몇 차례 조정 끝에 피고 종중이 전부 패소했던 1심과 달리 피고 종중이 원고들에게 일정금액을 지급함과 더불어 피고 종중이 이 사건 임야의 70% 지분을 갖고 원고들이 나머지 지분 30%를 갖는 것으로 정리되었다.

필자가 수행한 위 항소심 사안은 피고 종중이 등기권리증을 수십 년 동안이나 보관해온 점, 점유기간 동안 다툼이 없었던 점, 이 사건 임야는 피고 종중의 유일한 종산으로 피고 종중의 선조묘 여러 기가 존재하는 점 등 여러 쟁점을 주장한 사실이 있었고 조정으로 마무리가 된 것이다.

<관련내용 정리>

특별조치법은 강력한 적법추정력이 있다. 따라서 사정명의인이 존재한다고 밝혀졌다고 하여 특별조치법에 의한 추정력이 그리 쉽게 번복되지는 않는다. 다만 특별조치법에 의한 등기에 절차위반이 있었음을 입증되면 그 추정력이 번복될 수 있다. 이를 도식화하면 "특별조치법 > 사정명의인 > 특별조치법에 의한 등기가 절차위법 존재" 또는 "특별조치법 > 사정명의인 > 특별조치법에 의한 것이 아닌 일반적 형식의 보존등기"의 순서로 정리할 수 있다.

57. 무권리자로부터 토지를 매수한 자가 등기부취득시효 완성으로 소유권을 취득할 수도 있는데, 원소유자는 어떻게 보호될까?

무권리자로부터 토지를 매수하였고, 그 매수인이 토지에 대한 등기를 마치고 등기부취득시효의 요건을 충족하였다. 등기부취득시효를 통해 토지의 소유권을 취득한 것이다. 이때 진정한 소유자는 무권리자가 토지 매수인으로부터 받은 매매대금을 부당이득으로 반환청구할 수 있는가?

원심은 진정한 소유자가 무권리자에게 매매대금에 대한 부당이득반환청구를 할 수 있다는 취지였으나, 대법원은 부당이득반환청구를 인정할 수 없다는 취지이다.

즉 무권리자의 등기와 매수인의 등기가 모두 무효인데, 매수인이 등기부취득시효의 요건을 갖추어 토지에 대한 소유권을 취득하는 것은 등기부취득시효 요건 완성에 따른 물권변동의 효과일 뿐이고, 무권리자가 매수인과 체결한 매매계약의 효력이 진정한 소유자에게 미치는 것도 아니므로, 진정한 소유자의 무권리자에 대한 매매대금 반환 취지의 부당이득반환청구는 인정될 수 없다는 것이다(대법원 2019다272275 판결).

즉 적법한 원인 없이 타인의 소유 부동산에 관하여 소유권보존등기를 마친 무권리자가 그 부동산을 제3자에게 매도하고 소유권이전등기를 마쳐주었다고 하더라도, 그러한 소유권보존등기와 소유권이전등기는 실체관계에 부합한다는 등의 특별한 사정이 없는 한 모두 무효이다.

따라서 이 경우 원소유자가 소유권을 상실하지 아니하고, 또 무권리자가 제3자와 체결한 매매계약의 효력이 원소유자에게 미치는 것도 아니므로, 무권리자가 받은 매매대금이 부당이득에 해당하여 이를 원소유자에게 반환하여야 한다고 볼 수는 없다.

한편 무권리자로부터 부동산을 매수한 제3자나 그 후행 등기 명의인이 과실 없이 점유를 개시한 후 소유권이전등기가 말소되지 않은 상태에서 소유의 의사로 평온, 공연하게 선의로 점유를 계속하여 10년이 경과한 때에는 민법 제245조 제2항에 따라 바로 그 부동산에 대한 소유권을 취득하고(대법원 99다25785 판결 등), 이때 원소유자는 소급하여 소유권을 상실함으로써 손해를 입게 된다.

그러나 이는 민법 제245조 제2항에 따른 물권변동의 효과일 뿐 무권리자와 제3자가 체결한 매매계약의 효력과는 직접 관계가 없으므로, 무권리자가 제3자와의 매매계약에 따라 대금을 받음으로써 이익을 얻었다고 하더라도 이로 인하여 원소유자에게 손해를 가한 것이라고 볼 수도 없다.

여기서 추가적으로 생각할 수 있는 쟁점을 확인해 보자. 사정명의인의 후손들인 원고들이 피고 대한민국의 처분행위 즉 무권리자의 처분행위를 추인한다는 주장을 한 경우에는 부당이득반환청구가 인정될까? 인정될 가능성이 있다.

이와 관련하여 대법원 2001다44291 판결은, 원고 소유의 토지에 관하여 피고 명의의 등기가 마쳐져 있었는데(원고와 피고는 남매 사이), 피고가 부산 동래구에 위 토지를 매도(협의취득)하였고, 이에 원고가 피고에 대하여 매매대금 상당액의 부당이득반환을 구한 사안인바, 대법원은 원고가 피고에 대하여 부당이득반환청구소송을 제기함으로써 무권리자인 피고의 처분행위를 묵시적으로 추인하였다고 보아, 이로써 원고와 부산 동래구 사이에 위 토지에 관한 매매계약이 성립을 인정하고 위 부당이득반환청구를 인용한 사실이 있다.

이와 관련하여 원고가 무권리자 처분행위의 추인을 주장하는 경우에도 소송물은 '부당이득반환청구권'으로 동일한바, 추인 전에는 부당이득이 성립하지 않으나, 추인 후에는 부당이득이 성립하고, 다만 추인의 제척기간 또는 소멸시효 도과로 인하여 결국 사정명의자의 후손들인 원고들이 부당이득을 반환받기 어려울 것으로 생각된다는 견해가 있다(연도별 2023. 9. 1.자 '서울고등법원판례공보스터디' 제2954쪽, 제2955쪽 참고).

진정한 소유자가 무권리자를 상대로 불법행위를 이유로 손해배상을 청구할 수는 없는가? 가능하다. 다만 대상청구는 어렵다.

정리해 보자. 부동산의 진정한 소유자가 있고, 소유권보존등기를 마친 무권리자가 있는데, 소유권보존등기를 마친 무권리자가 제3자에게 매매를 이유로 소유권이전등기를 마쳤다. 이때 제3자가 등기부취득시효를 하였다고 가정하자. 대법원 2019다272275 판결은 '이익'과 '손해' 사이의 인과관계를 부정하여 부동산원소유자의 무권리자에 대한 부당이득반환청구를 부정하였다. 다만 부동산원소유자의 무권리자에 대한 불법행위에 따른 손해배상청구는 인정될 것이다(대법원 2007다36445 판결취지). 그러나 무권리자가 취득한 매매대금에 대한 대상청구는 부정된다. '대상'과 '불능' 사이의 인과관계를 인정하기 어렵기 때문이다(대법원 2003다35482 판결).

이와 관련하여 참고할 판결을 소개한다. 대법원 2010다40239 판결에 의하면 "무권리자가 타인의 권리를 제3자에게 처분하였으나 선의의 제3자 보호규정에 의하여 원래 권리자가 권리를 상실하는 경우, 권리자는 무권리자를 상대로 제3자에게서 처분의 대가로 수령한 것을 이른바 침해부당이득으로 보아 반환청구할 수 있다."라는 취지이다.

<관련내용 정리>

무권리자가 원소유자의 부동산을 처분하면 무권리자의 처분행위가 된다. 이때 무권리자로부터 부동산을 매수한 사람은 요건을 충족하면 등기부취득시효에 따라 소유권을 취득할 수 있다. 이러한 경우에 원소유자는 무권리자가 받은 매수대금 자체를 부당이득으로 청구할 수는 없고, 불법행위에 따른 손해배상을 청구할 수는 있다.

제 13 장

부동산명의신탁

58. 명의신탁 여부를 가릴 때에 그 부동산에 대한 등기권리증을 누가 소지하고 있는지가 가장 중요한 징표가 된다.

부동산명의신탁을 전제로 소송을 제기할 때에 해당 사안이 명의신탁의 법리가 적용되는지 아니면 다른 법리가 적용되는지 문제될 수 있다. 법원의 기준은 어떻게 될까?

기본적으로 명의신탁 여부를 가릴 때에 그 부동산에 대한 등기권리증(등기필증)을 누가 소지하고 있는지가 가장 중요한 징표가 된다. 즉, 명의신탁자라고 주장하는 자가 등기권리증을 소지하고 있다면 이는 명의신탁을 뒷받침하는 유력한 자료가 될 수 있다.

즉 대법원 89다카14530 판결에 의하면 "일반적으로 부동산의 소유자명의만을 다른 사람에게 신탁한 경우에 등기권리증과 같은 권리관계를 증명하는 서류는 실질적인 소유자인 명의신탁자가 소지하는 것이 상례라고 할 것이므로 명의신탁자라고 주장하는 사람이 이러한 권리관계서류를 소지하고 있는 사실은 명의신탁을 뒷받침하는 유력한 자료가 된다."는 취지이다.

다만, 대법원 2001다1478 판결에 의하면, “명의신탁은 당사자 사이의 의사의 합치에 의하여 성립되는 계약이고, 이와 같은 계약은 명시적으로는 물론 묵시적으로도 성립될 수 있으며, 명의신탁 사실의 인정은 사실인정의 문제로서 어느 특정한 증거나 사실이 있으면 이에 의하여 필연적으로 명의신탁 사실을 인정하여야 하거나 또는 이를 인정하지 않아야 하는 것은 아니며, 일반적으로 부동산의 소유명의만을 다른 사람에게 신탁한 경우에 등기권리증과 같이 권리관계를 증명하는 서류는 실질적인 소유자인 명의신탁자가 소지하는 것이 상례이나, 반대로 명의수탁자가 이러한 권리관계서류를 소지하고 있다고 해서 반드시 명의신탁이 아니라고 인정하여야 하는 것은 아니다.”라는 취지의 예외적 판례도 있다.

부동산경매에 있어 매수자금을 부담한 사람과 명의자의 관계는 어떠한가? 이 경우는 명의자는 소유권을 취득하지만, 매수자금을 부담한 사람은 명의신탁자가 되고, 소유권을 취득한 명의자는 명의수탁자가 된다(대법원 2012다69197 판결).

그렇다면, 명의신탁 부동산이 반드시 신탁자의 자금으로 취득되어야만 하는가? 명의신탁의 관계는 당사자 사이에 신탁자가 소유권을 유보하되, 외부적으로 수탁자가 소유자로 행세하기로 약정함으로써 성립하는 것이므로, 명의신탁 목적물이 반드시 신탁자의 자금으로 취득되어야만 성립된다고 볼 수는 없다(대법원 2007다22859 판결).

부모가 자식에게 부동산 명의를 이전해 준 후에 그 부동산의 관리 및 처분권 등을 행사하였을 때 명의신탁이 성립할까? 구체적 사정에 따라 다른 판단이 가능하겠지만, 대체로 명의신탁이라기보다는 증여로 판단될 가능성이 높다고 하겠다(대법원 2007다22859 판결, 대법원 95다15209 판결 등).

다만, 2022. 9. 30.자 ‘서울고등법원판례공보스터디’ 제2020쪽 이하에 의하면 3자 간 명의신탁과 계약명의신탁의 구별에 관한 사례로 이해되는 대법원 2019다300422 판결을 해설함에 있어 '부모가 자신의 자금으로 매수한 부동산의 등기명의를 자식 앞으로 마치는 것은 세금 등의 경제적 유인을 고려하면 명의신탁보다는 증여의 의사였을 개연성이 있다.'면서 '유사 선례를 보면 명의신탁이 인정되어 부모가 승소한 사례와 증여가 인정되어 자식이 승소한 사례가 엇비슷하다.'면서 '부모가 전적으로 자금을 부담하여 매수한 후 자식에게 대가 없이 소유권이전등기를 마쳤다가 자식의 과오를 탓하면서 이를 돌려받으려 한다면 돌려받을 수 있게 하는 것이 정의 관념에 부합한다고 보는 것이 아닌가라는 생각을 하게 된다'는 취지의 해설을 확인할 수 있다.

<관련내용 정리>

부모와 자식 사이에 부동산에 대한 분쟁이 발생하는 경우에 명의신탁이 있었던 것인지 아니면 증여가 있었던 것인지에 따라 결론이 달라지는 경우가 있다. 이러한 분쟁에서 자식은 부모로부터 부동산을 증여받았다는 주장을 하고, 부모는 자식에게 3자 간 명의신탁(부모와 매도인이 실질적 계약당사자)을 하였다면서 매도인을 대위하여 자식의 소유권이전등기를 말소시킨 후에 매도인에게 소유권이전등기를 구하는 경우가 있다.

증여로 판단된다면 대체로 자식이 해당 부동산을 그대로 소유하고, 3자 간 명의신탁으로 판단된다면 부모가 매도인을 통해 부동산을 찾아오는 경우가 있다는 것이다. 이때 부모는 자식이 주장하는 증여가 아니라 3자 간 명의신탁이라면서 등기권리증을 자신이 보유하고 있음을 주장하고, 사정이 이러하다면 증여가 아니라 3자 간 명의신탁으로 판단될 가능성도 있게 된다.

59. 부동산실명법 이전의 매도인 선의 계약명의신탁의 경우에는 신탁자가 부동산자체를 부당이득반환청구할 가능성이 있다.

부동산실명법 제4조에 의하면, 명의신탁약정은 무효이며, 명의신탁에 따라 행하여진 등기에 의한 부동산 물권변동도 무효가 된다. 다만, 계약명의신탁에 있어서 매도인이 명의신탁사실을 모르는 선의인 경우에는 부동산 물권변동이 무효가 되지 않는다.

계약명의신탁이란 무엇인가? 계약명의신탁이란, 부동산에 관한 물권을 취득하기 위한 계약에서 명의수탁자가 일방 당사자가 되는 것으로, 예를 들어, 명의신탁자가 명의수탁자를 통해 명의수탁자가 계약당사자가 되어 부동산을 매수하는 계약을 체결하는 것을 의미한다.

계약명의신탁에 있어서, 부동산의 매도인이 명의신탁사실을 몰랐다면, 명의수탁자가 부동산의 소유권을 취득하게 된다. 결국, 매도인 선의의 계약명의신탁의 경우 명의신탁자와 명의수탁자 사이의 명의신탁약정은 무효가 되지만, 부동산 매도인과 부동산 매수인(명의수탁자) 사이의 물권변동인 소유권이전등기는 유효가 된다(부동산실명법 제4조 제2항 단서).

명의신탁자는 명의수탁자에게 어떠한 행동을 취할 수 있을까? 명의신탁약정이 무효가 되었고, 명의수탁자는 부동산의 소유권을 취득하였으니, 명의신탁자는 부동산을 사기 위해 명의수탁자에게 건넨 돈을 부당이득으로 반환청구를 할 수 있다.

명의신탁자가 명의수탁자에게 명의수탁자가 취득한 부동산 자체를 부당이득으로 반환청구할 수 있을까? 원칙적으로 부동산자체에 대한 부당이득반환청구는 인정되지 않는다. 즉, 부동산실명법이 시행된 이후에 계약명의신탁이 있었던 경우라면, 부동산자체에 대한 부당이득반환청구는 인정되지 않는다.

부동산실명법 시행 전에 명의수탁자가 명의신탁약정에 따라 부동산에 관한 소유명의를 취득하였고, 부동산실명법 시행 후에 같은 법 제11조의 유예기간이 경과하기 전에 실명등기를 하지 않은 경우는 어떠한가?

이와 같은 경우에 있어서는 대법원이 부동산자체에 대한 부당이득 반환청구를 인정한다(대법원 2002다66922 판결).

그 이유는 "유예기간이 경과하기 전까지 명의신탁자는 언제라도 명의신탁약정을 해지하고 당해 부동산에 관한 소유권을 취득할 수 있었기 때문"이다.

부당이득반환청구권은 10년의 소멸시효에 걸린다. 부동산실명법 시행 전에 계약명의신탁에 따라 명의수탁자가 명의신탁약정에 따라 부동산에 관한 소유명의를 취득하였고, 부동산실명법 시행 후에 같은 법 제11조의 유예기간이 경과하기 전에 실명등기를 하지 않았지만, 명의신탁자가 부동산을 계속 점유하고 사용하여 왔다면, 10년이 경과된 경우에도 명의신탁자가 명의수탁자에게 부동산자체에 대한 부당이득반환청구를 할 수 있는가?

이와 같은 의문이 드는 이유는 부동산을 매수한 자가 부동산을 인도받은 경우 소멸시효가 진행하지 않는다는 판례[대법원(전합) 98다32175 판결]가 본건에 적용되는지 여부가 문제될 수 있기 때문이다.

이에 대하여 대법원은 명의신탁자가 점유하고 사용하였다고 해도 10년이 경과했다면, 부동산자체에 대한 부당이득반환청구가 인정되지 않는다고 한다(대법원 2009다23313 판결).

그 이유는 무엇일까? 대법원은 부동산실명법이 명의신탁 및 그에 따른 등기를 원칙적으로 무효로 하고 있는 취지와 부동산실명법 위반에 대하여 형사처벌까지 하는 취지를 고려할 때 점유·사용이 10년이 경과한 명의신탁자에게 명의수탁자를 상대로 부동산자체에 대한 부당이득반환청구를 인정하는 것은 부실법의 취지에 맞지 않는다고 한다.

이론적으로 보더라도, 부동산 매수인이 점유를 한 경우에는 매수인으로서 점유라는 권리행사를 한 것을 고려하여 소멸시효가 진행될 수 없는 것이지만, 부당이득에 있어 점유는 부당이득청구에 있어 권리행사라고 보기 어려워 소멸시효의 진행을 막기 어렵다(필자의 개인의견).

부동산실명법 시행 전에 명의수탁자가 명의신탁약정에 따라 부동산에 관한 소유명의를 취득하였고, 부동산실명법 시행 후에 같은 법 제11조의 유예기간이 경과하기 전에 실명등기를 하지 않아 부동산 자체에 대한 부당이득 반환청구가 인정되는 사안(대법원 2002다66922 판결)에서, 소멸시효 10년이 넘어가면 신탁자는 아무런 조치를 취할 수 없는 것인가(소멸시효의 기산점은 부동산실명법 제11조에서 유예기간 1년이 경과한 1996. 7. 1.로 해석됨)?

수탁자가 신탁자에게 부동산에 대한 세금 등의 납부를 요구하여 위 세금 등을 신탁자가 부담하였다면, 채무승인에 해당하여 시효중단이 인정되어, 신탁자가 보호될 여지가 있다(대법원 2012다45566 판결).

또한 대법원(전합) 2012다202819 판결에 의하면 채무자가 소멸시효의 이익을 원용하지 않을 것 같은 신뢰를 부여한 경우 소멸시효 완성을 주장하면 권리남용이 된다면서 다만 그러한 사정이 있는 때로부터 상당기간 내 권리를 행사해야 하는바, 그 상당기간은 시효정지에 준하여 불법행위라면 3년 내 행사해야 한다는 취지로 판시하였다.

이와 관련하여 최근에 선고된 대법원 2024다294705 판결에 의하면 소멸시효 기간은 누구나 정해진 기간의 경과로 무차별적 적용되도록 설계되어 있는 점, 법정안정성 등을 고려할 때 소멸시효항변을 권리남용으로 판단하는 것은 신중해야 한다는 취지이다.

<관련내용 정리>

부동산실명법의 명의신탁에 대한 원칙은 신탁계약 무효, 물권변동 무효이다. 다만 매도인이 명의신탁 사실을 알지 못한 매도인 선의 계약명의신탁에 한하여 물권변동이 유효가 되어, 명의자에 해당하는 수탁자가 신탁부동산의

소유권을 취득한다.

부동산실명법이 적용되는 현재에 있어 신탁자는 수탁자에게 제공한 매수자금을 부당이득으로 반환청구할 수 있을 뿐이고 부동산 자체의 반환청구를 할 수는 없다. 다만 부동산실명법 시행(1995. 7. 1.) 이전에 명의신탁 등이 있었던 경우에 실명등기 유예기간 경과 후 부동산자체의 부당이득반환청구를 할 수 있다. 실명등기 유예기간을 놓친 신탁자를 구제하기 위한 것이다.

다만 이러한 부동산 자체의 부당이득반환청구도 10년의 시효에 걸리는데, 채무승인으로 인한 시효중단이 인정될 수도 있고 또는 상황에 따라서는 수탁자의 시효소멸 주장이 권리남용이 될 가능성도 있다.

60. 매도인 선의 계약명의신탁에 있어 신탁자는 수탁자에게 매수자금과 취득세, 등록세 등의 반환을 청구할 수 있다.

계약명의신탁이란 수탁자가 부동산 매수인으로 나서서 계약을 하고 명의도 수탁자인 경우를 말하는데, 이러한 계약명의신탁의 경우는 매도인이 명의신탁사실을 알았다면 부동산실명법 제4조에 따라 물권변동이 무효이므로 소유권을 매도인이 그대로 보유하고 있는 상황이 되지만, 신탁자가 매수인이 되어 계약을 한 것이 아니므로 부동산 자체의 반환청구를 할 수는 없다.

그러나 계약명의신탁이면서 매도인이 명의신탁사실을 몰랐다면 수탁자는 부동산의 소유권을 취득한다(부동산실명법 제4조 제2항 단서). 이런 경우 원칙적으로 신탁자는 수탁자에게 부동산의 반환을 청구할 수는 없고, 단지 부동산을 매입하라면서 수탁자에게 지급한 매수자금에 대한 부당이득반환청구만이 가능하다.

다만, 부동산실명법 시행 전에 명의수탁자가 명의신탁약정에 따라 부동산에 관한 소유명의를 취득하였고, 부동산실명법 시행 후에 같은 법 제11조의 유예기간이 경과하기 전에 실명등기를 하지 않은 경우는 대법원이 부동산자체에 대한 부당이득반환청구를 인정한다

(대법원 2002다66922 판결). 결국 이러한 경우라면 부동산 자체의 반환을 청구할 여지가 있다.

정리하자면, 부동산실명법 시행 후에는 매도인 선의 계약명의신탁의 경우에 부동산자체를 찾아오기가 어려우며, 신탁자가 수탁자에게 지급한 부동산 매수자금에 대한 부당이득반환청구가 가능할 뿐이다(단 부동산을 경매로 취득한 경우에 매도인의 선의·악의를 불문하고 수탁자가 소유권을 취득한다는 판례로는 대법원 2012다69197 판결).

신탁자가 수탁자에게 지급한 매수자금을 청구함에 있어 그 범위는 어떻게 될까? 매수자금 자체를 청구하는 것은 당연하다. 다만 ① 매수자금의 이자는 언제부터 청구할 수 있는지, ② 신탁부동산에서 신탁자가 수탁자 명의로 대출을 일으켜 매수자금 일부를 대체하고 그 대출이자를 신탁자가 부담한 경우에 대출이자도 수탁자에게 청구할 수 있는지 문제된다.

① 신탁자가 수탁자에게 청구하는 매수자금의 청구는 그 성격이 부당이득반환청구에 해당하는바, 대법원 2009다24187·24194 판결에서 확인되는 것처럼 부당이득반환채무는 이행기간의 정함이 없는 채무이므로 수탁자가 신탁자로부터 매수자금의 이행청구를 받은 때에 비로소 지체책임을 부담(민법 제387조 제2항)한다고 해석되므로 매수자금 이행청구를 받은 다음날부터 매수자금에 대한 이자를 부담한다고 해석된다.

다만, 수탁자가 악의의 수익자라는 사실을 신탁자가 입증한다면 신탁자가 매수자금을 지급한 다음날부터의 이자(예를 들어, 민사이자 연 5%)를 청구할 수 있을 것이다(10년을 계산하면 50%가 되어 큰돈이 됨).

실무적으로는 '계약명의신탁에서 수탁자가 신탁자에게 매수자금을 부당이득으로 반환하여야 하는 경우'에 수탁자는 선의로 인정되는 경우가 많아 매수자금을 청구하는 소송을 제기한 후에나 이자가 붙는 경우가 많다(제4판 주석민법 채권각칙 5 제713쪽 참고).

② 신탁부동산에서 신탁자가 수탁자 명의로 대출을 일으켜 매수자금 일부를 대체하고 그 대출이자를 신탁자가 부담한 경우에 대출이자도 수탁자에게 청구할 수 있는지 문제된다.

창원지방법원 2017가합18 판결에 의하면 매수자금을 마련함에 있어 명의신탁자가 자신의 명의로 대출을 받은 경우에는 그 이자를 자신이 부담하여야 할 것인데 명의수탁자 명의로 대출을 받았다는 사정만으로 명의수탁자로 하여금 대출이자를 부담하게 하는 것은 형평에 맞지 않는 점 등을 들어 신탁자가 매수자금을 수탁자에게 청구하면서 추가로 신탁자가 부담한 대출이자를 청구할 경우 그 대출이자 청구가 인정되기는 어렵다는 취지이다(이와 유사한 취지의 판례로는 수원지방법원 안양지원 2013가단107063 판결 및 대구지방법원 2021나308083, 308090 판결 등 참고).

이와 관련하여 대법원 2007다90432 판결에 의하면, "명의수탁자가 소유권이전등기를 위하여 지출하여야 할 취득세, 등록세 등을 명의신탁자로부터 제공받았다면, 이러한 자금 역시 위 계약명의신탁약정에 따라 명의수탁자가 당해 부동산의 소유권을 취득하기 위하여 매매대금과 함께 지출된 것이므로, 당해 부동산의 매매대금 상당액 이외에 명의신탁자가 명의수탁자에게 지급한 취득세, 등록세 등의 취득비용도 특별한 사정이 없는 한 위 계약명의신탁약정의 무효로 인하여 명의신탁자가 입은 손해에 포함되어 명의수탁자는 이 역시 명의신탁자에게 부당이득으로 반환하여야 한다."고 판시한 사실이 있다.

<관련내용 정리>

부동산실명법(시행일 1995. 7. 1.)이 적용되는 현재에 있어 매도인이 신탁사실을 알지 못하는 매도인 선의 계약명의신탁에 있어 신탁자는 수탁자를 향해 매수자금 및 취득세, 등록세 등을 부당이득으로 반환청구할 수 있다.

민사이자는 연 5%를 청구할 수 있는데, 10년이면 50%에 달하기 때문에 신탁 후 오랜기간이 지난 사건이 많은 명의신탁에 있어서는 이자를 언제부터 청구할 수 있는지가 중요쟁점이 된다. 실무적으로는 수탁자가 선의로 인정되는 경우가 많아 매수자금을 청구하는 소송을 제기한 후에나 이자가 붙는 경우가 많다.

61. 양자 간 명의신탁과 3자 간 명의신탁에 있어 수탁자가 신탁재산을 임의처분을 하면 신탁자에게 불법행위책임을 부담하게 된다.

양자 간 명의신탁에 따라 명의신탁자로부터 소유권이전등기를 넘겨받은 부동산을 명의수탁자가 임의로 처분한 경우, 판례변경에 따라 현재는 형사상 횡령죄가 성립하지 않는다[대법원(전합) 2016도18761 판결]. 그렇다면, 임의처분한 명의수탁자가 명의신탁자에 대하여 민사상 불법행위책임을 부담하는가? 불법행위책임을 부담한다(대법원 2016다34007 판결).

3자 간 명의신탁은 어떠한가? 3자 간 등기명의신탁에 따라 매도인으로부터 소유권이전등기를 넘겨받은 부동산을 명의수탁자가 임의로 처분하더라도 종전과 달리 형사상 횡령죄로 처벌되지 않는다[대법원(전합) 2014도6992 판결]. 그렇다면, 명의수탁자가 명의신탁자에게 민법 제750조에 따른 불법행위책임을 부담하는가? 이러한 경우에도 불법행위책임을 부담한다(대법원 2020다208997 판결).

<관련내용 정리>

부동산실명법에 따른 명의신탁의 유형은 양자 간 명의신탁, 3자 간 명의신탁, 계약명의신탁으로 구분할 수 있다. 양자 간 명의신탁 및 3자 간 명의신탁의 경우에는 신탁자가 수탁자 명의의 부동산을 찾아올 가능성이 있지만, 계약명의신탁 특히 매도인 선의 계약명의신탁으로 판단되면 신탁자는 수탁

자에게 제공한 매수자금 등만을 청구할 수 있다.

따라서 명의신탁의 유형이 양자간 명의신탁이거나 3자 간 명의신탁인 경우에 신탁부동산을 반환할 지위에 있는 수탁자의 임의처분은 신탁자에게 불법행위가 될 수 있다.

62. 3자 간 명의신탁에 있어 신탁부동산을 수탁자가 임의처분한 경우에 신탁자는 직접 수탁자를 향해 부당이득반환청구를 할 수 있다.

3자 간 명의신탁(중간생략형 명의신탁)이란 신탁자가 계약상의 부동산 매수인이고 매도인도 신탁약정 등 모든 사정을 알고 있지만, 부동산의 명의만을 수탁자로 해둔 것을 말한다.

3자 간 명의신탁에 있어서는 신탁자와 수탁자 사이의 신탁약정이 무효가 되고, 매도인과 수탁자 사이의 물권변동도 무효가 되어 명의자가 수탁자임에도 불구하고 신탁부동산의 소유자는 종전대로 매도인이 된다.

다만 신탁자와 매도인 사이의 매매계약 자체는 유효인 까닭에 신탁자가 매도인을 대위하여 수탁자명의에 대한 말소청구 등을 대위행사하여 명의를 매도인으로 복귀시킨 뒤, 매도인을 상대로 소유권이전등기청구권을 행사할 수 있다.

그런데 부동산실명법 제4조는 부동산명의신탁에 있어 신탁약정 무효, 물권변동 무효를 선언하면서도, 수탁자가 제3자에게 신탁부동산을 임의로 처분한 경우는 그 제3자가 권리를 취득한다는 취지로 규정하고 있다.

그렇다면, 3자 간 명의신탁에서 명의수탁자가 제3자에게 부동산을 매도하거나 부동산에 관하여 근저당권을 설정하는 등으로 처분행위를 하고 제3자가 부동산실명법 제4조 제3항에 따라 부동산에 관한 권리를 취득하게 되는 경우, 그 과정에서 명의수탁자가 얻은 이익에 관하여 명의신탁자가 명의수탁자를 상대로 직접 부당이득반환을 청구할 수 있는가? 가능하다.

즉 신탁자와 수탁자 사이의 신탁약정이 부동산실명법 제4조에 따라 무효가 됨에도 불구하고, 신탁자의 수탁자에 대한 처분대금 등의 직접적 부당이득반환청구가 가능하다는 것이 대법원(전합) 2018다284233 판결(소유권이전등기)의 결론이다.

이에 대하여 위 대법원(전합) 2018다284233 판결은 "명의수탁자가 부동산의 처분행위 등에 대한 대가로 받은 이익은 명의수탁자의 처분행위 등과 부동산실명법 제4조 제3항에 따라 제3자가 유효하게 소유권을 취득함에 따라 얻게 된 이익이고, 명의신탁자는 당초 매도인을 통하여 부동산 소유권을 취득할 수 있는 권리를 가지고 있다가 위와 같은 제3자의 유효한 소유권 취득으로 인하여 매도인을 매개로 하더라도 부동산 소유권을 취득할 수 없는 손해를 입은 한편, 매도인은 위와 같이 제3자의 유효한 소유권 취득에도 불구하고 그의 재산에 경제적 손실을 입었다고 할 수 없다. 이러한 사정을 고려하면, 명의수탁자가 부동산의 처분행위 등으로 법률상 원인 없이 얻은 이익은 사회통념상 명의신탁자가 입은 손해로 인한 것으로서 명의신탁자에게 반환되어야 한다."는 취지이다.

<관련내용 정리>

3자 간 명의신탁에 있어 수탁자가 신탁부동산을 임의 처분한 경우에, 신탁자가 수탁자를 상대로 그 처분대금의 직접적 반환청구가 가능하다. 위 임의처분에는 매매는 물론이고 근저당권설정행위 등이 포함되고, 넓게는 강제수용이나 공공용지 협의취득 등을 원인으로 제3자 명의로 소유권이전등기가 마쳐진 경우에도 그 수용보상금 등에 대한 신탁자의 수탁자에 대한 부당이득반환청구가 가능하다.

63. 매도인 선의 계약명의신탁에 대한 부동산실명법 제4조를 무력화하는 약정은 무효이다.

부동산실명법 제4조 제1항은 명의신탁약정의 무효를 선언하면서, 제4조 제2항 단서에서 매도인 선의 계약명의신탁의 경우에 수탁자가 부동산의 소유권을 취득하는 것으로 규정하고 있다.

따라서 부동산의 매도인이 명의신탁사실을 알지 못하는 매도인 선의 계약명의신탁에 있어서는 명의수탁자가 부동산의 소유권을 취득하고, 명의신탁은 무효이므로 명의신탁자는 명의수탁자에게 부동산을 매입하기 위해 제공한 돈을 부당이득으로 반환을 청구할 수 있다.

그렇다면, 매도인 선의 계약명의신탁에 대한 부동산실명법상의 결론, 즉 수탁자가 부동산의 소유권을 취득하고 신탁자는 수탁자에게 부동산매입을 위해 제공한 돈만을 부당이득으로 청구할 수 있다는 결론에도 불구하고, 명의신탁자와 명의수탁자가 내부적인 약정을 통해 명의신탁부동산의 소유 명의를 수탁자가 신탁자에게 이전하는 약정을 하거나, 차후 신탁부동산을 매각한 대금을 수탁자가 신탁자에게 반환하기로 약정할 경우, 그 약정은 유효한가? 대법원 2006다35117 판결은 이러한 약정은 무효라는 취지이다. 이는 부동산실명법 제4조가 강행규정이라는 취지로 이해할 수 있다.

그렇다면, 명의수탁자가 앞서 본 바와 같이 명의수탁자의 완전한 소유권 취득을 전제로 하여 사후적으로 명의신탁자와의 사이에 위에서 본 매수자금반환의무의 이행에 갈음하여 명의신탁된 부동산 자체를 양도하기로 합의하고 그에 기하여 명의신탁자 앞으로 소유권이전등기를 마쳐준 경우에는 어떠한가? 이러한 경우라면 유효하다.

즉 대법원 2014다30483 판결에 의하면, "그 소유권이전등기는 새로운 소유권 이전의 원인인 대물급부의 약정에 기한 것이므로 약정이 무효인 명의신탁약정을 명의신탁자를 위하여 사후에 보완하는 방책에 불과한 등의 다른 특별한 사정이 없는 한 유효하고, 대물급부의 목적물이 원래의 명의신탁부동산이라는 것만으로 유효성을 부인할 것은 아니다."는 취지이다.

그렇다면, 부동산실명법이 시행되기 전에 매도인 선의 계약명의신탁이 있었고, 그 당시에 이미 장차 신탁부동산의 처분대가를 명의신탁자에게 지급하기로 하는 정산약정을 한 경우는 어떠한가? 이 경우에도 위 정산약정이 무효가 되는가? 이러한 정산약정은 유효라는 것이 대법원 2019다266751 판결의 취지이다.

위 대법원 2019다266751 판결에 대하여 부동산실명법은 유예기간 경과 후에는 더 이상 명의신탁약정의 효력을 인정하지 않는다는 태도를 취하고 있으므로 실질적으로는 그 일부분의 성격을 지닌 이 사건 정산약정도 함께 무효라고 보는 것이 법 취지에 부합한다면서, 위 판시대로라면 유예기간 경과 후 10년이 지나 소멸시효 완성으로 권리를 상실한 명의신탁자들이 다시 '정산약정'에 근거한 소송을 제기(정산금청구는 신탁부동산의 처분을 정지조건으로 하는 권리로서 처분 시부터 소멸시효가 진행되기 때문)하여 부동산 가치 상당을 회수할 가능성이 생긴다면서 위 판결이 참조판결로 제시한 대법원 2015다17494 판결은 조합관계에 따른 정산약정 사안으로 위 판례사안(부동산 투자하여 처분수익배분 목적)과 그 성격을 달리한다는 견해가 있다(2022. 9. 30.자 '서울고등법원판례공보스터디' 제1095쪽, 제1096쪽 참고).

<관련내용 정리>

매도인 선의 계약명의신탁에 대한 부동산실명법 제4조를 무력화하는 약정은 무효이다. 다만 명의수탁자의 완전한 소유권 취득을 전제로 하여 사후적으로 명의신탁자와의 사이에 매수자금반환의무의 이행에 갈음하여 명의신탁된 부동산 자체를 양도하기로 합의하고 그에 기하여 명의신탁자 앞으로

소유권이전등기를 마쳐준 경우에는 유효하다.

그리고 부동산실명법이 시행되기 전에 매도인 선의 계약명의신탁이 있었고, 그 당시에 이미 장차 신탁부동산의 처분대가를 명의신탁자에게 지급하기로 하는 정산약정을 한 경우 그 약정은 유효이다.

64. 3자 간 명의신탁에 있어 수탁자가 신탁자에게 자의로 이전등기를 한 경우는 유효하다.

3자 간 명의신탁(중간생략형 명의신탁)이란 명의신탁자가 소유자(매도인)로부터 부동산을 양도받으면서 명의수탁자와 사이에 명의신탁약정을 하여 소유자(매도인)로부터 바로 명의수탁자 명의로 소유권이전등기를 경료하는 것을 의미한다.

3자 간 등기명의신탁에 있어서, 명의수탁자가 부동산실명법에서 정한 유예기간(1996. 7. 1.) 경과 후에 자의로 명의신탁자에게 바로 소유권이전등기를 경료해 준 경우, 그 등기의 효력은 유효한가? 그렇다. 대법원 2004다6764 판결에 의하면, 실체관계에 부합하는 등기로서 유효하다는 취지이다.

이론적으로만 따질 경우에 명의신탁자와 명의수탁자 사이의 명의신탁약정과 그에 따른 명의수탁자의 소유권이전등기는 부동산실명법에서 정한 유예기간(1996. 7. 1.)의 경과로 무효가 된다. 따라서 명의신탁자 명의의 소유권이전등기 역시 부동산 매도인 명의로의 복귀절차를 밟지 않은 채 명의수탁자에서 바로 명의신탁자에게로 소유권이전등기가 마쳐진 것으로 일응 무효가 된다.

다만, 명의신탁자가 유효한 매매계약에 따라 매도인에게 소유권이전등기를 청구할 수 있고, 매도인을 대위하여 명의수탁자에게 무효등기의 말소를 구할 수 있다는 점이 고려되어 명의수탁자에서 바로 명의신탁자에게로 마쳐진 소유권이전등기는 실체관계에 부합하는 등기로 유효하다는 것이다.

3자 간 등기명의신탁에 의한 명의수탁자 명의의 등기가 유예기간(1996. 7. 1.) 경과로 무효로 된 경우에 앞서 확인한 것처럼 명의신탁자는 매도인에게 매매계약에 따른 소유권이전등기청구권을 갖는데, 이러한 청구권은 10년의 시효에 걸린다.

따라서 매도인의 소멸시효항변이 우려될 사안이라면, 명의신탁자는 명의수탁자와 적극적인 합의를 통해 명의수탁자로부터 명의신탁자로 곧바로 이전등기를 실행하는 것도 하나의 방법이 될 수 있다.

다만, 대법원 2013다26647 판결에 의하면, "부동산의 매수인이 목적물을 인도받아 계속 점유하는 경우에는 매도인에 대한 소유권이전등기청구권은 소멸시효가 진행되지 않고, 이러한 법리는 3자 간 등기명의신탁에 의한 등기가 유효기간의 경과로 무효로 된 경우에도 마찬가지로 적용된다. 따라서 그 경우 목적부동산을 인도받아 점유하고 있는 명의신탁자의 매도인에 대한 소유권이전등기청구권 역시 소멸시효가 진행되지 않는다."는 취지이므로, 명의신탁자가 신탁부동산을 점유하고 있는 상황이라면, 매도인의 소멸시효항변은 인정되기 어려울 것이다.

<관련내용 정리>

3자 간 명의신탁에 있어서 명의신탁자가 유효한 매매계약에 따라 매도인에게 소유권이전등기를 청구할 수 있고, 매도인을 대위하여 명의수탁자에게 무효등기의 말소를 구할 수 있다는 점이 고려되어 자의로 수탁자로부터 신탁자에게로 마쳐진 소유권이전등기는 실체관계에 부합하는 등기로 유효하다.

제 14 장

부동산신탁

65. 부동산담보신탁과 물상보증은 다르지만 물상보증의 변제자대위 관련규정은 부동산담보신탁에도 적용된다.

민법 제482조는 '변제자대위의 효과, 대위자간의 관계'라는 제목 아래에 "채권자를 대위한 자는 자기의 권리에 의하여 구상할 수 있는 범위에서 채권 및 그 담보에 관한 권리를 행사할 수 있다."고 규정하면서 '그 권리행사 방법'을 정하고 있는데, 같은 조 제2항 제5호 전문은 "자기의 재산을 타인의 채무의 담보로 제공한 자와 보증인 간에는 그 인원수에 비례하여 채권자를 대위한다."고 규정하고 있다.

따라서 자기의 재산을 타인의 채무의 담보로 제공한 물상보증인과 (연대)보증인 간에는 그 인원수에 비례하여 부담부분이 정하여지고 부담부분을 넘는 변제를 해야 채권자를 대위한다고 해석된다(연도별 2023. 9. 1.자 '서울고등법원판례공보스터디' 제2075쪽 참고).

결국 대위변제를 할 자가 2명이고 1명은 연대보증인, 또 다른 1명은 물상보증인이라면 각자의 부담부분은 채무자 채무의 각 2분의 1이 된다. 따라서 연대보증인이 대위변제를 하였는데, 그 대위변제액이 자신의 부담부분을 넘지 못한 경우에는 물상보증인에게 변제자대위권을 행사할 수 없다(대법원 2007다61113, 61120 판결).

그렇다면 타인 채무를 담보하기 위한 담보신탁도 물상보증에 해당하는가? 대법원 2017다278187 판결에 의하면 채무자가 아닌 위탁자가 타인의 채무를 담보하기 위하여 금전채권자를 우선수익자로 하는 부동산담보신탁을 설정한 경우, 그 위탁자를 물상보증인으로 볼 수는 없다는 취지이다.

대위변제를 할 자가 2명이고 1명은 연대보증인, 또 다른 1명은 물상보증인이라면 각자의 부담부분은 채무자 채무의 각 2분의 1이 된다는 점은 앞서 살펴보았다. 그렇다면 대위변제를 할 자가 2명이고 1명은 연대보증인, 또 다른 1명은 부동산담보신탁의 위탁자일 경우에는 어떠한가?

부동산담보신탁의 위탁자를 물상보증인으로 볼 수 없으니 변제자대위 규정에 해당하는 민법 제482조 제2항 제5호 전문이 적용될 수 없는 것인가? 아니다. 적용할 수 있다. 부동산담보신탁의 위탁자를 물상보증인으로 볼 수는 없지만 위 민법 제482조 제2항 제5호 전문의 취지를 고려하면 이를 적용할 수 있기 때문이다(대법원 2017다278187 판결).

<관련내용 정리>

자기의 재산을 타인의 채무의 담보로 제공한 물상보증인과 (연대)보증인 사이에는 그 인원수에 비례하여 부담부분이 정하여지고 부담부분을 넘는 변제를 해야 채권자를 대위하는데, 타인 채무를 담보하기 위한 담보신탁 즉 부동산담보신탁의 위탁자를 물상보증인으로 볼 수는 없지만 타인 채무를 담보하기 위한 부동산담보신탁의 위탁자도 위 물상보증인처럼 취급한다.

66. 부동산담보신탁에 있어 수탁자의 단축급부행위는 가압류권자에게 불법행위가 될 수 있다.

부동산(아파트)담보신탁에 있어 위탁자는 분양회사, 수탁자는 신탁회사, 수익자는 금융기관인 경우를 전제한다. 원고는 분양회사의 채권자들로 분양회사와 각 아파트에 대한 분양계약해제를 이유로 한 매매대금반환 채권자들이다. 여기서 피고는 수탁자이다.

이런 구도 하에서 부동산 담보신탁계약이 해지된 경우에는 '신탁재산 귀속'을 원인으로 위탁자인 분양회사에게 소유권이전등기를 한 다음 '분양계약'을 원인으로 매수인(수분양자)에게 소유권이전등기를 하는 것이 원칙이다.

우선수익자의 서면요청에 따라 수탁자인 신탁회사가 매도인으로서의 책임을 부담하지 않는 조건으로 신탁부동산의 소유권을 매수인에게 직접 이전할 수 있다는 내용을 특약사항으로 정하였다면(이른바 '단축급부 특약'), 이는 신탁계약해지에 따른 소유권이전등기절차를 간편하게 처리하기 위하여 위탁자 대신 수탁자로 하여금 아파트 수분양자인 매수인에게 직접 신탁부동산에 관한 소유권이전등기를 하는 것을 예외적으로 허용하는 취지일 뿐 신탁회사인 수탁자에게 신탁부동산에 관한 처분권한을 부여하거나 매수인에게 수탁자에 대하여 소유권이전등기청구권을 직접 취득할 수 있음을 정한 규정으로 볼 수는 없다.

따라서 위 특약사항에 따른 소유권이전등기는 신탁회사인 수탁자가 신탁계약에 따라 신탁부동산을 처분하여 마쳐준 것이 아니고, 신탁계약해지에 따른 수탁자의 위탁자에 대한 소유권이전등기와 이를 전제로 한 위탁자의 매수인에 대한 소유권이전등기가 단축되어 이행된 것에 불과(이른바 '단축급부 특약')하다(대법원 2010다19433 판결, 대법원 2018다237329 판결).

그렇다면 원고가 위탁자인 분양회사를 채무자, 신탁회사 즉 수탁자인 피고를 제3채무자로 하여 위탁자가 수탁자를 향해 갖는 신탁계약해지에 따른 소유권이전등기청구권을 가압류한 경우에 수탁자인 신탁회사가 위 특약에 따른 단축급부를 실행하여 수분양자들인 매수인에게 직접 신탁부동산의 등기를 이전해 주었다면, 가압류권자인 원고에 대한 불법행위가 성립할까?

원심은 불법행위를 부정하였으나, 대법원 2022다247750 판결은 수탁자인 피고 신탁회사의 단축급부실행행위가 불법행위가 된다는 취지이다.

즉 소유권이전등기청구권에 대한 압류가 있으면 변제금지의 효력에 따라 제3채무자(수탁자, 즉 신탁회사)는 채무자(분양회사)에게 임의로 이전등기를 이행하여서는 아니 되나, 이러한 압류에는 청구권의 목적물인 부동산 자체의 처분을 금지하는 대물적 효력이 없으므로, 제3채무자나 채무자로부터 이전등기를 마친 제3자에 대하여는 취득한 등기가 원인무효라고 주장하여 말소를 청구할 수 없지만, 제3채무자가 압류결정을 무시하고 이전등기를 이행하고 채무자가 다시 제3자에게 이전등기를 마쳐준 결과 채권자에게 손해를 입힌 때에는 불법행위에 따른 배상책임을 진다(대법원 2005다44886 판결 등)는 것이다.

정리해 보자. 아파트에 대한 부동산담보신탁계약은 주로 위탁자(분양회사)가 아파트를 수분양자(매수인)에게 분양하는 한편, 우선수익자인 금융기관으로부터 추가로 자금을 빌리기 위해서 수탁자(신탁회사)에 아파트를 담보로 신탁하기 위하여 이루어지는 약정으로 이해된다.

수분양자(매수인)가 분양대금을 모두 납부하면, 위탁자(분양회사)가 분양계약에 따른 소유권이전등기를 하기 위해서, 금융기관인 우선수익자의 서면 요청을 받아 해당 아파트에 대한 담보신탁 계약을 해지한다.

그리고 신탁회사인 수탁자가 이를 위탁자(분양회사)에게 반환(소유권이전등기완료)하면, 위탁자(분양회사)는 수분양자(매수인)에게 매매를 원인으로 소유권이전등기를 마치는 과정을 거치는 것이 원칙이다. 그런데 특약(본건 특약 제17조 3항, 4항)에 따른 단축 급부의 경우라도 실질은 위와 같다는 것이다. 단지 신탁계약해지에 따른 소유권이전등기절차를 간편하게 처리하기 위해 특약에 따라 단축급부가 이루어지는 것뿐이라는 것이다.

위 대법원 판결은 이처럼 특약에 따라 단축급부(수탁자인 신탁자로부터 수분양자에게 직접 소유권이전)가 이루어진 경우 그 자체가, 위탁자(분양회사)의 수탁자(신탁자)에 대한 담보신탁해지에 따른 소유권이전등기청구권 가압류권자인 원고에게 불법행위가 된다는 점을 명확히 한 것이다. 이때 원고들의 손해는 원고들의 채권액이 아니라 해당 아파트에 대한 경매에서 원고들이 배당받을 금액이 된다(대법원 2002다39371 판결).

참고로 우선수익자인 금융기관이 위탁자(채무자, 분양회사)의 채무불이행을 이유로 담보신탁계약에 따라 수탁자(신탁회사)에게 신탁부동산의 공매를 요청하여 그에 따라 공매가 이루어지는 경우는 가압류권자인 원고에게 불법행위가 된다고 보기는 어렵다. 즉 이는 이 사건 담보신탁계약 제17조 제1항 제1호 등에서 정한 바에 따라 이 사건 담보신탁계약의 본래 목적을 달성하기 위하여 신탁부동산을 처분하여 환가한 후 신탁비용 및 대출원리금 채무의 변제 등에 충당하는 경우로 이해되기 때문이다. 이 경우 원고는 신탁재산처분 후에 정산되어 채무자에게 귀속되는 돈에 대한 채권(가)압류 등을 고려될 여지가 있을 것으로 보인다.

<관련내용 정리>

아파트담보신탁에 있어 위탁자는 분양회사, 수탁자는 신탁회사, 수익자는 금융기관인 경우를 전제할 때에 담보신탁계약이 해지된 경우에는 '신탁재산귀속'을 원인으로 위탁자인 분양회사에게 소유권이전등기를 한 다음 '분양계약'을 원인으로 매수인(수분양자)에게 소유권이전등기를 하는 것이 원칙이다.

그런데 신탁계약해지에 따른 소유권이전등기절차를 간편하게 처리하기 위하여, 우선수익자의 서면요청에 따라 수탁자인 신탁회사가 매도인으로서의 책임을 부담하지 않는 조건으로 신탁부동산의 소유권을 매수인에게 직접 이전할 수 있다는 내용을 특약사항으로 정하였다면 이를 이른바 '단축급부특약'이라 한다.

이때 분양회사의 채권자들로 분양회사와 각 아파트에 대한 분양계약해제를 이유로 한 매매대금반환 채권자들이 위탁자인 분양회사를 채무자, 신탁회사 즉 수탁자를 제3채무자로 하여 위탁자가 수탁자를 향해 갖는 신탁계약해지에 따른 소유권이전등기청구권을 가압류한 경우에 수탁자인 신탁회사가 위 특약에 따른 단축급부를 실행하여 수분양자들인 매수인에게 직접 신탁부동산의 등기를 이전해 주었다면, 이는 가압류권자인 채권자들에 대한 불법행위가 성립하며 불법행위로 인한 손해액은 위 채권자들의 채권액이 아니라 해당 아파트에 대한 경매에서 채권자들이 배당받을 금액이 된다.

제 15 장

법정지상권·분묘기지권

67. 건축중 건물에 대한 저당권 실행에 의한 법정지상권의 성립되더라도 지료청구는 가능하다.

민법 제366조는 '법정지상권'이라는 제목 아래에 "저당물의 경매로 인하여 토지와 그 지상건물이 다른 소유자에 속한 경우에는 토지소유자는 건물소유자에 대하여 지상권을 설정한 것으로 본다. 그러나 지료는 당사자의 청구에 의하여 법원이 이를 정한다."고 규정하여, '저당권실행에 의한 법정지상권'의 성립을 인정하면서, 지료에 대하여 당사자가 청구할 때에 법원에서 판단하도록 규정하고 있다. 이는 지상건물의 철거를 방지하여 사회경제적 손실을 줄이고 저당권제도의 효율성 있는 보장을 위해 마련된 제도로 설명된다.

'저당권 실행에 의한 법정지상권'은 '① 저당권설정 당시에 건물의 존재, ② 저당권설정 당시에 토지와 건물이 동일한 소유자에 속할 것, ③ 경매(저당권 실행)로 인하여 토지와 건물의 소유자가 달라질 것, ④ 토지와 건물 어느 한쪽이나 또는 토지와 건물 모두에 저당권이 설정될 것'을 그 요건으로 한다.

다만 ④요건과 관련하여 판례사안에서는 대체로 토지에 저당권이 설정된 경우가 흔하다. 그렇다면, ①요건은 '저당권설정당 시의 건물의 존재'를 요구하고, ③요건에서는 '경매로 토지와 건물의 소유자가 달라질 것'을 요구하는데, 위 ①요건에서의 '건물'과 ③요건에서의 '건물'은 같은 의미인가? 아니면 그 의미가 다른가? 참고로 저당권실행에 의한 법정지상권은 경매절차에서 경락대금(낙찰대금)을 완납한 때에 토지와 건물의 소유자가 달라지면서 법정지상권이 성립한다.

대법원 2010다67159 판결에 의하면, ①요건에서의 '건물'과 ③요건에서의 '건물'은 그 의미가 다르다는 취지이다. 즉, 저당권 설정당시의 건물은 "사회관념상 독립된 건물로 볼 수 있는 정도에 이르지 않았다 하더라도 건물의 규모, 종류가 외형상 예상할 수 있는 정도까지 건축이 진전"되어 있으면 족하고, 매수인이 매각대금을 다 내어 소유권을 취득하고 건물소유자에게는 법정지상권이 성립하는 즈음의 건물은 "최소한의 기둥과 지붕 그리고 주벽이 이루어지는 등 독립된 부동산으로서 건물의 요건"을 갖추어야 한다.

그렇다면, 매수인이 매각대금을 낼 즈음에 무조건적으로 기둥, 지붕, 주벽의 요건을 완벽하게 갖추어야 하는가? 그렇지 않다. 집합건물은 예외가 인정된다.

즉 대법원 2002다21592, 21608 판결은 원심과 달리 "신축건물은 경락대금 납부 당시 이미 지하 1층부터 지하 3층까지 기둥, 주벽 및 천장 슬라브 공사가 완료된 상태이었을 뿐만 아니라 지하 1층의 일부 점포가 일반에 분양되기까지 한 사정을 엿볼 수 있는바, 비록 피고 등이 경락을 원인으로 이 사건 토지의 소유권을 취득할 당시 신축건물의 지상층 부분이 골조공사만 이루어진 채 벽이나 지붕 등이 설치된 바가 없다 하더라도, 지하층 부분만으로도 구분소유권의 대상이 될 수 있는 구조라는 점에서 신축건물은 경락 당시 미완성 상태이기는 하지만 독립된 건물로서의 요건을 갖추었다고 봄이 상당하다."고 판시하였다(12층까지 예정된 주상복합 신축공사였음).

<관련내용 정리>

건축중에 있는 건물에도 저당권실행에 의한 법정지상권이 성립될 수 있다. 즉 저당권 설정 당시의 건물은 '사회관념상 독립된 건물로 볼 수 있는 정도에 이르지 않았다 하더라도 건물의 규모, 종류가 외형상 예상할 수 있는 정도까지 건축이 진전'되어 있으면 족하지만, 매수인이 매각대금을 다 내어 소유권을 취득하고 건물소유자에게는 법정지상권이 성립하는 즈음의 건물은 '최소한의 기둥과 지붕 그리고 주벽이 이루어지는 등 독립된 부동산으로서 건물의 요건'을 갖추어야 한다. 다만 이때의 건물이 집합건물이라면 '기둥과 지붕, 그리고 주벽'이라는 건물의 요건이 일부 완화될 수 있다.

68. 관습상 법정지상권이 성립한 경우에 토지소유자의 소멸청구 등 대처방법을 알아보자.

대법원 2009다62059 판결에 의하면, "동일인의 소유에 속하였던 토지와 그 지상건물이 매매, 증여, 강제경매, 국세징수법에 의한 공매 등으로 인하여 양자의 소유자가 다르게 된 때에 그 건물을 철거한다는 특약이 없는 한 건물소유자는 토지소유자에 대하여 그 건물의 소유를 위한 관습상 법정지상권을 취득한다. 그리고 관습상 법정지상권이 성립하려면 토지 또는 그 지상건물의 소유권이 유효하게 변동될 당시에 동일인이 토지와 그 지상건물을 소유하였던 것으로 족하다."는 취지이다.

따라서 관습상 법정지상권의 성립요건을 정리하면, ① 처분 당시(소유권이 유효하게 변동될 당시) 토지와 건물의 소유자 동일, ② 매매 기타 원인으로 소유자 변경, ③ 건물철거 특약의 부존재 등이다. 이렇게 관습상 법정지상권이 성립한 경우에 토지소유자는 자신의 토지 위에 존속하는 건물의 철거는 물론이고 자신의 토지의 인도를 구할 수도 없고 단지 지료를 청구할 수 있게 된다. 건물소유자가 지료를 연체한 경우는 어떠한가?

민법 제287조는 '지상권소멸청구권'이라는 제목 아래에 "지상권자가 2년 이상의 지료를 지급하지 아니한 때에는 지상권설정자는 지상권의 소멸을 청구할 수 있다."고 규정하고 있다.

대법원 92다44749 판결은 "법정지상권이 성립되고 지료액수가 판결에 의하여 정해진 경우 지상권자가 판결확정 후 지료의 청구를 받고도 책임 있는 사유로 상당한 기간 동안 지료의 지급을 지체한 때에는 지체된 지료가 판결확정의 전후에 걸쳐 2년분 이상일 경우에도 토지소유자는 민법 제287조에 의하여 지상권의 소멸을 청구할 수 있다."는 취지이다.

법정지상권의 부담을 떠안고 있는 토지를 매수하면서, 연체된 지료(2년 미만)에 대한 채권양도를 받아 채권양도절차를 마쳤고, 토지의 전소유자에 대한 연체액과 현 소유자의 연체액의 합계가 2년 이상에 이를 때에 토지의 현 소유자가 지료연체를 이유로 법정지상권의 소멸청구를 할 수 있는가? 지상권 소멸청구가 인정되기 어렵다는 것이 대법원 99다17142 판결의 취지이다.

즉, "지료액 또는 그 지급시기 등 지료에 관한 약정은 이를 등기하여야만 제3자에게 대항할 수 있는 것이고, 법원에 의한 지료의 결정은 당사자의 지료결정청구에 의하여 형식적 형성소송인 지료결정판결로 이루어져야 제3자에게도 그 효력이 미친다."라는 취지이다(원심은 채권양도절차를 준수한 사정, 토지의 전소유자에 대한 연체액과 현 소유자의 연체액의 합계가 2년 이상에 이른 사정 등을 고려하여 지료연체를 이유로 한 현소유자의 법정지상권의 소멸청구를 인정하였으나, 대법원이 위와 같은 이유로 원심을 파기·환송한 것).

관습상 법정지상권과 유사한 분묘기지권의 경우는 "당사자 사이에 그 존속기간에 관한 약정이 있는 등 특별한 사정이 없는 한, 권리자가 분묘의 수호와 봉사를 계속하며 그 분묘가 존속하고 있는 동안 존속(대법원 2011다38592, 38608 판결)"한다. 그렇다면, 관습상 법정지상권을 어떠한가? 건물이 존속하고 사용하는 기간 내내 관습상 법정지상권이 인정되는가? 그렇지 않다.

민법 제280조에 따라 존속기간을 정하지 않은 관습상 법정지상권은 '견고한 건물'은 30년, 그렇지 않은 건물은 15년의 존속기간이 인정되고, 위 기간이 경과되면 건물소유자는 계약의 갱신을 청구할 수 있겠으나, 토지소유자가 갱신을 원하지 않으면 계약이 종료된다. 다만, 토지소유자는 건물소유자의 매수청구에 따라 건물을 매수할 의무를 부담한다(대법원 2022다306642 판결).

그리고 지료 2년분 이상 연체로 법정지상권이 소멸되는 상황이라면, 법정지상권자가 건물매수청구를 하더라도 토지소유자가 건물을 매수할 의무를 부담하지는 않는다(대법원 93다10781 판결).

그리고 민법 제286조는 '지료증감청구권'이라는 제목 아래에 "지료가 토지에 관한 조세 기타 부담의 증감이나 지가의 변동으로 인하여 상당하지 아니하게 된 때에는 당사자는 그 증감을 청구할 수 있다."고 규정하고 있다. 따라서 위 규정을 기초로 하여 토지소유자는 구체적 사정에 따라 지료증액 청구가 가능할 것이다.

〈관련내용 정리〉

관습법상 법정지상권이 성립하면 토지소유자는 그 소유권 행사가 제한된다. 이때 법정지상권자가 토지소유자에게 확정판결 등으로 지급해야 할 지료를 2년간 지급하지 않으면 법정지상권의 소멸청구를 통해 법정지상권을 소멸시킨 후 건물의 철거 및 토지의 인도 등을 청구할 수 있다.

69. 무허가 미등기 건물에 대하여도 성립하는 법정지상권 사례를 살펴보자.

무허가 건물이거나 미등기 건물의 경우도 법정지상권이 성립될 수 있다. 즉 판례는 관습상 법정지상권을 물론이고 민법 제366조에 의한 법정지상권의 경우에도 무허가 미등기 건물에 대한 법정지상권의 성립을 인정한다(대법원 87다카2404 판결, 대법원 2004다13533 판결).

그렇다면, 甲이 대지와 무허가 미등기 건물을 함께 양수했는데, 대지만 등기를 하고 건물은 무허가 미등기 건물이므로 건물에 대하여 등기를 하지 못한 경우에, 甲으로부터 토지만을 양수한 乙에게 甲이 관습상 법정지상권의 성립을 주장할 수 있을까? 이런 경우에는 법정지상권이 성립되지 않는다. 무허가 미등기 건물이라서 등기를 이전받을 수 없었다고 하더라도 법정지상권이 인정되지 않는다. 법정지상권에서 말하는 '건물의 소유권'은 '법률상의 소유권'을 의미하는데, 甲은 건물을 매수하여 건물에 대한 처분권자이기는 하지만 등기를 하지 못하여 '법률상 소유자'로 볼 수 없기 때문이다(대법원 87다카634 판결, 대법원 94다53006 판결).

정리하자면, 미등기 무허가 건물이라도 법정지상권 성립에 있어 '건물'로서의 요건을 갖춘다면, 법정지상권이 성립될 수는 있지만, 법정지상권에 있어 '건물'의 의미는 '사실상 소유권'으로는 부족하고 '법률상 소유권'에 한정된다.

따라서 대지와 건물을 매수하기는 하였으나, 건물이 무허가 미등기이기 때문에 대지만 소유권이전등기를 한 사안에서는 건물에 대한 등기가 없어 '법률상 소유권'이 인정될 수 없고 법정지상권도 인정되기 어렵다. 결국 대지의 소유자가 무허가 미등기 건물을 원시 취득한 경우에 법정지상권의 성립 가능성이 높아질 것으로 해석된다.

이와 관련하여 필자가 수행한 대법원 2024다215313 판결의 '원심

(청주지법 2022나59688 판결)'은 토지와 미등기 지상물(간이상수도용 지하수저장탱크)을 피고가 매입한 후 토지에 근저당권이 설정되었는데, 그 후에 토지를 경락받은 원고가 위 미등기 지상물(간이상수도용 지하수저장탱크)의 소유권 및 법정지상권을 주장하는 피고에 대하여 위 미등기 지상물(간이상수도용 지하수저장탱크)에 대한 철거, 토지인도 및 지료를 청구한 사안에서, 위 미등기 지상물(간이상수도용 지하수저장탱크)에 법정지상권이 성립되었음을 근거로 원고의 피고에 대한 철거 및 토지인도청구를 기각하고 지료만을 인정하였으나, 대법원은 "미등기 건물의 양수인은 미등기 건물을 처분할 수 있는 권리는 있을지언정 소유권은 가지고 있지 아니하므로 그 저당권 설정 당시에 이미 대지와 건물이 각각 다른 사람의 소유에 속하고 있어 법정지상권이 성립될 여지가 없다."는 취지로 판시하였다.

그리고 위 대법원 판결은 "미등기 건물을 양수하여 건물에 관한 사실상의 처분권을 보유하게 됨으로써 그 양수인이 건물부지 역시 아울러 점유하고 있다고 볼 수 있는 경우에는 미등기 건물에 관한 사실상의 처분권자도 건물 철거의무와 건물 부지에 대한 점유·사용에 따른 부당이득반환의무를 부담한다."는 취지로 원심을 파기·환송하였다[필자는 위 판결의 1심(원고본인이 대리인 없이 스스로 진행)을 제외한 원심과 대법원에 있어 원고를 대리하였고, 충분하게 기존에 확립된 대법원 판례의 입장을 재판부에 전달하였음에도 불구하고 원심이 이해하기 어려운 판결을 선고한 사례였으나 다행히 대법원에서 원심의 잘못을 바로잡은 것].

<관련내용 정리>

무허가 미등기 건물의 경우에도 법정지상권이 성립할 수 있지만, 법정지상권이 성립하는 건물의 소유자는 그 건물을 양수하여 처분할 수 있는 지위로는 부족하고 '법률상 소유자'임을 전제한다.

따라서 甲이 대지와 무허가 미등기 건물을 함께 양수했는데, 무허가 미등기 건물이기 때문에 부득이 대지만 등기를 할 수밖에 없었다고 하더라도 결과적으로 그 건물에 대하여 등기하지 못하여 법률상 소유자로 볼 수 없다면, 甲이 토지소유자 乙에게 관습상 법정지상권의 성립을 주장할 수 없다.

결국 무허가 미등기 건물인 경우라도 법정지상권이 인정된다는 취지의 판례상 표현은 건물을 신축한 원시취득자를 전제한다고 보아야 할 것이다.

예를 들어 甲이 자신의 토지에 건물을 신축하였고, 그 신축건물이 무허가 미등기 건물이었는데, 甲의 채권자가 甲의 토지를 경매(강제경매)에 부쳐 그 토지를 乙이 낙찰받았다면, 이때 건물을 신축한 甲은 건물의 원시취득자(법률상 소유자)로서 토지소유권을 경매로 취득한 乙에게 관습상 법정지상권을 주장할 수 있다.

70. 토지가 단독소유일 경우에는 건물에 위한 법정지상권 성립 가능성이 높지만, 공동소유일 경우에는 법정지상권 성립 가능성이 낮다.

관습상 법정지상권은 동일인의 소유에 속하였던 토지와 그 지상건물이 매매, 증여, 강제경매, 국세징수법에 의한 공매 등으로 인하여 양자의 소유자가 다르게 된 때에 그 건물을 철거한다는 특약이 없는 한 건물소유자에게 인정되는 것이고(대법원 2009다62059 판결), 민법 제366조에 의하여 인정되는 저당권실행에 의한 법정지상권은 '법정지상권'이라는 제목 아래에 "저당물의 경매로 인하여 토지와 그 지상건물이 다른 소유자에 속한 경우에는 토지소유자는 건물소유자에 대하여 지상권을 설정한 것으로 본다. 그러나 지료는 당사자의 청구에 의하여 법원이 이를 정한다."라고 규정하고 있다.

그렇다면 토지가 공유로 된 경우 또는 건물이 공유로 된 경우에 위 각 요건을 갖추었다면 법정지상권이 인정될까? 토지가 공유로 되어있기는 하지만, 토지 공유의 실체가 구분소유적 공유관계일 때에는 어떠한가? 이하에서 자세하게 살펴보자.

첫 번째 사안을 살펴보자. 토지는 단독소유, 건물은 공유인 사례로 민법 제366조에 따른 법정지상권을 인정한 사안이다.

즉 대법원 2010다67159 판결에 의하면, "건물공유자의 1인이 그 건물의 부지인 토지를 단독으로 소유하면서 그 토지에 관하여만 저당권을 설정하였다가 위 저당권에 의한 경매로 인하여 토지의 소유자가 달라진 경우에도, 위 토지소유자는 자기뿐만 아니라 다른 건물공유자들을 위하여도 위 토지의 이용을 인정하고 있었다고 할 것인 점, 저당권자로서도 저당권 설정 당시 법정지상권의 부담을 예상할 수 있었으므로 불측의 손해를 입는 것이 아닌 점, 건물의 철거로 인한 사회경제적 손실을 방지할 공익상의 필요성도 인정되는 점 등에 비추어 위 건물공유자들은 민법 제366조에 의하여 토지 전부에 관하여 건물의 존속을 위한 법정지상권을 취득한다고 보아야 한다."는 취지이다.

두 번째 사안을 살펴보자. 토지는 단독소유, 건물은 공유인 사례로 관습상 법정지상권을 인정한 사안이다.

즉 대법원 76다388 판결에 의하면, "대지소유자가 그 지상건물을 타인과 함께 공유하면서 그 단독소유의 대지만을 건물철거의 조건 없이 타에 매도한 경우에는 건물공유자들은 각기 건물을 위하여 대지 전부에 대하여 관습에 의한 법정지상권을 취득한다."는 취지이다.

세 번째 사안을 살펴보자. 토지는 공동소유, 건물은 단독소유인 사례로 관습상 법정지상권을 부정한 사안이다.

즉 대법원 92다55756 판결에 의하면 "토지공유자의 한 사람이 다른 공유자의 지분 과반수의 동의를 얻어 건물을 건축한 후 토지와 건물의 소유자가 달라진 경우 토지에 관하여 관습법상의 법정지상권이 성립되는 것으로 보게 되면 이는 토지공유자의 1인으로 하여금 자신의 지분을 제외한 다른 공유자의 지분에 대하여서까지 지상권설정의 처분행위를 허용하는 셈이 되어 부당하다."는 취지이다.

그리고 대법원 2011다73038, 73045 판결은 "토지공유자의 한 사람이 다른 공유자의 지분 과반수의 동의를 얻어 건물을 건축한 후 토지와 건물의 소유자가 달라진 경우 토지에 관하여 관습법상의 법정지상권이 성립되는 것으로 보게 되면 이는 토지공유자의 1인으로 하여금 자신의 지분을 제외한 다른 공유자의 지분에 대하여서까지 지상권설정의 처분행위를 허용하는 셈이 되어 부당하다. 그리고 이러한 법리는 민법 제366조의 법정지상권의 경우에도 마찬가지로 적용되고, 나아가 토지와 건물 모두가 각각 공유에 속한 경우에 토지에 관한 공유자 일부의 지분만을 목적으로 하는 근저당권이 설정되었다가 경매로 인하여 그 지분을 제3자가 취득하게 된 경우에도 마찬가지로 적용된다."는 취지이다.

네 번째 사안을 살펴보자. 토지는 등기부상으로 공유이지만, 실제로는 각 부분을 특정하여 소유권을 행사하기로 내부적으로 약정된 구분소유적 공유이고, 이러한 구분토지에 건물이 존재하는 경우에 법정지상권을 인정한 사안이다.

즉 대법원 2004다13533 판결에 의하면, "공유로 등기된 토지의 소유관계가 구분소유적 공유관계에 있는 경우에는 공유자 중 1인이 소유하고 있는 건물과 그 대지는 다른 공유자와의 내부관계에 있어서는 그 공유자의 단독소유로 되었다 할 것이므로 건물을 소유하고 있는 공유자가 그 건물 또는 토지지분에 대하여 저당권을 설정하였다가 그 후 저당권의 실행으로 소유자가 달라지게 되면 건물소유자는 그 건물의 소유를 위한 법정지상권을 취득하게 되며, 이는 구분소유적 공유관계에 있는 토지의 공유자들이 그 토지 위에 각자 독자적으로 별개의 건물을 소유하면서 그 토지 전체에 대하여 저당권을 설정하였다가 그 저당권의 실행으로 토지와 건물의 소유자가 달라지게 된 경우에도 마찬가지라 할 것이다."는 취지이다.

<관련내용 정리>

법정지상권 요건 중 핵심은 ① 토지와 건물의 소유자 동일, ② 처분 당시 또는 저당권 설정 당시에 이미 토지 위에 건물이 이미 존재라는 것인데, 필자의 개인의견을 정리하면, 토지의 소유자가 단독소유자일 경우, 법정지상권 성립 가능성 높으며, 토지의 소유형태가 공유일 경우 법정지상권 성립 가능성이 낮다는 것이다.

토지 단독 소유에 건물이 공유라는 것은 건물 공유자 일부가 토지와 건물 소유자 동일 요건을 결여한 것이겠지만, 법정지상권 제도는 건물 유지가 목적이므로 위 요건을 완화하여 적용할 수 있다는 취지가 판례에 반영된 반면, 토지가 공유라는 것은 법정지상권이 토지에 부담을 준다는 측면에서, 토지와 건물의 소유자 동일요건을 엄격하게 해석할 수밖에 없다는 측면을 고려하면 이해될 수 있겠다. 토지가 구분소유적 공유인 경우는 실질이 구분된 소유권으로 일반적인 공유와 다르다고 이해하면 족하다.

71. 분묘기지권의 유형, 성립범위, 지료, 굴이(철거)청구, 소멸청구 등을 확인해 보자.

분묘기지권이란 "타인의 토지에 설치된 분묘를 소유하기 위하여 그 분묘기지에 해당하는 타인 소유 토지를 사용하는 권리로서 관습법상의 물권"을 의미한다[대법원(전합) 2017다228007 판결].

분묘기지권은 타인의 토지에 소유자의 승낙을 받아 분묘를 설치한 경우(대법원 99다14006 판결. 이른바 '승낙형'), 자기의 토지에 분묘를 설치한 사람이 그 토지를 양도하면서 분묘를 이장하겠다는 특약을 하지 않은 경우(대법원 67다1920 판결. 이른바 '양도형'), 타인의 토지에 소유자의 승낙 없이 분묘를 설치한 경우에도 20년간 평온·공연하게 그 분묘의 기지를 점유하여 분묘기지권을 시효로 취득한 경우(대법원 4288민상210 판결, 대법원 2011다63017, 63024 판결. 이른바 '취득시효형')에 각 성립한다.

분묘기지권의 성립범위는 어떻게 될까? 분묘기지권은 분묘의 수호 및 봉사에 필요한 주위의 빈 땅에도 그 효력이 미친다(대법원 65다17 판결).

분묘기지권이 성립하지 않는 경우에는 장사법에 따라 개장절차에 나아가거나, 토지소유자가 분묘소유자를 상대로 분묘의 굴이(철거)와 토지의 인도 그리고 지료상당의 부당이득을 청구하여 해결할 여지가 있다.

민법 제1008조의3은 "분묘에 속한 1정보 이내의 금양임야와 600평 이내의 묘토인 농지, 족보와 제구의 소유권은 제사를 주재하는 자가 이를 승계한다."고 규정하고 있고, 대법원(전합) 2018다248626 판결에 의하면 "공동상속인들 사이에 협의가 이루어지지 않는 경우에는 제사주재자의 지위를 인정할 수 없는 특별한 사정이 있지 않는 한 피상속인의 직계비속 중 남녀, 적서를 불문하고 최근친의 연장자가 제사주재자로 우선한다고 보는 것이 가장 조리에 부합한다."는 취지이다[우선적으로 공동상속인들 협의로 제사주재자를 정하고 협의가 이루어지지 않을 경우 특별한 사정이 없는 한 장남이 제사주재자가 된다는 취지의 대법원(전합) 2007다27670 판결이 변경됨. 단 위 새로운 법리는 위 판결 선고 이후에 제사용 재산의 승계가 이루어지는 경우에만 적용된다고 판시함].

따라서 분묘에 안치되어 있는 선조의 유체·유골은 위 민법 규정에 따라 소정의 제사용 재산인 분묘와 함께 '제사주재자'에게 승계된다고 할 것인바, 분묘굴이 및 토지인도 등 청구의 상대방은 대체로 '분묘의 소유자'인 '제사 주재자' 즉 '망인의 직계비속 중 남녀, 적서를 불문하고 최근친의 연장자'가 된다고 해석된다.

그렇다면, 분묘의 소유자에게 분묘기지권이 인정되는 경우에 지료는 무상인가? 아니면 유상인가?

대법원 2017다271834(본소), 2017다271841(반소) 판결은 "분묘의 기지인 토지가 분묘의 수호·관리권자 아닌 다른 사람의 소유인 경우에 그 토지소유자가 분묘 수호·관리권자에 대하여 분묘의 설치를 승낙한 때에는 그 분묘의 기지에 관하여 분묘기지권을 설정한 것으로 보아야 한다. 이와 같이 승낙에 의하여 성립하는 분묘기지권의 경우 성립 당시 토지소유자와 분묘의 수호·관리자가 지료 지급의무의 존부나 범위 등에 관하여 약정을 하였다면 그 약정의 효력은 분묘 기지의 승계인에 대하여도 미친다."는 취지로 판시하였다.

따라서 지료약정이 있었다면 임야를 승계취득한 자에게도 위 지료약정이 미친다는 취지이므로, 지료가 없는 것으로 약정되었다면, 임야를 승계취득한 자도 무상의 분묘기지권을 그대로 인수한다고 해석된다. 승낙에 의하여 분묘지기권이 성립하므로 채권적 권리로 볼 여지도 있겠지만, 분묘기지권은 물권이므로 그 성립 당시 분묘기지권의 내용을 이루는 지료에 대한 합의가 있다면 이로써 결정된 지료의 존부 및 액수대로 분묘기지권이라는 물권이 형성되는 것으로 이해하면 족하다(필자의 개인의견).

자기의 토지에 분묘를 설치한 사람이 그 토지를 양도하면서 분묘를 이장하겠다는 특약을 하지 않은 경우에는 어떠한가?

대법원 2020다295892 판결에 의하면 "자기 소유 토지에 분묘를 설치한 사람이 그 토지를 양도하면서 분묘를 이장하겠다는 특약을 하지 않음으로써 분묘기지권을 취득한 경우, 특별한 사정이 없는 한 분묘기지권자는 분묘기지권이 성립한 때부터 토지소유자에게 그 분묘의 기지에 대한 토지사용의 대가로서 지료를 지급할 의무가 있다."는 취지이다.

그렇다면, 타인의 토지에 소유자의 승낙 없이 분묘를 설치를 설치하였으나 20년간 평온·공연하게 그 분묘의 기지를 점유하여 분묘기지권을 시효로 취득한 경우, 즉 취득시효형 분묘기지권의 경우는 어떠한가?

이 경우는 토지소유자가 분묘기지권자에게 지료를 청구한 때로부터 지료를 지급할 의무가 있다는 취지이다[대법원(전합) 2017다228007 판결].

그리고 당사자의 청구에 따라 법원이 결정한 지료를 2년분 이상 지급하지 않으면 토지소유자는 분묘기지권의 소멸을 청구할 수 있다고 보아야 할 것이지만(민법 제287조), 당사자의 협의나 법원의 판결에 의해 분묘기지권에 관한 지료의 액수가 정해지지 않았다면 분묘기지권자가 지료를 지급하지 않았더라도 지료 지급을 지체한 것으로 볼 수는 없으므로 분묘기지권 소멸 청구는 허용되지 않는다고 한다(대법원 93다52297 판결).

<관련내용 정리>

임야를 매수하거나 경매로 낙찰받았는데, 그 임야에 분묘가 있는 것을 나중에야 확인했다면 난감할 것이다. 이런 경우는 일단 장사법(장사 등에 관한 법률)을 활용하여 행정기관을 통해 해결을 모색하거나 분묘소유자를 수소문하여 협의를 통해 해결하려 노력할 것이다. 행정기관을 통해 해결이 되지 않거나 분묘소유자와의 협의가 불발되면 분묘의 소유자인 제사주재자에게 소송을 제기하는 방법을 고려하게 되는데, 분묘기지권이 없음을 전제한 분묘굴이(철거)청구와 토지인도청구, 그리고 분묘기지권의 존부와 무관하게 청구할 수 있는 지료청구를 함께 하는 방법을 활용한다. 분묘기지권이 인정되어 지료청구만 인정되면, 차후 지료를 2년간 미납(또는 판결로 확정된 지료미납액이 이미 2년분이 넘었다면 그 판결확정일로부터 상당기간이 지난 후)하게 되면 분묘기지권 소멸청구를 통한 굴이청구 및 토지인도청구를 다시 제기할 수 있다.

72. 분묘굴이청구의 상대방은 분묘의 관리처분권자 즉 분묘의 소유자가 된다.

분묘기지권이란 “타인의 토지에 설치된 분묘를 소유하기 위하여 그 분묘기지에 해당하는 타인 소유 토지를 사용하는 권리로서 관습법상의 물권"을 의미한다[대법원(전합) 2017다228007 판결].

분묘기지권이 성립하지 않는 경우에는 장사법(장사 등에 관한 법률)에 따라 개장절차에 나아가거나, 토지소유자가 분묘소유자를 상대로 분묘의 굴이와 토지의 인도 그리고 지료상당의 부당이득을 청구하여 해결할 여지가 있다.

분묘기지권이 성립하지 않는 경우에 분묘의 굴이(철거) 등 청구(분묘의 굴이와 토지의 인도 그리고 지료상당의 부당이득 청구)의 상대방은 누가될 것인가? 분묘의 굴이 등 청구의 상대방은 분묘의 관리처분권자 내지 소유자가 된다.

이와 관련하여 민법 제1008조의3은 "분묘에 속한 1정보 이내의 금양임야와 600평 이내의 묘토인 농지, 족보와 제구의 소유권은 제사를 주재하는 자가 이를 승계한다."고 규정하고 있다.

따라서 분묘가 설치된 토지의 소유자 갑이 그 분묘에 매장된 사람의 자손 중 하나이고, 갑이 그 분묘를 일부 관리한 사실이 있다고 하더라도 분묘가 설치된 토지가 을에게 수용된 경우에 현 소유자인 을이 종전 토지소유자인 갑을 상대로 분묘굴이소송을 하였지만, 갑이 그 분묘의 소유자 내지 관리처분권자가 아니라면 을의 갑에 대한 분묘굴이청구는 기각을 면치 못하게 된다.

그렇다면 분묘의 소유자 내지 관리처분권자는 누가 되는가? 분묘는 민법 제1008조의3에 따라 그 분묘에 안장된 망인의 제사를 주재하는 사람(이른바 '제사주재자')이 승계하는 것이다(대법원 2013다28865 판결).

구 관습법에 따르면 종손이 있는 경우에 그가 제사주재자의 지위를 유지할 수 없는 특별한 사정이 있는 경우를 제외하고는 일반적으로 선조의 분묘를 수호·관리하는 권리는 제사주재자인 그 종손에게 있었다(대법원 95다51182 판결, 대법원 99다14006 판결 등).

그런데 그 후 대법원은 위 입장을 변경하면서, 제사주재자는 우선적으로 망인의 공동상속인들 사이의 협의로 정하되, 협의가 이루어지지 않는 경우 제사주재자의 지위를 유지할 수 없는 특별한 사정이 있지 않는 한 망인의 장남(장남이 이미 사망한 경우에는 장손자)이 제사주재자가 되고, 공동상속인들 중 아들이 없는 경우에는 망인의 장녀가 제사주재자가 된다고 하면서, 새로운 법리는 그 판결 선고 이후에 제사용 재산의 승계가 이루어지는 경우에만 적용된다고 판시하였다[대법원 2008. 11. 20. 선고(전합) 2007다27670 판결].

이어 대법원은 다시 제사주재자 결정방법에 관한 종전 견해를 변경하여, 공동상속인들 사이에 협의가 이루어지지 않는 경우 제사주재자의 지위를 인정할 수 없는 특별한 사정이 있지 않는 한 피상속인의 직계비속 중 남녀, 적서를 불문하고 최근친의 연장자가 제사주재자로 우선하고, 새로운 법리는 그 판결 선고 이후에 제사용 재산의 승계가 이루어지는 경우에만 적용된다고 판시하였다[대법원 2023. 5. 11. 선고(전합) 2018다248626 판결].

<관련내용 정리>

분묘굴이(철거)청구의 상대방은 분묘의 관리처분권자 즉 분묘의 소유자가 된다. 현재는 특별한 사정이 없는 한 피상속인의 직계비속 중에서 남서, 적서를 불문하고 최근친의 연장자가 제사주재자로써 분묘의 관리처분권자 즉 분묘의 소유자가 된다(이러한 법리는 이 판결 선고 이후에 제사용 재산의 승계가 이루어지는 경우에만 적용).

그러나 토지소유자가 분묘굴이 등의 소를 제기할 때에는 분묘를 관리하는 자를 찾기도 버거운 경우가 있다. 따라서 분묘관리자로 보이되 제사주재자 즉 분묘소유권자인지 불분명한 경우에는 일단 그 분묘관리자를 상대로 소송을 제기하고, 그 자가 자신이 제사주재자임을 인정하면 분묘소유자에 대하여는 다툼이 없는 사실로 정리되고 재판이 진행될 수도 있다.

다만, 분묘관리를 하면서도 자신이 분묘소유자 즉 제사주재자가 아니라고 주장하면서 제3자를 지목하면 그 제3자에게 다시 분묘굴이(철거) 소송 등을 함으로써 문제를 해결할 여지가 있게 된다.

제 16 장

전세권

73. 부동산에 대한 전세권과 채권적 전세는 다른 개념인바, 그 차이점을 확인해 보자.

전세계약을 체결하였다는 이야기를 많이 한다. 이때의 전세계약은 전세권등기를 하지 않은 것을 일컫는 것으로 이를 보통 학문적으로는 '채권적 전세'라고 한다.

'채권적 전세'와 '전세권'은 전혀 다른 개념이다. 즉, 기본적으로 '채권적 전세'는 임대차문제(채권문제)로 다루어지지만, '전세권'은 '전세금'을 요소('차임' 개념이 없음)로 하며, 민법상의 물권(민법 제303조)으로 다루어진다.

우리가 사회생활을 하면서 보는 대부분의 계약은 부동산등기를 전제한 '전세권'계약이 아니라, 등기를 하지 않는 '채권적 전세'계약이다. 즉, 집을 빌리면서 임대차계약서를 쓰고 보증금을 주는 계약을 체결하되, 이를 등기부에 기입하는 행위를 하지 않은 '채권적 전세'계약이 많이 체결되며, 사람들은 이를 '전세를 얻었다'고 표현하고 있다.

민법상 임대차의 개념은 '차임의 지급'이 기본이므로(민법 제618조), 사실상 보증금만 있는 임대차를 '전세권'과 구별되는 '전세'로 부른 것으로 해석되는데, 이러한 '채권적 전세'는 사실상 임대차로 다루는 것이 일반적이다.

상담을 하다 보면, 실질은 '채권적 전세'인데, '전세권'등기를 경료하면 어떠냐는 질문을 받곤 한다. 실질은 '채권적 전세'인데, '전세권'등기를 하게 되면, 경매배당과 관련하여 등기를 전제한 '전세권자'로서의 지위를 누릴 수 있다는 것이 법원의 입장이다.

예를 들어, 주택에 대한 '채권적 전세'계약을 체결하고, 전입신고와 확정일자를 받게 되면, 주택임대차보호법상의 대항력과 순위에 따른 배당권(우선변제권)을 취득하게 되는데, '전세권'등기를 경료하게 되면, 이러한 주택임대차보호법상의 지위와 더불어 등기를 전제한 '전세권자'의 지위를 겸유하게 되는 것이다(대법원 2010마900 결정).

일부 지역의 경우 주택을 임차하면서, 전입신고 및 확정일자를 받는 외에 전세권등기를 경료하는 관행이 존재하는 것으로 보이는데, 전세권등기비용을 감당하는 것에 문제가 없다면, 전세권등기를 경료하는 것도 나쁘지는 않다고 본다.

다만, 주택임대차보호법에 따른 전입신고와 확정일자를 받게 되면 '전세권'과 유사하게 순위에 따른 보증금의 보전이 가능하다. 따라서 주택임대차보호법상 대항력 등을 갖춘 경우와 달리 전세권등기를 할 경우에 임의경매신청이 가능하다는 점 등을 제외하고는 보증금의 보전이라는 측면에서는 특별한 사정이 없는 한 전세권등기를 한 것과, 주택임대차보호법상의 대항력과 확정일자를 받는 것이 큰 차이가 없다는 점도 알아둘 필요가 있다.

<관련내용 정리>

'채권적 전세'는 채권의 일종인 임대차이고, '전세권'은 등기를 전제한 물권이다. '채권적 전세'임에도 불구하고 인도, 전입신고, 확정일자를 갖추면 물권처럼 순위에 따른 배당권(우선변제권)이 생긴다. 다만 임차인 입장에서 '전세권' 등기를 할 수 있다면 '전세권자'로서의 권리도 향유할 수 있고, 전세금을 주지 않을 때에 소송없이 곧바로 임의경매신청도 가능하므로 나쁠 것이 없다.

74. 담보물권의 수반성이라는 특성상 전세권과 전세금반환채권의 분리양도는 원칙적으로 인정되지 않는다.

전세금을 필수요소로 하며(민법 제303조 제1항), 전세권등기가 이루어지는 전세권은 용익물권성과 담보물권성을 겸유하고 있다는 표현을 한다. 그리고 민법 제306조에 의하면, 전세권의 양도가 가능하다. 그렇다면, 전세권과 전세금반환채권을 분리하여 양도할 수 있을까? 담보물권의 수반성이라는 특성상, 원칙적으로는 전세권과 전세금반환채권을 분리하여 양도할 수 없다.

즉 대법원 97다33997 판결에 의하면 "전세권이 담보물권적 성격도 가지는 이상 부종성과 수반성이 있는 것이므로 전세권을 그 담보하는 전세금반환채권과 분리하여 양도하는 것은 허용되지 않는다고 할 것이나, 한편 담보물권의 수반성이란 피담보채권의 처분이 있으면 언제나 담보물권도 함께 처분된다는 것이 아니라 채권담보라고 하는 담보물권 제도의 존재 목적에 비추어 볼 때 특별한 사정이 없는 한 피담보채권의 처분에는 담보물권의 처분도 당연히 포함된다고 보는 것이 합리적이라는 것일 뿐이므로, 피담보채권의 처분이 있음에도 불구하고 담보물권의 처분이 따르지 않는 특별한 사정이 있는 경우에는 채권양수인은 담보물권이 없는 무담보의 채권을 양수한 것이 되고 채권의 처분에 따르지 않은 담보물권은 소멸한다(대법원 97다29790 판결).”라는 취지이다.

이에 따라 “전세권설정계약의 당사자 사이에 그 계약이 합의 해지된 경우 전세권설정등기는 전세금반환채권을 담보하는 효력은 있다고 할 것이나, 그 후 당사자 간의 약정에 의하여 전세권의 처분이 따르지 않는 전세금반환채권만의 분리양도가 이루어진 경우에는 양수인은 유효하게 전세금반환채권을 양수하였다고 할 것이고, 그로 인하여 전세금반환채권을 담보하는 물권으로서의 전세권마저 소멸된 이상 그 전세권에 관하여 가압류부기등기가 경료되었다고 하더라도 아무런 효력이 없다.”는 취지다.

결국, 전세권설정자는 가압류권자에 대하여 전세권설정등기말소등기에 대하여 등기상 이해관계 있는 제3자로서 승낙의 의사표시를 구하는 소송을 제기할 여지가 있게 된다.

그렇다면 전세권 존속 중에 전세금반환채권만을 전세권과 분리하여 양도한 경우는 어떠한가?

대법원 2001다69122 판결에 의하면 “전세권이 존속하는 동안은 전세권을 존속시키기로 하면서 전세금반환채권만을 전세권과 분리하여 확정적으로 양도하는 것은 허용되지 않는 것이며(대법원 66다771 판결, 대법원 66다850 판결 등), 다만 전세권 존속 중에는 장래에 그 전세권이 소멸하는 경우에 전세금 반환채권이 발생하는 것을 조건으로 그 장래의 조건부 채권을 양도할 수 있을 뿐이라 할 것이다.”라는 취지이다.

<관련내용 정리>

담보물권의 수반성이라는 특성상 전세권과 전세금반환채권의 분리양도는 원칙적으로 인정되지 않는다. 다만, 피담보채권의 처분이 있음에도 불구하고 담보물권의 처분이 따르지 않는 특별한 사정이 있는 경우에는 채권양수인은 담보물권이 없는 무담보의 채권을 양수한 것이 되고 채권의 처분에 따르지

않은 담보물권은 소멸한다.

이처럼 전세금반환채권을 담보하는 물권으로서의 전세권마저 소멸된 이상 그 전세권에 관하여 가압류부기등기가 경료되었다고 하더라도 아무런 효력이 없다. 결국, 전세권설정자는 가압류권자에 대하여 전세권설정등기말소등기에 대하여 등기상 이해관계 있는 제3자로서 승낙의 의사표시를 구하는 소송을 제기할 수 있다.

75. 월세 및 보증금이 존재하는 상가임대차에 있어 임차인 요청으로 임대인이 보증금을 전세금으로 하는 전세권등기를 경료해 주면 위험한 상황에 직면할 수 있다.

상가에 대한 임대차계약을 체결하면, 대개 보증금 얼마에 월세 얼마라는 약정을 하여, 임대차계약서를 작성하고 임대인, 임차인, 공인중개사 등이 서명·날인하게 된다. 그리고 임대차계약이 체결된 후에 임차인이 월세를 3회분 이상 미납하게 되면, 계약기간 중이라도 임대인은 계약을 즉시 해지할 수 있다(상임법 제10조의8).

이때 해지통보를 발한 내용증명우편이 임차인에게 도달하기 전에 임차인이 밀린 월세를 넣게 되면, 차임연체를 이유로 한 계약의 즉시해지는 인정되지 않는다. 상임법 제10조의8은 "임차인의 차임연체액이 3기의 차임액에 달하는 때에는 임대인은 계약을 해지할 수 있다."라고 규정하고 있기 때문이다.

차임 3회분 이상 연체를 이유로 한 계약해지가 적법하게 진행되었음에도 불구하고 임차인이 상가를 넘겨주지 않게 되면, 임대인은 점유이전금지가처분신청과 함께 명도소송을 진행하는 것이 일반적이고, 명도소송 진행과정에서 임차인이 보증금반환의 항변을 하게 되면, 밀린 월세를 공제한 보증금의 반환과 동시에 명도하라는 취지의 판결(상환이행판결)을 받게 된다.

이때 임차인의 채권자가 보증금반환채권에 대하여 가압류를 하거나, 압류 및 추심명령 등을 받는 경우가 있는데, 임대인은 보통 월세를 공제한 보증금을 공탁하게 된다. 임대차의 경우는 이와 같이 해결되기 때문에 월세연체액의 합계가 보증금을 넘지 않는다면 임대인에게 별다른 피해가 없다.

그런데 실제 계약은 임대차계약을 체결했음에도 불구하고, 임차인의 요구에 의해 임대인이 전세권등기를 경료해주는 경우가 있다. 이렇게 임대차계약을 하면서 보증금과 월세를 정했음에도 불구하고 전세권등기를 하게 되면, 보증금을 전세금으로 등기부에 표기하게 되고, 월세는 등기부에 표시되지 않는다.

이런 상황에서 임차인의 채권자가 전세권부채권, 즉 등기부에 나오는 전세금에 가압류를 하거나 압류 및 추심명령 등을 받게 되면, 어떻게 될까? 이때에도 임대인은 보증금에서 밀린 월세를 공제하고 공탁하면 책임을 면하게 되는 것일까? 대법원은 그렇지 않다고 한다(대법원 2005다59864 판결, 대법원 2006다29372, 29389 판결, 대법원 2018다233860 판결 등).

즉, 임차인의 채권자는 통정허위표시의 선의의 제3자에 해당하여 임대인의 보증금에서의 월세공제 행위가 용인되지 않는다는 것이다(민법 제108조 제2항).

임대인과 임차인의 행위는 실질이 임대차임에도 불구하고, 전세권으로서의 외관이 있는 상황인데, 이는 통정허위표시에 해당하고, 통정허위표시를 모르는 임차인의 채권자인 제3자는 이를 알 길이 없기 때문에(알았다는 점을 입증할 경우 반대결론 가능) 임대인이 월세를 공제한 부분으로 임차인의 채권자에게 대항할 수 없다는 것이다.

<관련내용 정리>

보증금과 월세가 있는 상가임대차임에도 불구하고, 임차인의 요구로 전세권등기를 설정해 주면 나중에 임대인이 곤혹스러운 상황에 처할 수 있다. 임

차인의 채권자가 압류 및 추심명령을 받았을 때에 전세권 등기에 있어 전세금에는 월세개념이 없어 월세가 없는 전세권 등기상의 전세금의 존재를 믿은 임차인의 채권자가 임대인의 월세 공제권보다 우위에 있는 결과가 되기 때문이다.

제 17 장

유치권

76. 유치권의 불가분성의 구체적 의미를 살펴본다.

민법 제320조 제1항은 "타인의 물건 또는 유가증권을 점유한 자는 그 물건이나 유가증권에 관하여 생긴 채권이 변제기에 있는 경우에는 변제를 받을 때까지 그 물건 또는 유가증권을 유치할 권리가 있다."고 규정하고 있고, 민법 제321조는 '유치권의 불가분성'이라는 제목으로 "유치권자는 채권 전부의 변제를 받을 때까지 유치물 전부에 대하여 그 권리를 행사할 수 있다."고 규정하고 있다.

유치권의 불가분성이라는 의미는 구체적으로 어떠한 의미를 담고 있는가? 대법원 2005다16942 판결에 의하면, "다세대주택의 창호 등의 공사를 완성한 하수급인이 공사대금채권 잔액을 변제받기 위하여 위 다세대주택 중 한 세대를 점유하여 유치권을 행사하는 경우, 그 유치권은 위 한 세대에 대하여 시행한 공사대금만이 아니라 다세대주택 전체에 대하여 시행한 공사대금채권의 잔액 전부를 피담보채권으로 하여 성립한다."는 취지다.

그 이유는 무엇일까? 위 판결에 의하면 "이 사건 공사의 공사대금이 각 구분건물에 관한 공사부분별로 개별적으로 정해졌거나 처음부터 각 구분건물이 각각 별개의 공사대금채권을 담보하였던 것으로 볼 수 없는 이상, 피고가 소외 2에 대하여 가지는 이 사건 공사 목적물(7동의 다세대주택) 전체에 관한 공사대금채권은 피고와 소외 2 사이의 하도급계약이라는 하나의 법률관계에 의하여 생긴 것으로서 그 공사대금채권 전부와 공사 목적물 전체 사이에는 견련관계가 있다고 할 것이고, 피고가 2003년 5월경 이 사건 공사의 목적물 전체에 대한 공사를 완성하여 이를 점유하다가, 현재 나머지 목적물에 대하여는 점유를 상실하고 이 사건 주택만을 점유하고 있다고 하더라도, 유치물은 그 각 부분으로써 피담보채권의 전부를 담보한다고 하는 유치권의 불가분성에 의하여 이 사건 주택은 이 사건 공사로 인한 공사대금채권 잔액 157,387,000원 전부를 담보하는 것으로 보아야 할 것이고, 그렇게 보는 것이 우리 민법상 공평의 견지에서 채권자의 채권확보를 목적으로 법정담보물권으로서의 유치권 제도를 둔 취지에도 부합한다(원심파기 · 환송)"라는 취지이다.

<관련내용 정리>

민법 제321조는 '유치권의 불가분성'이라는 제목으로 "유치권자는 채권 전부의 변제를 받을 때까지 유치물 전부에 대하여 그 권리를 행사할 수 있다."고 규정하고 있다. 위 규정의 의미에 대하여, 다세대 주택의 창호공사를 다세대 주민들과 공사업자가 하나의 계약으로 체결하였다면, 그 다세대 중에서 공사업자가 1세대만 점유하여 유치권을 행사하는 경우라도 그 1세대가 지불해야 하는 분할된 공사대금만 유치권으로 담보되는 것이 아니라 다른 세대가 지불할 공사대금까지 모두 유치권으로 담보된다는 것이 판례의 입장이다.

77. 부동산에 대한 가압류, 체납처분 압류와 다르게, 부동산에 대한 압류 후에 유치권요건을 충족한 경우는 유치권을 주장하기 어렵다.

민법상 유치권은 타인의 물건을 점유한 자가 그 물건에 관하여 생긴 채권을 가지는 경우에 법률상 당연히 성립하는 법정담보물권이다(민법 제320조 제1항). 따라서 어떤 부동산에 이미 저당권과 같은 담보권이 설정되어 있는 상태에서도 그 부동산에 관하여 민사유치권이 성립될 수 있다.

민사집행법은 경매절차에서 저당권 설정 후에 성립한 용익물권은 매각으로 소멸된다고 규정하면서도, 유치권에 관하여는 그와 달리 저당권 설정과의 선후를 구별하지 아니하고 경매절차의 매수인(낙찰자)이 유치권의 부담을 인수하는 것으로 규정하고 있다(민사집행법 제91조 제3항, 제5항).

따라서 민사유치권자는 저당권 설정 후에 유치권을 취득한 경우에도 경매절차의 매수인에게 유치권을 행사할 수 있다.

그렇다면, 부동산에 관하여 이미 경매절차가 개시되어 진행되고 있는 상태에서 비로소 그 부동산에 유치권을 취득한 경우에도 아무런 제한 없이 유치권자에게 경매절차의 매수인에 대한 유치권의 행사를 허용해야 할까? 그렇지 않다.

채무자 소유의 부동산에 경매개시결정의 기입등기가 경료되어 압류의 효력이 발생한 후에 부동산의 점유를 이전받아 유치권을 취득한 채권자는 유치권을 내세워 매수인(낙찰자)에게 대항할 수 없다.

즉, 대법원 2006다22050 판결에 의하면, "채무자 소유의 부동산에 경매개시결정의 기입등기가 경료되어 압류의 효력이 발생한 이후에 채권자가 채무자로부터 위 부동산의 점유를 이전받고 이에 관한 공사 등을 시행함으로써 채무자에 대한 공사대금채권 및 이를 피담보채권으로 한 유치권을 취득한 경우, 이러한 점유의 이전은 목적물의 교환가치를 감소시킬 우려가 있는 처분행위에 해당하여 민사집행법 제92조 제1항, 제83조 제4항에 따른 압류의 처분금지효에 저촉"되기 때문이다.

이처럼 유치권을 제한하는 이유는 무엇일까? 부동산에 관하여 이미 경매절차가 개시되어 진행되고 있는 상태에서 비로소 그 부동산에 유치권을 취득한 경우에도 아무런 제한 없이 유치권자에게 경매절차의 매수인에 대한 유치권의 행사를 허용하면 경매절차에 대한 신뢰와 절차적 안정성이 크게 위협받게 됨으로써 경매목적 부동산을 신속하고 적정하게 환가하기가 매우 어렵게 되고 경매절차의 이해관계인에게 예상하지 못한 손해를 줄 수도 있으므로, 그러한 경우에까지 압류채권자를 비롯한 다른 이해관계인들의 희생 하에 유치권자만을 우선 보호하는 것은 집행절차의 법적 안정성이라는 측면에서 받아들일 수 없기 때문이다[대법원(전합) 2009다60336 판결].

그렇다면, 압류가 아닌 가압류의 경우는 어떠한가? 즉, 채무자 소유의 부동산에 가압류 효력이 발생한 후에 부동산의 점유를 이전받아 유치권을 취득한 채권자도 유치권을 내세워 매수인(낙찰자)에게 대항할 수 없는가? 경매개시결정 기입등기가 경료되어 압류의 효력이 발생한 경우와 달리, 가압류만 된 상태에서는 유치권자가 매수인(낙찰자)에게 대항할 수 있다.

즉 대법원 2009다19246 판결에 의하면, "부동산에 가압류등기가 경료되어 있을 뿐 현실적인 매각절차가 이루어지지 않고 있는 상황하에서는 채무자의 점유이전으로 인하여 제3자가 유치권을 취득하게 된다고 하더라도 이를 처분행위로 볼 수는 없다."는 취지이다.

국세징수법에 의한 체납처분절차에서의 체납처분압류의 경우는 어떠한가? 이 경우는 가압류등기가 경료된 것처럼 취급한다. 체납처분압류의 등기가 있은 후에 채무자로부터 점유를 이전받아 유치권을 취득한 채권자도 매수인(낙찰자)에게 대항할 수 있다는 것이다.

즉 대법원(전합) 2009다60336 판결에 의하면 "부동산에 관한 민사집행절차에서는 경매개시결정과 함께 압류를 명하므로 압류가 행하여짐과 동시에 매각절차인 경매절차가 개시되는 반면, 국세징수법에 의한 체납처분절차에서는 그와 달리 체납처분에 의한 압류(이하 '체납처분압류')와 동시에 매각절차인 공매절차가 개시되는 것이 아닐 뿐만 아니라, 체납처분압류가 반드시 공매절차로 이어지는 것도 아니다. 또한 체납처분절차와 민사집행절차는 서로 별개의 절차로서 공매절차와 경매절차가 별도로 진행되는 것이므로, 부동산에 관하여 체납처분압류가 되어 있다고 하여 경매절차에서 이를 그 부동산에 관하여 경매개시결정에 따른 압류가 행하여진 경우와 마찬가지로 볼 수는 없다. 따라서 체납처분압류가 되어 있는 부동산이라고 하더라도 그러한 사정만으로 경매절차가 개시되어 경매개시결정등기가 되기 전에 부동산에 관하여 민사유치권을 취득한 유치권자가 경매절차의 매수인에게 유치권을 행사할 수 없다고 볼 것은 아니다."는 취지이다.

<관련내용 정리>

부동산에 대한 가압류, 체납처분 압류와 다르게, 부동산에 대한 압류 후에 유치권요건을 충족한 경우는 유치권 성립을 주장하기 어렵다. 부동산에 대한 압류 후의 유치권 요건이 충족된 경우는 압류의 처분금지효에 따라 유치권이 성립한다는 주장을 하기 어렵기 때문이다. 그러나 부동산에 대한 가압류 또는 체납처분 압류의 경우는 곧바로 매각절차가 진행되는 것이 아니므로 이후 유치권 요건이 충족된 경우에 유치권이 성립함을 주장할 수 있다.

78. 유치권 배제특약은 유효하며, 특약당사자가 아닌 자에게도 위 특약의 효력이 미칠 수 있다.

민사유치권(민법 제320조)의 기본적 성립요건을 적시하면, "① 타인의 물건 또는 유가증권의 적법 점유, ② 채권과 물건의 견련성, ③ 채권의 변제기 도래, ④ 유치권 배제특약의 부존재"가 된다.

즉, 위 요건을 모두 충족해야 유치권의 성립이 인정될 여지가 있고, 최근 판례에 따른 추가적 제한 요건의 충족도 필요하게 된다. 예를 들어, 판례는 압류등기 후에 점유를 취득함으로써 유치권을 취득하는 경우에 압류의 처분금지효에 반하므로 낙찰자에게 대항할 수 없다고 하여 유치권의 성립요건을 사실상 제한하고 있다(대법원 2005다22688 판결).

유치권의 기본적 성립요건에서 확인한 것처럼, '유치권 배제특약'이 존재한다면, 유치권 자체가 성립할 수 없게 된다. '유치권 배제특약'은 부동산임대차계약서에서 흔히 볼 수 있는데, 대부분의 부동산 임대차계약서상의 원상회복약정 내지 원상회복약정이 그것이다.

대법원 73다2010 판결은 "건물의 임차인이 임대차관계 종료 시에는 건물을 원상으로 복구하여 임대인에게 명도하기로 약정한 것은 건물에 지출한 각종 유익비 또는 필요비의 상환청구권을 미리 포기하기로 한 취지의 특약이라고 볼 수 있어 임차인은 유치권을 주장을 할 수 없다."라는 취지의 판결을 선고한 사실이 있다. 이러한 판결 취지를 고려하면, 대부분의 임차인은 '원상회복약정'에 따라 유치권 배제특약을 임대인과 체결한 꼴이 되어 유치권으로 유익비 내지 필요비를 주장할 수 없게 될 것이다.

그렇다면, 유치권 배제특약의 효력이 특약당사자에 한하여 미칠 것인지 아니면 특약당사자 이외의 제3자도 유치권 배제특약을 원용할 수 있을지 문제된다. 이 문제에 대하여, 여러 의견이 존재하였고,

지방법원 판례의 의견도 분분하였던 것으로 알고 있다.

유치권 배제특약, 즉 “특약”이라는 문구를 고려하면, 약정당사자만 유치권 배제특약을 원용할 수 있다는 주장이 가능할 것이지만, 위 “특약”을 고려하더라도 유치권을 포기한 자가 유치권을 주장하는 것은 신의칙에 위반될 수 있다는 논거도 존재하였던 것이다. 신의칙이라는 것이 보충적이고 제한적인 논거인 사실을 고려하면, 신의칙을 논거로 유치권 배제특약이 특약당사자 이외의 자인 제3자에게까지 미친다는 취지의 판시는 설득력이 떨어지는 측면이 있었다.

그러나 대법원 2014다52087 판결에 의하면, 유치권의 기본적 성립요건을 전제로 특약당사자가 아닌 제3자도 유치권 배제특약을 원용할 수 있다는 판시를 하였는데, 그 주요 논거는 “유치권은 법정담보물권이기는 하나 채권자의 이익보호를 위한 채권담보의 수단에 불과하므로 이를 포기하는 특약은 유효하고, 유치권을 사전에 포기한 경우 다른 법정요건이 모두 충족되더라도 유치권이 발생하지 않는 것과 마찬가지로 유치권을 사후에 포기한 경우 곧바로 유치권은 소멸한다. 그리고 유치권 포기로 인한 유치권의 소멸은 유치권 포기의 의사표시의 상대방뿐만 아니라 그 이외의 사람도 주장할 수 있다.”라는 것이다(대법원 2016다234043 판결도 동일 취지).

<관련내용 정리>

민사유치권(민법 제320조)의 기본적 성립요건은 ‘① 타인의 물건 또는 유가증권의 적법 점유, ② 채권과 물건의 견련성, ③ 채권의 변제기 도래, ④ 유치권 배제특약의 부존재’이다.

따라서 유치권을 배제하는 특약이 있다면 유치권 자체가 성립하지 않는다. 결국 특약당사자가 아닌 제3자도 유치권 배제특약을 원용하여 유치권이 성립하지 않는다고 주장할 수 있다.

제 18 장

근저당권·저당권

79. 연대보증, 공정증서 및 (근)저당권 중에서 (근)저당권이 가장 확실한 담보방법이 된다.

필자가 과거에 채권회수에 관한 책을 써서 그런지 가끔씩 가장 확실한 담보방법을 묻는 고객들이 있다. 그렇다면, 채권확보를 위한 가장 확실한 담보는 무엇인가? 시장에서 가장 많이 활용되는 것은 아무래도 연대보증이겠지만, 가장 확실한 담보로 보기는 어렵다. 연대보증을 서준 사람에게 재력이 없다면 무용지물이 될 수 있기 때문이다.

연대보증이 가장 많이 활용되는 이유는 아무래도 계약서(물품공급계약서, 소비대차계약서 등의 채권채무발생 계약서)에 연대보증인란을 만들어 서명과 날인만으로 연대보증계약이 성립하는 간편함 때문일 것이다.

고객 중에는 약속어음에 집행수락문언이 담긴 공정증서를 가지고 와서 상담을 하는 경우가 있는데, 대체로 위와 같은 공정증서를 만들어 준 사람들은 대부분 재산이 없는 경우가 많다. 이렇게 공정증서를 만들어 주면서 돈을 빌리면 법률의 집행구조를 잘 모르는 채권자들이 돈을 쉽게 빌려준다는 사실을 이용하는 경우가 있는 것 같다.

집행수락문언이 담긴 공정증서의 경우 소송 없이 집행문을 얻어 강제집행을 할 수는 있지만, 공정증서를 작성해 준 사람에게 재산이 없다면 집행대상이 없어 채권확보가 불가능하다. 따라서 재산이 없는 것처럼 보이는데도, 공정증서를 작성해줄 테니 믿고 투자하라는 식으로 나오는 채무자에게 덜컥 돈을 빌려주는 일은 없어야 하겠다.

결국 시장에서 활발하게 담보방법으로 활용되는 연대보증, 공정증서 및 (근)저당권 중에서 특정물건에 대하여 우선순위를 확보할 수 있는 (근)저당권이 가장 확실한 담보방법이 된다.

다만, 이 경우에도 주의할 점이 없지 않다. (근)저당권을 설정해서라도 돈을 빌리고자 하는 사람은 해당 부동산을 은행에 담보로 제공하고(즉 근저당권을 설정해 주고) 돈을 빌릴 수 있다.

따라서 개인에게 돈을 빌리면서 (근)저당권을 설정해 주겠다고 한다면 등기부를 확인하는 절차가 필요하다. 권리분석을 통해 빌린 돈을 주지 않아 경매에 부치게 될 때에 내 채권확보가 가능한지 확인해야 한다는 것이다(이때 등기부에서 확인할 수 없는 우선변제권을 취득한 주택임차인 등을 주의해야 함).

그리고 돈을 빌리면서 자신 소유의 부동산으로 담보를 제공하는 경우뿐만 아니라 제3자 소유의 부동산을 담보로 제공하는 경우도 있다. 예를 들어 채권자가 돈을 빌리는 사람(또는 투자를 받는 사람)에게 부모님 소유의 부동산에 대해 (근)저당권을 설정해달라고 요구할 수도 있기 때문이다. 이런 경우는 선순위 (근)저당권이 없거나, 있더라도 권리분석 결과에 따라 채권이 확보 가능한 경우도 있을 수 있다. 이런 경우를 물상보증이라 부른다.

<관련내용 정리>

시장에서 활발하게 담보방법으로 활용되는 연대보증, 공정증서 및 (근)저당권 중에서 특정부동산에 대하여 우선순위를 확보할 수 있는 (근)저당권이 가장 확실한 담보방법이 된다. 다만 (근)저당권을 설정해서라도 돈을 빌리고자 하는 사람은 해당 부동산을 은행에 담보로 제공하고(즉 근저당권을 설정해 주고) 돈을 빌릴 수 있다. 따라서 개인에게 돈을 빌려달라면서 (근)저당권을 설정해 주겠다고 하면 의심할 필요가 있고, 담보로 제공하겠다는 부동산에 대한 권리분석이 필요하다.

특히 주택임차인은 등기부에 나오지 않는데, 주택임차인이 인도, 전입신고, 확정일자를 모두 갖춘 상태라면 돈을 빌려 주고 (근)저당권을 설정받더라도 그 임차인보다 후순위가 된다는 점을 주의해야 한다.

80. 근저당권은 피담보채권이 확정 전에는 채무자가 모두 변제를 하더라도 근저당권이 소멸하지 않는다.

근저당권은 저당권과 달리 피담보채권의 확정이라는 문제가 있다. 근저당권이란 '계속적인 거래관계로부터 발생하고 소멸하는 불특정다수의 장래채권을 결산기에 계산한 후 잔존채무를 일정 한도액의 범위 내에서 담보하는 저당권'을 의미하기 때문이다.

즉, 근저당권의 피담보채권은 저당권의 피담보채권과 달리 계속적 거래관계로 인하여 증감·변동하는데, 이러한 상태를 종료시키는 것이 필요하고, 이를 '피담보채권의 확정'이라고 한다.

근저당권에 있어 '피담보채권의 확정'사유로는 ① 근저당권설정계약에서 규정한 결산기(존속기간)의 도래, ② 존속기간 약정이 없을 경우에는 설정계약의 해지(제), ③ 존속기간 약정이 없을 경우의 거래관계의 종료합의(묵시합의 포함), ④ 근저당권자의 경매신청(경매신청 시 확정), ⑤ 제3자의 경매신청[예를 들어 제3자인 후순위 근저당권자가 경매신청 시 경락인의 경락대금 완납 시 피담보채권 확정(대법원 99다26085 판결)] 등이다.

근저당권의 '피담보채권이 확정'되면, 보통의 저당권으로 전환된다(대법원 97다25521 판결). 다만, 이 경우에도 근저당권의 특질은 그대로 유지되므로, 확정된 원본채권으로부터 생기는 이자 기타 부수채권은 근저당권이 실행될 때까지 발생한 것이라도 최고액 범위 내에서 담보되므로 지연이자 등 1년분에 한정시키는 민법 제360조 단서는 적용되지 않는다(대법원 2005다38300 판결 등).

피담보채권이 확정된 경우에 근저당권설정자는 피담보채권을 변제하고 근저당권의 말소를 청구할 수 있을 것이다. 반대로 근저당권자는 피담보채권이 확정되고 확정된 피담보채권의 변제기가 도래하면 근저당권을 실행하여 최고액까지 피담보채권의 우선변제를 받게 된다. 이러한 사정 때문에 근저당권의 경우 근저당권의 피담보채권이 확정되기 전에는 비록 발생한 채권에 대해 채무자가 모두 변제한 경우라도 근저당권이 소멸하지 않는다.

그렇다면, 기본계약의 결산기가 약정되어 있는 경우에도 근저당권을 소멸시킬 수 있을까? 기본계약의 결산기 전에 상당기간 거래가 없고, 앞으로도 거래 가능성이 없을 경우 기본계약을 해지하고 확정된 피담보채권을 모두 변제하면 근저당권을 소멸시킬 수 있다는 것이 일반적이다.

근저당권의 '피담보채권의 확정' 후에 확정채권액이 피담보채권의 최고액을 초과하는 경우에 담보물의 제3취득자, 후순위담보권자 및 물상보증인은 최고액만 변제하면 근저당권소멸청구가 가능한 반면(대법원 74다998 판결 등), 채무자 겸 근저당권설정자 또는 연대보증인 겸 근저당권설정자의 경우는 채무전액을 변제하여야 근저당권말소청구가 가능하다고 보는 것이 법원의 입장이다(대법원 92다1896 판결).

<관련내용 정리>

저당권과 근저당권은 이름은 같지만 그 내용에 있어서는 약간의 차이가 있다. 근저당권은 장래 증감변동하는 채권을 담보하는 것이지만, 저당권은 확정된 채권을 담보하는 것이기 때문이다. 따라서 근저당권의 '피담보채권이 확정'되면, 보통의 저당권으로 전환된다.

다만 이때에도 근저당권의 특질은 그대로 유지되므로, 확정된 원본채권으로부터 생기는 이자 기타 부수채권은 근저당권이 실행될 때까지 발생한 것이라도 최고액 범위 내에서 담보되므로 지연이자 등 1년분에 한정시키는 민법 제360조 단서는 적용되지 않는다.

81. 피담보채권이 소멸하면 저당권도 그 부종성에 의하여 당연 소멸함이 원칙이지만, 근저당권은 그 부종성이 완화된다.

민법 제361조(저당권의 처분제한)는 "저당권은 그 담보한 채권과 분리하여 타인에게 양도하거나 다른 채권의 담보로 하지 못한다."고 규정하고, 제369조(부종성)는 "저당권으로 담보한 채권이 시효의 완성 기타 사유로 인하여 소멸한 때에는 저당권도 소멸한다."고 규정하고 있다.

이에 따라 대법원 2002다27910 판결도 "피담보채권이 소멸하면 저당권은 그 부종성에 의하여 당연히 소멸하게 되므로, 그 말소등기가 경료되기 전에 그 저당권부채권을 가압류하고 압류 및 전부명령을 받아 저당권 이전의 부기등기를 경료한 자라 할지라도, 그 가압류 이전에 그 저당권의 피담보채권이 소멸된 이상, 그 근저당권을 취득할 수 없고, 실체관계에 부합하지 않는 그 근저당권 설정등기를 말소할 의무를 부담한다."라고 판시하여 저당권의 부종성을 인정하고 있다.

근저당권은 어떠한가? 근저당권은 "계속적인 거래관계로부터 발생·소멸하는 불특정다수의 장래채권을 결산기에 계산한 후 잔존하는 채무를 일정한 한도액의 범위 내에서 담보하는 저당권"을 의미하므로 그 개념적으로 저당권의 부종성이 완화된 형태가 된다.

즉 근저당권의 피담보채권은 증감·변동을 계속하는데, 그러한 상태가 종료되는 '근저당권의 확정' 또는 '피담보채권의 확정'으로 일반 저당권으로 전환되기 전까지는 부종성이 완화되는 것이다. 이러한 이론적 토대를 기초로 근저당권과 근저당권의 피담보채권과 관련된 두 가지의 쟁점을 살펴본다.

첫 번째 쟁점이다. 근저당권의 피담보채권이 명확하지 않다고 곧바로 근저당권말소청구의 대상이 될까? 그렇게 보기 힘들다.

이와 관련하여 대법원 2014다32007 판결은 "甲이 어머니인 乙로부터 부동산을 증여받아 소유권이전등기를 마쳤는데, 甲의 형제인 丙 등이 위 부동산에 관하여 근저당권설정등기를 마치자, 甲이 丙 등을 상대로 근저당권설정등기의 말소를 구한 사안"에서, "甲이 丙 등에게 위 부동산 중 일부 지분을 이전하여 주기로 약정한 점 등에 비추어, 丙 등이 甲이 부동산을 임의로 처분하는 것을 방지함과 동시에 부동산과 관련하여 장차 丙 등이 甲에 대하여 갖게 될 금전채권을 담보하기 위하여 근저당권을 설정받았다고 볼 여지가 충분함에도, 이와 달리 위 근저당권설정등기가 피담보채권이 존재하지 않는 무효의 등기라고 본 원심판결에 의사표시의 해석을 그르친 위법이 있다."고 판시하였다.

두 번째 쟁점이다. 근저당권자와 피담보채권의 채권자가 형식상 일치하지 않은 경우에 무조건 그 근저당권도 말소청구의 대상이 될까? 반드시 그런 것은 아니다.

이와 관련하여 대법원 2019다212594 판결은 "갑이 을에게 금원을 대여하면서 이에 대한 담보로 을의 배우자인 병 소유의 부동산에 갑의 자녀인 무 등의 명의로 근저당권설정등기를 마쳤는데, 병의 채권자인 정 주식회사가 근저당권등기와 피담보채권의 주체가 다르다고 주장하며 무 등을 상대로 근저당권설정등기의 말소(채권자대위제도 활용)를 구한 사안"에서, "근저당권자인 무 등이 갑과 함께 유효하게 채권을 변제받을 수 있고 채무자 을도 유효하게 변제할 수 있는 관계, 즉 갑과 무 등이 불가분적 채권자의 관계에 있다고 볼 여지가 상당한데도, 이와 달리 본 원심판단에 법리오해 등의 잘못이 있다."고 판단하였기 때문이다.

<관련내용 정리>

피담보채권이 소멸하면 저당권도 그 부종성에 의하여 당연 소멸함이 원칙이지만, 근저당권은 그 부종성이 완화되는바, 근저당권의 피담보채권이 명확하지 않다고 곧바로 근저당권말소청구의 대상이 되는 것은 아니며, 근저당권자와 피담보채권의 채권자가 형식상 일치하지 않은 경우에 무조건 그 근저당권이 말소청구의 대상이 되는 것도 아니다.

82. 담보권실행을 위한 경매, 즉 임의경매에서의 청구금액의 특정 및 확정에 대하여 알아보자.

임의경매 즉 담보권실행을 위한 경매신청서에는 피담보채권과 청구금액을 표시해야 하고, 피담보채권 일부에 대해 담보권을 실행할 때에는 그 취지와 범위를 기재해야 한다(민사집행규칙 제192조). 이와 관련하여 담보권 실행을 위한 경매를 신청할 때에 기재한 청구금액을 그 이후에 확장할 수 있는지 문제된다.

대법원 92다50270 판결의 취지는 담보권실행을 위한 경매 신청시 피담보채권 일부만 청구금액으로 기재한 경우 그 채권액으로 확정되고, 이후 채권계산서 제출로 이를 확장할 수 없다라는 취지이다.

다만, 신청채권자는 신청시 제외한 나머지 청구금액으로 '이중경매신청'을 하여 청구금액을 사실상 확장할 수 있는데, 이때에도 경매신청 시까지 발생한 원금 채권과 지연손해금 채권에 한정된다(대법원 2005다6235 판결). 그리고 담보권실행을 위한 경매의 신청채권자는 민사집행법 제88조 제1항에서 정한 배당요구 채권자가 아니므로, 나머지 피담보채권에 관해서 배당요구의 방법으로 배당에 참가할 수는 없다(대법원 95다22788 판결).

원금 이외의 부대채권은 어떠한가? 원금 외 이자, 지연손해금 등 부대채권을 "이자, 지연손해금의 기산일과 이율만 기재하고, 종기는 '다 갚는 날까지' 등"으로 개괄적으로 표시하였다가 나중에 채권계산서로 구체적인 금액을 특정하는 방법은 가능하다. 이는 청구채권의 확장으로 보기 어렵기 때문이다(대법원 2007다14933 판결).

부대채권을 개괄적으로 표시했는데, 이후 신청채권자가 채권계산서를 제출하지 않아 이를 특정하지 않으면, 집행법원은 등기사항 증명서 등 집행기록과 증빙에 따라 계산을 하게 된다(민사집행법 제268조, 제84조 제5항).

이에 대한 예외로 경매신청서에 경매청구채권으로 이자 등 부대채권을 표시한 경우, 나중에 채권계산서에 의해 부대채권을 증액하는 방법으로 청구금액 확장하는 것이 허용된다. 다만, 채권계산서 제출시한인 현행 배당요구종기(=경락기일)까지 해야 한다(대법원 99다11526 판결).

<관련내용 정리>

담보권 실행을 위한 경매절차에서 신청채권자가 경매신청서에 피담보채권의 일부만을 청구금액으로 하여 경매를 신청하였을 경우에는 다른 특별한 사정이 없는 한 신청채권자의 청구금액은 그 기재된 채권액을 한도로 확정되고 그 후 신청채권자가 채권계산서에 청구금액을 확장하여 제출하는 등의 방법으로 청구금액을 확장할 수 없다.

그러나 경매신청서에 청구채권으로 원금 외에 이자, 지연손해금 등의 부대채권을 개괄적으로나마 표시하였다가 나중에 채권계산서에 의하여 그 부대채권의 구체적인 금액을 특정하는 것은 경매신청서에 개괄적으로 기재하였던 청구금액의 산출 근거와 범위를 밝히는 것이므로 허용된다.

또한 신청채권자가 경매신청서에 청구채권 중 이자, 지연손해금 등의 부대채권을 확정액으로 표시한 경우에는 나중에 배당요구 종기까지 채권계산서를 제출하는 등으로 부대채권을 증액하여 청구금액을 확장하는 것은 허용된다(대법원 2017다225619 판결).

83. 토지 근저당권에 기초하여 건축공사에 대한 중지청구도 가능하다.

대지 소유자가 나대지 상태에서 저당권을 설정한 다음 대지상에 건물을 신축하기 시작하였으나, 피담보채무를 변제하지 못함으로써 저당권이 실행에 이르렀거나 실행이 예상되는 상황이다.

이때 그 대지의 소유자 또는 제3자가 신축공사를 계속한다면 신축건물을 위한 법정지상권이 성립하지 않는다고 할지라도 경매절차에 의한 매수인으로서는 신축건물의 소유자로 하여금 이를 철거하게 하고 대지를 인도받기까지 별도의 비용과 시간을 들여야 하므로, 저당목적 대지상에 건물신축공사가 진행되고 있다면 이는 경매절차에서 매수희망자를 감소시키거나 매각가격을 저감시켜 결국 저당권자가 지배하는 교환가치의 실현을 방해하거나 방해할 염려가 있는 사정에 해당한다[다만 건물이 신축되고 건물에 대한 등기까지 완료한 상태라면 토지의 근저당권자가 민법 제365조에 따른 일괄경매를 청구할 수도 있을 것(필자의 개인의견)].

이때 (근)저당권자가 저당권에 기초한 방해배제청구권을 행사하여 건물신축공사의 중지청구가 가능하지 않을까? 대법원 2003다58454 판결에 의하면, 구체적 사정에 따라 건물신축공사의 중지청구가 가능하다는 입장이다.

즉, 저당권은 목적물의 교환가치에 대하여 우선변제받을 수 있는 권리이고, 목적부동산을 사용·수익할 권리는 여전히 저당권 설정자에게 있으므로 저당권이 설정된 토지소유자나 토지소유자로부터 시공권을 인수한 제3자가 저당목적물인 토지 위에 건물을 신축하는 것은 토지소유권에 기한 사용·수익권의 행사에 해당하여 저당권자가 그 공사의 중단을 요구할 수는 없음이 원칙이다.

그러나 경매절차를 통하여 경매목적물을 환가하고 위 환가대금에서 저당권의 피담보 채무를 우선변제받을 수 있는 권리는 저당권의 본질적인 내용이라 할 것이므로 이러한 본질적 내용을 침해하는 행위가 있을 경우에는 저당권자로서는 그 침해행위의 중지를 구하는 등 방해배제청구를 할 수 있다고 할 것이다(민법 제370조, 제214조).

더욱이 채무자에게 부도 등의 사유가 발생하여 신용상태가 악화되거나 채권회수를 위해 저당권자가 언제라도 저당권을 실행할 수 있는 상태가 된 이후에는 저당권자로서는 경매실행을 통한 채권회수의 필요성이 특히 강조된다고 할 것이고, 경매절차의 안정성 등 경매 목적의 실현을 위하여는 저당목적물의 소유자가 목적물인 토지를 이용하는 이익보다 저당권자가 저당권을 실행하고 토지의 교환가치를 실현할 수 있는 이익을 보다 중시해야 할 필요가 있다고 할 것이다.

또한, 경매목적물에 대한 압류가 이루어지면 이에 대한 법률적 처분행위뿐만 아니라 경매목적물을 멸실 또는 훼손시키거나 경매목적물인 토지 위에 공작물, 건물 등을 축조하는 등의 사실적 처분행위까지 금지되는 효력이 발생하는데, 이에 위반하여 경매목적물에 대한 법률적 처분행위를 하는 것은 경매채권자가 그 효력을 부정함으로써 실효를 거둘 수 있지만, 경매목적물의 가격을 감소하게 하거나 감소하게 할 우려가 있는 사실적 처분행위에 대하여는 그러할 수가 없다.

따라서 이 경우에는 채무자 또는 경매목적물의 점유자로서는 경매의 목적에 위반되거나 경매목적물의 가치를 감소시키는 사실행위를 하여서는 아니 되는 일종의 부작위 의무를 부담하고 있다고 할 수밖에 없고 채무자나 부동산의 점유자가 그러한 의무를 무시하고 위반행위를 하게 되면 저당권자로서는 저당권에 근거한 방해배제청구를 할 수 있다.

위 대법원 2003다58454 판결 이유에 의하면 "원심은 그 판결에서 들고 있는 증거들을 종합하여, 나산종합건설 주식회사가 판시 대지에 관하여 주식회사 한국외환은행에게 근저당권설정등기를 마치고 그 대지상에 20층 규모의 오피스텔을 신축한 지 1년여 만에 지하층의 공사를 한 상태에서 부도를 내자 피고 조합이 그 무렵 위 회사로부터 건축사업 시행권을 양수하고 공사를 속행하였고, 이후 위 은행으로부터 근저당권부 채권을 양수한 원고의 신청에 의하여 임의경매절차가 개시되었음에도 공사를 강행한 사실을 인정한 다음 피고 조합의 공사는 원고의 저당권을 침해하는 행위라고 판단하여 그 중지를 구하는 이 사건 청구를 인용하였는바, 원심의 위와 같은 판단은 앞에서 본 법리에 비추어 볼 때 정당하고, 거기에 상고이유 주장과 같이 근저당권에 기한 방해배제청구권과 경매에 관한 법리오해의 위법이 없다."는 취지이다.

<관련내용 정리>

저당권은 목적물의 교환가치에 대하여 우선변제받을 수 있는 권리이고, 목적부동산에 대한 사용·수익권은 여전히 저당권 설정자에게 있다. 따라서 저당권이 설정된 토지소유자나 토지소유자로부터 시공권을 인수한 제3자가 저당목적물인 토지 위에 건물을 신축하는 것은 토지소유권에 기한 사용·수익권의 행사에 해당하여 저당권자가 그 공사의 중단을 요구할 수는 없음이 원칙이다.

그러나 경매절차를 통하여 경매목적물을 환가하고 위 환가대금에서 저당권의 피담보 채무를 우선변제받을 수 있는 권리는 저당권의 본질적인 내용이라 할 것이므로 이러한 본질적 내용을 침해하는 행위가 있을 경우에는 저당권자로서는 그 침해행위의 중지를 구하는 등 방해배제청구를 할 수 있다.

제 19 장

양도담보·담보가등기

84. 매매대금 담보를 위해 가등기를 마친 경우에 정산을 전제한 약한 의미의 양도담보로 해석한다.

당사자 사이에 부동산에 대한 매매대금 채무를 담보하기 위해 부동산에 대한 가등기(매매예약을 원인으로 한 소유권이전청구권가등기)를 마친 후에 위 매매대금 채무를 변제하지 않으면 그 가등기에 기한 본등기를 마치기로 약정하였다. 이때 채무자가 변제기에 위 채무를 변제하지 않을 경우 대물변제의 약정이 있었다고 볼 것인가? 아니다.

대법원 2015다63138, 63145 판결에 의하면 "변제기에 위 채무를 변제하지 아니하면 채권채무관계가 소멸하고 부동산의 소유권이 확정적으로 채권자에게 귀속된다는 명시의 특약이 없는 이상 대물변제의 약정이 있었다고 인정할 수 없고, 단지 위 채무에 대한 담보권 실행을 위한 방편으로 소유권이전등기를 하는 약정, 이른바 정산절차를 예정하고 있는 '약한 의미의 양도담보' 계약이라고 봄이 타당"하다는 취지이다.

'약한 의미의 양도담보'가 이루어졌다는 것은 어떠한 의미인가? 위 대법원 2015다63138, 63145 판결에 의하면 "채권자는 채무의 변제기가 지나면 부동산의 가액에서 채권원리금 등을 공제한 나머지 금액을 채무자에게 반환하고 부동산의 소유권을 취득하거나(귀속정산), 부동산을 처분하여 그 매각대금에서 채권원리금 등의 변제에 충당하고 나머지 금액을 채무자에게 반환할 수도 있다(처분정산). 그렇지만 채무자가 채권자에게 적극적으로 위와 같은 정산을 요구할 청구권을 가지지는 아니하며, 다만 채무자는 채무의 변제기가 지난 후에도 채권자가 그 담보권을 실행하여 정산절차를 마치기 전에는 언제든지 채무를 변제하고 채권자에게 위 가등기 및 그 가등기에 기한 본등기의 말소를 청구할 수 있다."라는 취지이다.

매매대금 채무를 담보하기 위해 가등기가 마쳐졌으니, 가등기담보 등에 관한 법률(이하 '가담법')이 적용되는 것은 아닌가? 가담법이 적용되지는 않는다.

즉 위 대법원 2015다63138, 63145 판결에 의하면 "가담법은 차용물의 반환에 관하여 다른 재산권을 이전할 것을 예약한 경우에 적용되므로, 매매대금 채무를 담보하기 위하여 가등기를 한 경우에는 가등기담보법이 적용되지 아니한다."라는 취지이기 때문이다.

이와 관련하여 가담법 제1조는 "이 법은 차용물의 반환에 관하여 차주가 차용물을 갈음하여 다른 재산권을 이전할 것을 예약할 때 그 재산의 예약 당시 가액이 차용액과 이에 붙인 이자를 합산한 액수를 초과하는 경우에 이에 따른 담보계약과 그 담보의 목적으로 마친 가등기 또는 소유권이전등기의 효력을 정함을 목적으로 한다."고 규정하고 있다.

그렇다면 변제기까지 채무자가 매매대금채무를 이행하지 않은 경우에 채권자는 어떻게 해야 하는가? 매매예약을 원인으로 하는 소유권이전등기청구권 보전의 가등기를 경료 하였으니, 매매예약을 원인으로 하는 소유권이전등기를 청구할 수 있는 것이 아닌가? '약한 의미의 양도담보'로 판명된 것이니 '매매예약 완결'을 원인으로 한 가등기에 의한 본등기절차의 이행을 구한다면 인용되기 어렵다.

그렇다면 채권자는 어떠한 청구원인을 구성해야 할까? 일단 위 가등기의 피담보채권이 존재하는 한 청산절차를 거치지 아니하고 채권자는 담보권실행을 위해 채무자에게 위 가등기에 기한 본등기절차의 이행을 바로 청구할 수 있다. 이때 채무자는 채권자에게 적극적으로 정산을 요구할 수 있는 청구권이 없고 그 정산을 이유로 본등기절차의 이행을 거절할 수도 없다.

원심의 원고는 "주위적으로, 피고는 원고에게 별지 목록 기재 부동산에 관하여 서울중앙지방법원 2006. 7. 6. 접수 제32466호로 마친 가등기에 기하여 매매예약완결 또는 가등기담보권실행을 원인으로 한 소유권이전등기절차를 이행하라."는 청구취지를 구성하였다.

이에 대하여 위 대법원 2015다63138, 63145 판결에 의하면 가등기에 의한 매매예약완결을 원인으로 한 본등기절차의 이행을 구한 부분에 대한 원심의 기각결정에는 문제가 없다는 태도를 보였으나, "가등기담보권실행을 원인으로 한 소유권이전등기절차 이행 청구" 부분에 대하여, "원심으로서는 이 사건 부동산의 가액과 이 사건 가등기의 피담보채권액을 제대로 심리하여, ① 이 사건 부동산의 가액이 이 사건 가등기의 피담보채권액에 미달하는 경우에는 원고의 이 사건 가등기에 기한 귀속정산 완료를 원인으로 하는 본등기 청구를 인용하여야 하고, ② 이 사건 부동산의 가액이 이 사건 가등기의 피담보채권액을 넘는 경우에는 원고의 이 사건 가등기에 기한 담보권실행을 원인으로 하는 본등기 청구를 인용하였어야 한다."라는 취지로 판시하였다.

<관련내용 정리>

매매대금의 담보를 위해 가등기(매매예약을 원인으로 한 소유권이전청구권가등기)를 마친 경우에 정산을 전제한 약한 의미의 양도담보로 해석한다. 약한 의미의 양도담보가 이루어졌다는 것은, 채권자가 채무의 변제기가 지나면 부동산의 가액에서 채권원리금 등을 공제한 나머지 금액을 채무자에게 반환하고 부동산의 소유권을 취득하거나(귀속정산), 부동산을 처분하여 그 매각대금에서 채권원리금 등의 변제에 충당하고 나머지 금액을 채무자에게 반환할 수 있다는 것이다(처분정산). 그리고 가담법은 차용물의 반환에 관하여 다른 재산권을 이전할 것을 예약한 경우에 적용되므로, 매매대금 채무를 담보하기 위하여 가등기를 한 경우에는 가등기담보법이 적용되지 아니한다.

85. 건물의 양도담보가 가담법 적용대상인 경우에 대지점유사용자는 양도담보설정자가 된다.

원고가 원심 공동피고(건물에 대한 양도담보설정자)에게 토지를 매도하였다. 원심 공동피고가 원고에게 토지에 대한 잔금을 미지급한 상태에서 원고로부터 토지사용승낙서를 건네받아 건축허가를 득한 후에 건축회사와 도급계약을 체결하였다.

원심 공동피고는 건축회사의 대표인 피고(건물에 대한 양도담보권자)로부터 공사대금을 차용한 후에 그 담보로 건물의 건축주명의를 피고로 변경하며, 준공 후 1년 이내에 차용금 전액을 변제할 경우 이 사건 건물을 반환받기로 합의하였다.

피고는 건축회사에 공사대금을 대신 지급하고, 건물에 관하여 피고 앞으로 건축주명의를 변경한 다음, 피고 명의의 소유권보존등기를 하였다. 원고는 원심 공동피고가 토지매매에 따른 잔금을 지급하지 않자 토지에 대한 매매계약을 해제하고, 건물에 대한 명의자인 피고를 상대로 원고소유 토지의 점유로 인한 부당이득반환 등을 청구하는 소를 제기하였다.

위 사안에서 원고가 승소할까? 대법원 2021다263519 판결(건물 등 철거)에 의하면 원고가 피고를 상대로 승소하기 어렵지만, 원심 공동피고에게 소송을 하면 승소할 가능성이 있다는 취지이다.

이 사안은 '차용물의 반환에 관하여 다른 재산권을 이전한 경우'로 가등기담보법이 적용되고, 소유권보존 내지 이전등기를 마친 가등기담보법상의 담보권자라도 신축건물의 소유자는 담보권설정자가 되므로 이 사건 토지 점유로 인한 부당이득반환의무를 부담하는 자는 건물에 대한 양도담보 설정자에 해당하는 원심의 공동피고이기 때문이다.

정리해 보자. '차용물의 반환에 관하여 다른 재산권을 이전할 경우'가 아닌 '매매대금'이나 '공사대금'을 담보하거나, '부동산의 가액이 채무원리금보다 적은 경우'에는 가등기담보법이 적용되지 않고, 가등기담보법 제정(1983) 전 판례이론이 적용된다.

그런데 가등기담보법 제정 전의 판례이론에 의하면 담보목적으로 부동산에 대한 소유권이전등기를 하면서 돈을 갚지 않으면 채권자 소유로 하기로 약정한 경우에 민법 제607조, 제608조에 따라 그 약정이 무효가 될 수 있는데, 대법원 2015다63138 판결 등에 의하면 민법 제608조에 반하는 등기는 '약한 의미의 양도담보', 즉 채권자에게 신탁적으로 소유권이 이전되지만 채권자가 정산의무를 부담한다는 것이 되어 내부관계에 있어서 그 부동산에 대한 등기는 담보등기에 불과하지만 대외적으로는 양도담보권자가 소유권자가 된다(이른바 '신탁적 이전설').

이와 달리 가등기담보법이 적용되는 경우에는 담보권자가 소유권이전등기 내지 소유권보전등기를 마쳤다고 하더라도 담보물권의 효력 밖에 없고 대내적·대외적 구분 없이 명의자가 아닌 담보권설정자가 소유자(가등기담보법 제4조 제2항)가 되므로 소유권보존 내지 이전등기를 마친 가등기담보법상의 담보권자라도 이 사건 토지 점유로 인한 부당이득반환의무를 면하게 된다(이른바 '담보물권설').

이 사건 토지에는 그 지상에 이 사건 건물이 있으므로 이 사건 건물의 소유자가 이 사건 토지를 점유하는 것이어서 원고는 피고가 이 사건 건물의 소유자임을 입증하면 원고의 피고에 대한 부당이득반환청구가 인정된다.

그런데 가등기담보법 적용여지가 있으므로 이 사건 건물에 대한 소유권보존등기를 마친 양도담보권자는 '담보권설'에 따라 이 사건 건물의 소유자가 아니므로(가등기담보법 제4조 제2항), 원고의 위 담보권자(소유권보존등기권자)에 대한 부당이득반환청구가 인정되기 어렵다는 것이 위 대법원 판결의 결론이다(자세한 논의는 2022. 9. 30.자 '서울고등법원판례공보스터디' 제1962쪽 내지 제1965쪽 참고).

<관련내용 정리>

'차용물의 반환에 관하여 다른 재산권을 이전한 경우'에는 가등기담보법이 적용되므로 담보권자가 소유권이전등기 내지 소유권보전등기를 마쳤다고 하더라도 담보물권의 효력 밖에 없고 대내적 · 대외적 구분 없이 명의자가 아닌 담보권설정자가 소유자(가등기담보법 제4조 제2항)가 된다.

그러나 '차용물의 반환'이 아닌 '매매대금' 또는 '공사대금'을 담보하거나, '부동산의 가액이 채무원리금보다 적은 경우'에는 가등기담보법이 적용되지 않고, 가등기담보법 제정(1983) 전 판례이론이 적용된다.

가등기담보법 제정 전의 판례이론에 의하면 담보목적으로 부동산에 대한 소유권이전등기를 하면서 돈을 갚지 않으면 채권자 소유로 하기로 약정한 경우에 민법 제607조, 제608조에 따라 그 약정이 무효가 될 수 있는데, 민법 제608조에 반하는 등기는 '약한 의미의 양도담보', 즉 채권자에게 신탁적으로 소유권이 이전되지만 채권자가 정산의무를 부담하는 것이 되어 내부관계에 있어서 그 부동산에 대한 등기는 담보등기에 불과하지만 대외적으로는 양도담보권자가 소유권자가 된다(이른바 '신탁적 이전설').

제 20 장

부동산경매

86. 부동산경매에 있어서 부동산권리분석의 기본적인 원리를 살펴본다.

부동산권리분석이란 경매의 낙찰자 입장에서, 법원에 내는 경락대금 이외에 추가로 들어갈 돈이 있는지 여부에 대한 확인을 위해 경매부동산과 연결되어 있는 권리 등을 확인하는 것이다.

이와 관련하여 대법원 2016다242716, 242723 판결은, 무자격 컨설팅업자의 부동산경매 권리분석 컨설팅계약에 대한 무효로 선언하면서 '권리분석업무'를 "부동산 권리관계 또는 부동산등기기록에 등재된 권리관계의 법적 효과에 해당하는 권리의 득실·변경이나 충돌 여부, 우열관계 등을 분석하는 것"으로, '경매대상 부동산에 대한 권리분석'을 "경매대상 부동산에 대하여 필요한 자료를 제시하고 그 권리관계나 거래 또는 이용제한 사항 등을 확인·설명해 주며 그 경제적 가치에 관하여 정보를 제공하고 조언하는 것을 내용으로 하는 것"으로 각 설명하고 있다.

부동산권리분석을 한 결과 인수하는 권리가 없다면, 경락대금 이외에 추가지출 비용이 없다는 것이고, 인수하는 권리가 있다면, 그 인수하는 권리를 제거하기 위한 추가비용이 지출되어야 한다는 것이다. 경우에 따라서는 인수하는 권리 때문에 낙찰자가 취득한 소유권 자체를 박탈당하기도 하므로 부동산권리분석은 경매에 있어 중요한 부분이 된다.

부동산권리분석과 관련된 핵심적인 조문은 민사집행법 제91조다. 민사집행법 제91조는 다음과 같다.

제91조(인수주의와 잉여주의의 선택 등) ① 압류채권자의 채권에 우선하는 채권에 관한 부동산의 부담을 매수인에게 인수하게 하거나, 매각대금으로 그 부담을 변제하는 데 부족하지 아니하다는 것이 인정된 경우가 아니면 그 부동산을 매각하지 못한다.

② 매각부동산 위의 모든 저당권은 매각으로 소멸된다.

③ 지상권 · 지역권 · 전세권 및 등기된 임차권은 저당권 · 압류채권 · 가압류채권에 대항할 수 없는 경우에는 매각으로 소멸된다.

④ 제3항의 경우 외의 지상권 · 지역권 · 전세권 및 등기된 임차권은 매수인이 인수한다. 다만, 그중 전세권의 경우에는 전세권자가 제88조에 따라 배당요구를 하면 매각으로 소멸된다.

⑤ 매수인은 유치권자에게 그 유치권으로 담보하는 채권을 변제할 책임이 있다.

부동산권리분석에서 가장 먼저 할 일은 말소기준을 찾는 것이다. 말소기준은 민사집행법 제91조에서 도출된다. 민사집행법 제91조 제3항에서 언급되는 "저당권, 압류채권, 가압류채권"이 말소기준이 되는 것이다. 그뿐만 아니라, 말소기준 판단에 있어 저당권과 동일시할 수 있는 근저당권 및 가등기담보법 시행일인 1984. 1. 1. 이후 설정된 담보가등기, 압류채권과 동일시할 수 있는 경매개시결정기입등기(압류등기) 등도 말소기준이 된다. 또한, 저당권을 보전하기 위한 가등기 내지 가처분도 저당권을 보전한다는 측면이 고려되어 말소기준이 될 수 있다.

실무에서는 민사집행법 제91조 제4항에서 언급되는 전세권도 말소기준으로 기능하는 경우가 있다. 즉 전세권의 경우는 위 말소기준보다 선순위를 전제로 배당요구를 하거나 경매(임의경매)를 신청하면 말소기준이 된다[단 '부분 전세권'은 제외(대법원 96다53628 판결)].

말소기준을 찾게 되면, 말소기준 이후의 권리 등은 경매로 소멸하는 것이 원칙이다. 말소기준이 여러 개 보일 때에는 첫 번째 순위의 것이 말소기준이 된다. 다만, 말소기준보다 후순위임에도 경매로 소멸되지 않고, 낙찰자가 인수하게 되는 것들이 존재하는데, 현재는 폐지된 예고등기, 법정지상권, 관습법상 법정지상권, 분묘기지권, 민사유치권, '수용 또는 사용재결'에 의해 취득한 구분지상권(도시철도법 등에 의한 구분지상권 등기규칙 4조. 참고) 등이 그것이다.

말소기준보다 후순위 권리 등은 경매로 소멸함에도 불구하고, 낙찰자가 인수할 위험이 있는 것들도 있다. 예를 들어, 건물을 낙찰받기 위해 건물에 대한 권리분석을 해보았더니, 토지소유자가 건물에 대한 처분금지가처분을 한 것이 확인되었다. 그런데 건물에 대한 말소기준보다 토지소유자의 처분금지가처분이 후순위이다. 이런 경우, 건물에 대한 말소기준보다 처분금지가처분이 후순위이므로 건물을 낙찰받더라도 문제없다고 생각할 수 있으나, 건물을 낙찰받은 후에 건물이 철거될 수도 있는 운명에 있기에 낙찰 여부를 신중하게 판단해야 한다.

즉 토지소유자가 건물철거를 청구하면서, 건물에 대한 처분금지가처분을 한 상황이고, 토지소유자가 승소한다면, 건물은 애초부터 철거될 운명이었기 때문에 최종적으로는 토지소유자에게 건물낙찰자가 대항할 수 없게 될 가능성이 있다[관련 판례로는 대법원 2017다9121, 2017다9138(병합) 판결(건물철거 등)].

부동산에 대한 권리분석에 있어서 대부분은 등기부(등기사항증명서)를 분석함으로써 해결되나, 등기부에 나오지 않는 부분에 대한 권리분석이 필요함은 물론이다. 등기부에는 나오지 않지만, 권리분석에 필수적인 권리 등으로는 주임법상의 임차인, 상임법상의 임차인, 법정지상권, 관습법상 법정지상권, 분묘기지권, 민사유치권, 상사유치권 등을 들 수 있다[보다 더 상세한 내용은 필자의 저서인 "부동산권리분석 및 배당 판례특강 제2판(박영사)" 참고].

<관련내용 정리>

부동산권리분석이란 경매의 낙찰자 입장에서, 법원에 내는 경락대금 이외에 추가로 들어갈 돈이 있는지 여부에 대한 확인을 위해 경매부동산과 연결되어 있는 권리 등을 확인하는 것이다.

부동산권리분석을 한 결과 인수하는 권리가 없다면, 경락대금 이외에 추가지출 비용이 없다는 것이고, 인수하는 권리가 있다면, 그 인수하는 권리를 제거하기 위한 추가비용이 지출되어야 한다. 경우에 따라서는 인수하는 권리 때문에 낙찰자가 취득한 소유권 자체를 박탈당하기도 하므로 부동산권리분석은 경매에 있어 중요한 부분이 된다. 부동산권리분석과 관련된 핵심적인 조문은 민사집행법 제91조다.

87. 부동산경매의 권리분석에 있어서 인수되는 것과 소멸되는 것을 알아보자.

부동산경매를 통하여 부동산을 매수하는 경우 낙찰자가 인수하는 권리가 있고, 낙찰자가 인수하지 않고, 그대로 소멸하는 권리가 있다. 인수하는 권리 및 소멸하는 권리의 의미는 무엇인가?

인수하는 권리란 경매로 부동산을 낙찰받았을 때에 낙찰 부동산에 해당 권리가 따라온다고 생각하면 되고, 소멸하는 권리란 경매로 부동산을 낙찰받았을 때 낙찰 부동산에 해당 권리가 따라오지 않고 그대로 소멸하여, 낙찰자에게는 낙찰대금 이외에 추가적인 부담으로 작용하지 않는 권리라고 생각하면 쉽다. 소멸(무조건 소멸)하는 것의 대표주자는 근저당권을 들 수 있다(민사집행법 제91조 제2항).

즉, 부동산이 경매에 부쳐지는 경우에 근저당권은 무조건 소멸하는데(민사집행법 제91조 제2항), 소멸을 하는 대신 근저당채권자는 낙찰대금에 대하여 순위에 따른 배당을 받게 된다. 부동산을 낙찰받은 사람은 낙찰대금을 법원에 낼 것이고, 그 낙찰대금 안에서 근저당권채권자가 배당을 받고 끝나기 때문에 낙찰자가 낙찰대금 이외에 추가적 비용을 부담하지 않는다.

인수되는 것의 예로는 말소기준보다 선순위의 처분금지가처분을 들 수 있다. 말소기준이 근저당권인 경우에 근저당권보다 선순위인 처분금지가처분이 있었다고 가정하자. 해당 부동산이 경매에 부쳐졌는데, 누군가가 해당 부동산을 낙찰받았다면, 그 낙찰자는 선순위의 처분금지가처분을 인수한다.

즉, 낙찰대금을 지급하였지만, 처분금지가처분으로 인하여 추가적인 비용이 들어갈 수 있다는 것이다(단, 실무는 가처분에 따른 결론이 내려질 때까지 경매절차를 사실상 중지하는 경우도 있음). 처분금지가처분으로 인하여 추가적인 비용이 들어간다는 것은 여러 의미가 있을 수 있으나, 최악의 경우는 낙찰자가 취득한 부동산의 소유권을 상실할 수도 있다.

처분금지가처분권자가 소송을 통해 해당 부동산의 소유권자로 판명되고 그 판결이 확정될 경우 낙찰자는 처분금지가처분보다 후순위 근저당권을 기초로 경매부동산의 소유권을 취득하였기 때문에 처분금지가처분권자에게 대항할 수 없기 때문이다.

부동산을 낙찰받을 때 인수하는 권리와 소멸되는 권리를 구분할 수 있는 가장 단순한 방법은 말소기준을 찾는 것인데, 원칙적으로 말소기준 이후의 권리는 소멸되고, 말소기준 이전의 권리는 인수된다. 당연히 예외도 있다.

말소기준으로 언급되는 등기는 (근)저당권등기, 가압류 및 압류등기, 담보가등기, 경매개시결정기입등기 등인데(민사집행법 제91조), 말소기준과 상관없이 언제나 인수되는 권리로 언급되는 권리로는 법정지상권, 관습상 법정지상권, 분묘기지권, 민사유치권, '수용 또는 사용·재결'에 의해 취득한 구분지상권(도시철도법 등에 의한 구분지상권 등기규칙 4조. 참고) 등이 있다. 언제나 인수되는 것(권리)으로 언급되었던 예고등기는 현재 폐지된 상태다.

<관련내용 정리>

부동산경매를 통하여 부동산을 매수하는 경우에 낙찰자가 인수하는 권리가 있고, 낙찰자가 인수하지 않고, 그대로 소멸하는 권리가 있다. 인수하는 권리란 경매로 부동산을 낙찰받았을 때에 낙찰 부동산에 해당 권리가 따라온다고 생각하면 되고, 소멸하는 권리란 경매로 부동산을 낙찰받았을 때에 낙찰 부동산에 해당 권리가 따라오지 않고 그대로 소멸하여, 낙찰자에게는 낙찰대금 이외에 추가적인 부담으로 작용하지 않는 권리라고 생각하면 쉽다. 소멸하는 것의 대표주자는 근저당권(무조건 소멸)을 들 수 있다.

88. 민법 제365조에 따라 일괄경매청구권이 인정되는 경우라도 토지만을 경매에 부칠 수도 있다.

민법 제365조는 토지 저당권자의 일괄경매청구권을 규정하고 있다. 즉, 민법 제365조는 "토지를 목적으로 저당권을 설정한 후 그 설정자가 그 토지에 건물을 축조한 때에는 저당권자는 토지와 함께 그 건물에 대하여도 경매를 청구할 수 있다. 그러나 그 건물의 경매대가에 대하여는 우선변제를 받을 권리가 없다."고 규정하고 있다.

민법 제365조가 토지 저당권자에게 건물까지 경매를 신청할 수 있게 하는 이유는, 건물소유자에게 민법 제366조에서 정하는 법정지상권이 인정되지 않기 때문이다.

토지 저당권자에게 건물까지 일괄경매청구권을 인정한 것에 대하여 대법원 2011다54587 판결은 "저당권설정자로서는 저당권 설정 후에도 그 지상에 건물을 신축할 수 있는데 후에 저당권 실행으로 토지가 제3자에게 매각될 경우에 건물을 철거하여야 한다면 사회경제적으로 현저한 불이익이 생기게 되므로 이를 방지할 필요가 있고, 저당권자에게도 저당토지상 건물의 존재로 인하여 생기게 되는 경매의 어려움을 해소하여 저당권 실행을 쉽게 할 수 있도록 한 데 있다."는데 그 의미가 있다는 취지이다.

즉 토지에 대한 저당권이 실행되어 토지소유자가 변경되었는데, 법정지상권이 없는 건물이 존재할 경우에 토지소유자는 건물소유자를 상대로 건물철거 및 토지인도를 청구하게 될 것인데, 멀쩡한 건물이 철거될 경우에 사회·경제적으로 큰 손실이 발생되기 때문에 토지 저당권자의 일괄경매청구권이 인정된다는 것이다.

그렇다면, 토지 저당권 설정 후 그 설정자가 건물을 축조한 경우, 저당권자의 일괄경매청구가 의무인가? 토지 저당권자가 의무적으로 일괄경매청구권을 행사해야 하는 것은 아니라는 것이 대법원의 태도다(대법원 77다77 판결, 제3판 주석민법 물권4 제197쪽).

다만, 저당권자가 단지 건물소유자를 괴롭힌다는 것만을 목적으로 일부러 토지에 대해서만 경매신청을 하여 경락인이 되어 건물을 철거를 구하는 등 특별한 사정이 있다면, 건물철거 등을 구하는 것이 신의칙에 반할 수도 있을 것이다.

일괄경매청구가 가능한 경우에, 토지만의 경매로 피담보채권의 변제가 가능하더라도, 일괄경매가 인정되는 것이 과잉경매로 볼 수는 없다는 것도 대법원의 입장이다.

이와 관련하여 대법원 2003다3850 판결은 "저당지상의 건물에 대한 일괄경매청구권은 저당권설정자가 건물을 축조한 경우뿐만 아니라 저당권설정자로부터 저당토지에 대한 용익권을 설정받은 자가 그 토지에 건물을 축조한 경우라도 그 후 저당권설정자가 그 건물의 소유권을 취득한 경우에는 저당권자는 토지와 함께 그 건물에 대하여 경매를 청구할 수 있다."고 한다.

<관련내용 정리>

민법 제365조가 토지 저당권자에게 건물까지 경매를 신청할 수 있게 하는 이유는, 건물소유자에게 민법 제366조에서 정하는 법정지상권이 인정되지 않기 때문이다.

즉 토지에 대한 저당권이 실행되어 토지소유자가 변경되었는데, 법정지상권이 없는 건물이 존재할 경우에 토지소유자는 건물소유자를 상대로 건물철거 및 토지인도를 청구하게 될 것인데, 멀쩡한 건물이 철거될 경우에 사회·경제적으로 큰 손실이 발생되기 때문에 토지 저당권자의 일괄경매청구권이 인정되는 것이다. 따라서 토지 저당권자가 일괄경매청구권을 행사할지 여부는 토지 저당권자의 자유의사에 의해 결정할 수 있음이 원칙이다.

89. 집합건물이 경매되는 경우에 집합건물 건축 전 토지에 존재했던 저당권이라도 경매로 소멸함이 원칙이다.

집합건물법 제20조는 전유부분과 대지사용권의 분리처분을 원칙적으로 금지하고 있고, 경매도 처분에 해당하므로 위 규정이 적용된다.

그렇다면 아파트(집합건물) 대지사용권에 대하여 대지권등기 설정 전에 이미 아파트 전체 부지에 저당권이 설정된 경우 즉, '토지별도등기 있음'의 경우에는 어떨까? 부동산매각 조건과 관련하여 '토지 저당권 인수부 특별매각조건'이 없다면, 어떤 결과가 발생할까? 이런 경우는 낙찰자가 인수할 여지가 있는 토지 저당권은 소멸하게 된다 (경매대상 집합건물 지분만큼의 저당권이 소멸됨).

즉 대법원 2012다103325 판결을 정리하면, 아파트 전유부분에 관해서만 감정평가가 실시되었고, 최저매각가격에도 대지지분의 평가액은 반영되지 않았으며, 매각허가결정의 부동산 표시에도 전유부분만 표시되었음에도 불구하고, 집합건물법 제20조의 전유부분과 대지사용권의 분리처분 규정에 따를 때에, 규약에 특별한 정함이 없는 한 낙찰자는 대지지분까지 소유권을 취득하게 되고, 토지에 존재했던 근저당권이 인수된다는 특별매각조건이 없었으므로, 낙찰자가 매각대금을 완납함으로써, 낙찰가가 인수할 여지가 있는 토지 저당권은 소멸하게 된다는 취지다.

결국, 집합건물이 존재하고 있는 토지에 대하여 등기부상 존재하는 저당권자가 임의경매를 진행하여 그 토지를 낙찰받게 되는 자가 있을 경우, 그 토지 낙찰자는 이러한 집합건물 낙찰자를 상대로 지료상당 부당이득반환청구를 할 경우, 승소하기 어렵게 된다.

'토지 저당권 인수부 특별매각조건'이 없는 상태에서 집합건물에 대한 경매가 진행되었고, 집합건물 낙찰자가 경매대금을 납부함으로써 함께 취득한 소유권대지권에 설정된 저당권(경매대상 집합건물 지분만큼의 저당권)이 소멸하였기 때문이다.

이러한 결론에 이르게 되는 이유는 민사집행법 제91조 제2항이 "매각 부동산 위의 모든 저당권은 매각으로 소멸된다."는 규정과 집합건물법 제20조의 전유부분과 대지사용권의 분리처분금지의 조화로운 해석에 근거한다.

즉, 집합건물법 제20조에 따라 특별한 사정이 없는 한 전유부분인 구분건물이 경매에 부쳐질 때에 대지사용권까지 매각대상이 되고, 민사집행법 제91조 제2항은 매각대상 부동산의 저당권의 무조건 소멸을 규정하고 있으므로, 저당권이 인수된다는 특별매각조건이 없을 경우, 토지저당권은 소멸하게 되기 때문이다(경매대상 집합건물 지분만큼의 저당권이 소멸됨). 단, 집합건물법 제20조의 분리처분금지규정의 전제는 원칙적으로 전유부분 소유자와 대지에 대한 소유자가 동일한 경우를 전제한다고 보아야 할 것으로 해석된다(필자의 개인의견).

<관련내용 정리>

아파트(집합건물) 대지사용권에 대하여 대지권등기 설정 전에 이미 아파트 전체 부지에 저당권이 설정된 경우 즉, '토지별도등기 있음'의 경우에 부동산매각 조건과 관련하여 '토지 저당권 인수부 특별매각조건'이 없다면, 낙찰자가 매각대금을 완납함으로써, 낙찰자가 인수할 여지가 있는 토지 저당권은 소멸한다(경매대상 집합건물 지분만큼의 저당권이 소멸됨).

따라서 집합건물이 존재하고 있는 토지에 대하여 등기부상 존재하는 저당권자가 임의경매를 진행하여 그 토지를 낙찰받게 되는 자가 있을 경우, 그 토지 낙찰자는 이러한 집합건물 낙찰자를 상대로 지료상당 부당이득반환청구를 할 경우, 승소하기 어렵게 된다.

제 21 장

집합건물

90. 집합건물의 경계가 소멸되어 그 복구가 용이하지 않다면 그 구분소유권이 통합될 수 있다.

집합건물은 아파트 또는 집합상가와 같이 하나의 동건물에 벽체 등으로 구분되어 각 소유권이 인정되는 이른바 구분소유권이 인정되는 건물을 의미한다.

그렇다면 집합건물 상가가 구분소유로 건축물대장에 등록되어 등기까지 되었는데, 101호와 102호의 경계벽 등이 허물어져, 구분소유권의 객체로서 적합한 물리적 요건을 갖추지 못한 상황일 경우, 두 개의 구분소유권이 인정되었던 101호와 102호는 하나의 구분소유권으로 변경되는 것인가?

대법원 2012다4985 판결에 의하면, 101호와 102호는 하나의 구분소유권으로 변경되고, 101호 소유자와 102호 소유자는 공유관계에 들어서게 되며, 101호 및 102호 이외의 다른 기존 구분소유자들과는 집합건물관계를 그대로 유지한다는 취지다.

그렇다면, 101호와 102호 사이에 각 인정되었던 의결권의 숫자도

1개로 줄어들게 될까? 집합건물법 제37조 제2항은 "전유부분을 여럿이 공유하는 경우에는 공유자는 관리단집회에서 의결권을 행사할 1인을 정한다."고 규정하고 있는바, 위 규정을 고려할 때, 의결권 숫자도 1개로 줄어든다고 해석된다.

101호와 102호가 하나의 구분소유권으로 변경되었음에도 불구하고 101호가 독립적으로 구분소유권이 인정됨을 전제로 경매에 부쳐져 낙찰된 경우, 그 낙찰자는 101호의 구분소유권을 취득할 수 있을까?

대법원 99다46096 판결에 의하면, 101호의 낙찰자는 101호가 구분소유임을 전제로 한 101호의 근저당권에 의한 경매(임의경매)에 있어 101호의 구분소유권을 취득하지 못한다. 즉, 위 대법원은 구분소유권의 객체로서 적합한 물리적 요건을 갖추지 못한 건물의 일부는 그에 관한 구분소유권이 성립될 수 없는 것이어서, 건축물관리대장상 독립한 별개의 구분건물로 등재되고 등기부상에도 구분소유권의 목적으로 등기되어 있어 이러한 등기에 기초하여 경매절차가 진행되어 이를 낙찰받았다고 하더라도, 그 등기는 그 자체로 무효이므로 낙찰자는 그 소유권을 취득할 수 없다는 입장을 취하고 있다.

그렇다면, 101호와 102호의 벽체 등의 소멸이 일시적이고 복원이 용이한 경우에는 어떻게 될까? 대법원 98마1438 판결에 의하면, 이러한 경우는 101호와 102호 각자의 구분소유권이 그대로 유지된다.

즉, 대법원은 "인접한 구분건물 사이에 설치된 경계벽이 일정한 사유로 제거됨으로써 각 구분건물이 구분건물로서의 구조상 및 이용상의 독립성을 상실하게 되었다고 하더라도, 각 구분건물의 위치와 면적 등을 특정할 수 있고 사회통념상 그것이 구분건물로서의 복원을 전제로 한 일시적인 것일 뿐만 아니라 그 복원이 용이한 것이라면, 각 구분건물은 구분건물로서의 실체를 상실한다고 쉽게 단정할 수는 없고, 아직도 그 등기는 구분건물을 표상하는 등기로서 유효하다고 해석해야 한다."는 취지이다.

<관련내용 정리>

집합건물은 아파트 또는 집합상가와 같이 하나의 동건물에 벽체 등으로 구분되어 각 소유권이 인정되는 이른바 구분소유권이 인정되는 건물을 의미하는데, 집합건물의 상가가 구분소유로 건축물대장에 등록되어 등기까지 되었지만, 101호와 102호의 경계벽 등이 허물어져, 구분소유권의 객체로서 적합한 물리적 요건을 갖추지 못한 상황일 경우, 두 개의 구분소유권이 인정되었던 101호와 102호는 하나의 구분소유권으로 변경될 수 있다.

따라서 101호의 경매 낙찰자는 101호가 구분소유임을 전제로 한 101호의 근저당권에 의한 경매(임의경매)에 있어 101호의 구분소유권을 취득하지 못한다. 다만 101호와 102호의 벽체 등의 소멸이 일시적이고 복원이 용이한 경우에는 101호와 102호 각자의 구분소유권이 그대로 유지된다.

91. 아파트 누수로 인하여 피해를 입은 자는 입주자대표회의에 문제를 제기하는 것이 원칙이고, 입주자대표회의는 하자가 공용부분에 존재하지 아니하였다는 점을 입증해야 한다.

아파트에 살고 있는데, 아파트 천장에서 물이 샐 경우 누수에 대한 책임은 누구에게 물어야 할까? 위층 점유자 또는 위층 소유자에게 물어야 할까? 아니면 입주자대표회의 등에게 책임을 물어야 할까?

민법에 의할 경우는 공작물책임(민법 제758조)이 문제되기 때문에, 전유부분의 하자로 누수가 발생되었다면, 위층 점유자에게 책임을 물어야 할 것이고, 공용부분의 하자로 누수가 발생되었다면 입주자대표회의 등에게 책임을 물어야 할 것이다.

보통 사람들이 집합건물의 전유부분과 공용부분을 구별할 수 있을까? 집합건물의 전유부 대장을 확인하면, 전유부분과 공용부분을 구별하여 놓고 있어 외견상 전유부분과 공용부분의 구별이 용이할 것으로 보이기도 하나, 실제 전유부분과 공용부분은 그 경계가 모호하여 건물하자로 손해가 발생한 경우 전문가들도 그 하자의 원인이 전유부분의 하자로 인한 것인지 아니면 공용부분의 하자로 인한 것인지 판단하기 어렵다.

이러한 사정을 고려하여 집합건물법은 법률상 추정규정을 두고 있다. 즉, 집합건물법 제6조는 "전유부분에 속하는 1동의 건물의 설치 또는 보존의 흠으로 인하여 다른 자에게 손해를 입힌 경우에는 그 흠은 공용부분에 존재하는 것으로 추정한다."라고 규정하고 있다.

결국 피해자는 1동의 건물의 설치 또는 보존상의 하자로 인하여 손해를 입었다는 전제사실을 입증하면 족한 것이다. 누수의 원인이 전유부분의 문제인지 아니면 공용부분의 문제인지 명확하지 않을 경우에는 누수를 입은 피해자는 입주자대표회의에 문제를 제기하는 것이 원칙이고, 입주자대표회의는 하자가 공용부분에 존재하지 아니하였다는 점을 입증해야 한다(서울동부지방법원 99가단22374 판결 참고).

예를 들어보자. 아파트에 물이 새서 천장에 누수가 발생하였고(누수사실 자체 입증필요), 이를 위층에 문제삼자 위층에서는 전유부분과 관련이 없으니, 관리사무소에 문제를 제기하라고 주장한다.

이에 피해자는 관리사무소에서 문제를 제기하였으나, 관리사무소는 위층과의 문제를 관리사무소에게 해결할 수 없다는 태도를 보인다. 이러한 관리사무소의 태도는 집합건물법 제6조의 취지상 정상적인 반응이 될 수 없다는 것이다.

관리사무소를 통해 아파트 입주자대표회의에 문제를 제기하였음에도 불구하고, 문제가 해결되지 않으면, 집합건물법 제6조를 근거로 하여 아파트 입주자대표회의와 위층 소유자 등에 대한 손해배상 청구소송 등을 고려할 수 있을 것이다[필자가 수행한 소송사례로는 서울서부지방법원 2017가소324438 판결이 존재함. 판결의 소장에서는 아파트 입주자대표회의를 집합건물법 제6조를 전제하여 주위적 공동소송 대상으로 삼고, 위층 소유자를 예비적 공동소송 대상으로 삼았음. 다만, 하자 원인을 감정한 결과 공용부분(90%)과 위층 전유부분(10%)에 각 하자가 존재하는 것으로 밝혀져 병합청구로 청구취지 변경하여 승소함].

<관련내용 정리>

아파트 누수로 인하여 피해를 입은 자는 입주자대표회의에 문제를 제기하는 것이 원칙이고, 입주자대표회의는 하자가 공용부분에 존재하지 아니하였다는 점을 입증해야 한다. 관리사무소를 통해 아파트 입주자대표회의에 문제를 제기하였음에도 불구하고, 문제가 해결되지 않으면, 집합건물법 제6조를 근거로 하여 아파트 입주자대표회의와 위층 소유자 등에 대한 손해배상 청구소송 등을 고려해야 한다.

92. 집합건물법상 관리단은 조직행위가 필요 없이 성립하지만, 일부공용부분관리단은 그 성립을 위해 조직행위가 필요하다.

집합건물의 관리단은 어떠한 조직행위를 통해야만 성립될까? 그렇지 않다. 즉, 집합건물의 관리단은 어떠한 조직행위를 거쳐야 비로소 성립되는 단체가 아니라 구분소유관계가 성립하는 건물이 있는 경우 당연히 그 구분소유자 전원을 구성원으로 하여 성립되는 단체다.

이와 관련하여, 집합건물법 제23조 제1항은 "건물에 대하여 구분소유관계가 성립되면 구분소유자 전원을 구성원으로 하여 건물 및 그 대지와 부속시설의 관리에 관한 사업의 시행을 목적으로 하는 관리단이 성립된다."라고 규정하고 있다.

그렇다면, "일부공용부분관리단"의 경우도 조직행위 등을 필요로 하지 않고, 일부공용부분의 구분소유관계가 성립할 때에 당연 설립될까? 그렇게 보기 힘들다.

즉 "일부공용부분관리단"의 경우는 집합건물법 제28조 제2항에 따라 별도의 규약을 만들고 그 공용부분이 관리에 관한 사업의 시행을 목적으로 하는 관리단을 구성할 수 있을 뿐이라고 해석된다(집합건물법 제23조 제2항). 따라서 집합건물 전체의 관리단과 달리, "일부공용부분관리단"의 경우는 그 성립을 위하여 조직행위 등이 필요하다.

그렇다면, 구분소유자 전원으로 구성된 당연 설립 관리단과 "일부공용부분관리단"의 핵심적 차이는 무엇인가?

"일부공용부분관리단"이 집합건물 전체의 관리단과 달리 조직행위 등을 거쳐 설립될 경우라고 하더라도, "일부공용부분관리단"에서 설정된 규약에서 정할 수 있는 사항은 일부공용부분에 관한 사항으로서 집합건물 구분소유자 전원에게 이해관계가 있지 아니하거나 구분소유자 전원의 규약에 따로 정하지 아니한 사항에 국한된다(집합건물법 제28조 제2항)는 점이 핵심적 차이일 것이다(필자가 수행한 서울고등법원 2016나2071004 판결).

주상복합아파트의 경우, 이러한 논의가 존재하는 경우가 상당하다. 즉, 주상복합아파트의 상가구분소유자들이 상가관리단을 분리하여 주택부분 또는 집합건물 전체 관리단과 다른 목소리를 내고자 한다면, 그 최소한의 요건으로 상가부분이 특정(분리)되어야 하며, 상가구분소유자들에 의한 집합건물법 제28조 제2항의 규약을 설정하는 별도의 조직행위가 필요함을 기억할 필요가 있다.

<관련내용 정리>

집합건물 전체의 관리단과 달리, "일부공용부분관리단"의 경우는 그 성립을 위하여 조직행위 등이 필요하다. 구분소유자 전원으로 구성된 당연 설립 관리단과 "일부공용부분관리단"의 핵심적 차이는, "일부공용부분관리단"이 집합건물 전체의 관리단과 달리 조직행위 등을 거쳐 설립될 경우라고 하더라도, "일부공용부분관리단"에서 설정된 규약에서 정할 수 있는 사항은 일부공용부분에 관한 사항으로서 집합건물 구분소유자 전원에게 이해관계가 있지 아니하거나 구분소유자 전원의 규약에 따로 정하지 아니한 사항에 국한된다는 점이다.

93. 집합건물법상의 분리처분금지 규정은 그 규정이 적용되기 전에 구분소유자가 전유부분과 분리하여 대지사용권을 처분했다면 유효하다.

1984. 4. 10. 법률 제3725호로 제정된 '집합건물법' 제20조는 "구분소유자의 대지사용권은 그가 가지는 전유부분의 처분에 따른다(제1항). 구분소유자는 그가 가지는 전유부분과 분리하여 대지사용권을 처분할 수 없다. 다만 규약으로써 달리 정한 때에는 그러하지 아니하다(제2항)"라고 규정하고, 같은 법 부칙 제1조는 "이 법은 공포 후 1년이 경과한 날로부터 시행한다.", 제4조는 "이 법 시행 당시 현존하는 전유부분과 이에 대한 대지사용권에 관한 제20조 내지 제22조의 규정은 이 법의 시행일로부터 2년이 경과한 날로부터 적용한다."라고 규정한다.

그렇다면 집합건물법상 분리처분금지규정(동법 제20조) 적용 전에 구분소유자가 전유부분과 분리하여 대지사용권을 처분하는 것이 유효할까? 그렇다. 이때 집합건물법 제20조가 적용된 이후에도 그 전유부분과 대지사용권을 각자 처분하는 것이 유효한가? 그렇다. 전유부분과 대지사용권의 일체성에 위배되어 무효라고 할 수 없기 때문이다(대법원 2010다72779, 72786 판결).

그 이유는 무엇일까? 대법원 2023다229896 판결에 의하면 "집합건물법 제20조에 의하여 분리처분이 금지되는 같은 법상 대지사용권은 구분소유자가 전유부분을 소유하기 위하여 건물의 대지에 대하여 가지는 권리이므로(집합건물법 제2조 제6호 참조), 구분소유자 아닌 자가 전유부분의 소유와 무관하게 집합건물의 대지로 된 토지에 대하여 가지고 있는 권리는 같은 법 제20조에 규정된 분리처분금지의 제한을 받지 않기 때문(대법원 2011다12149, 12156 판결)"이라는 취지이다.

위 대법원 2023다229896 판결은 어떠한 사안이었을까? 甲은 이 사건 토지 및 인접 토지 지상에 구분소유 형태의 이 사건 건물을 신축한 후 1978. 1.경부터 1983. 11.경 사이에 자신이 보유한 전유부분을 전부 분양하거나 양도하면서도 이 사건 토지에 관한 1/2 지분('이 사건 공유지분')은 그의 소유로 남겨두었다가 2004. 12. 6. 이 사건 공유지분을 乙에게 이전하였는데, 乙로부터 2009. 6. 26. 이 사건 공유지분을 이전받은 원고가 이 사건 건물의 구분소유자들인 피고들을 상대로 부당이득의 반환을 구한 사례였다.

대법원은, 甲은 이 사건 토지 및 이 사건 인접 토지 지상에 구분소유 형태의 이 사건 건물을 신축한 후 자신이 보유한 전유부분을 수분양자들에게 분양하는 등 모두 처분하면서 이 사건 공유지분은 그의 소유로 남겨두었는바, 이는 집합건물법 부칙 제4조에 따라 같은 법 제20조의 규정이 적용되기 전이므로 같은 법 제20조가 정한 분리처분금지의 제한을 받지 않고, 나아가 甲은 집합건물법 시행 당시 이 사건 건물의 전유부분을 모두 처분하여 이를 소유하고 있지 않았으므로, 이 사건 공유지분은 전유부분의 소유와 무관하게 甲에게 유보되어 있다가, 乙 및 원고에게 순차로 이전된 것이라고 보아야 하므로, 이 사건 공유지분은 전유부분의 소유를 위한 대지사용권으로 제공되었다고 볼 수 없어 이를 따로 처분하였다고 하여 그것이 분리처분금지 규정에 위배된다고 볼 수는 없다고 보아, 이와 달리 원고의 부당이득반환청구를 배척한 원심판결을 파기·환송한 것이다.

<관련내용 정리>

집합건물법상의 분리처분금지 규정은 그 규정이 적용되기 전에 구분소유자가 전유부분과 분리하여 대지사용권을 처분했다면 유효하고, 위 분리처분금지 규정이 적용된 후에도 그 전유부분과 대지사용권을 각자 처분하는 것

이 유효하다.

따라서 분리처분금지 제정 전에 분리처분금지의 제한을 받지 않고 구분소유권자가 아니면서 집합건물의 대지지분을 취득하였다면, 집합건물의 대지지분 취득자는 구분소유자들을 상대로 부당이득반환청구권을 행사할 수 있다.

94. 집합건물에 있어 보존행위는 구분소유자 각자가 행할 수 있지만, 관리행위는 통상의 집회결의를 거쳐야 한다.

민법 제265조는 "공유물의 관리, 보존"이라는 제목 아래에 "공유물의 관리에 관한 사항은 공유자의 지분의 과반수로써 결정한다. 그러나 보존행위는 각자가 할 수 있다."고 규정하고 있다.

그런데 민법의 특별법이라 할 수 있는 집합건물법 제16조 제1항은 "공용부분의 관리에 관한 사항은 제15조 제1항 본문의 경우를 제외하고는 제38조 제1항에 따른 통상의 집회결의로써 결정한다. 다만, 보존행위는 각 공유자가 할 수 있다."고 규정하고 있다.

또한 집합건물법 제38조 제1항은 "관리단집회의 의사는 이 법 또는 규약에 특별한 규정이 없으면 구분소유자의 과반수 및 의결권의 과반수로써 의결한다."고 규정하여 집합건물에 있어 관리행위는 통상의 집회결의에 의하고, 이러한 통상의 집회결의는 구분소유자의 수가 반수를 초과해야 하는 것에 더하여 전유부분의 지분의 합계(집합건물법 제37조 제1항, 제12조)까지도 반수를 초과해야 한다.

즉 집합건물에 있어 보존행위로 판단되면 구분소유자 각자 단독으로 행할 수 있으나, 관리행위로 판단되면 통상의 집회결의라는 까다로운 절차를 통과해야 한다. 그렇다면 보존행위와 관리행위는 어떻게 구별해야 할 것인가?

보존행위를 구분소유자 누구나 단독으로도 할 수 있도록 한 이유는 구분소유자 누가 나서더라도 모든 구분소유자에게 이익이 되는, 즉 불법적인 것을 막기 위한 것으로 해석된다. 따라서 소송상의 청구내용이 다른 구분소유자에게 해가 될 가능성이 있다면 보존행위로 볼 수 없을 것이다.

그렇다면 아파트 대지에 설치된 '지역정압기실'의 철거 및 그 부지인도 청구는 보존행위인가 관리행위인가? '지역정압기실'의 철거 및 부지인도 청구는 이 사건 아파트 대지의 '관리'를 위한 행위라는 것이 대법원 2015다208252 판결의 취지이다.

'정압기실'은 고압의 도시가스를 저압의 가정용으로 변환하기 위한 것으로 아파트에 도시가스를 공급하기 위해 필수적인 시설이다. 원고는 아파트의 구분소유자들이었고, 피고는 도시가스업자였다. 피고는 아파트 건축 시 시행사로부터 사용기간 영구, 무상의 사용승낙을 얻어 아파트 대지 중 일부 지상에 '정압기실'을 설치하여 해당 아파트와 인근지역에 도시가스를 공급했던 것이다.

위 대법원 2015다208252 판결에 의하면 "이 사건 정압기실은 이 사건 아파트의 구분소유자들이 도시가스를 공급받기 위해 필수적인 시설로서 이 사건 정압기실을 철거할 경우 이 사건 아파트의 도시가스 공급에 지장을 줄 수 있고, 도시가스의 공급 없이는 원만한 주거생활이 어려운 점을 고려하면, 원고들이 구하는 이 사건 정압기실의 철거와 부지의 인도 청구는 이 사건 아파트의 다른 구분소유자들의 이익에 반할 수 있다. 또한 피고가 이 사건 아파트 건축 시 시행사의 사용승낙을 받아 적법하게 이 사건 정압기실을 설치하였고 그 후 현재까지 이 사건 정압기실이 이 사건 아파트 대지에 존재해왔으므로, 그 철거를 구하는 것이 이 사건 아파트 대지의 현상을 유지하기 위한 행위라고 보기도 어렵다. 그렇다면 이 사건 청구는 보존행위가 아니라 이 사건 아파트 대지의 관리를 위한 행위로서 집합건물법 제16조 제1항에 따라 이 사건 아파트 관리단집회의 결의를 거쳐야 하는데도, 그러한 결의를 거치지 않았으므로 원고들의 청구는 허용될 수 없다."라는 취지이다.

<관련내용 정리>

집합건물에 있어 보존행위로 판단되면 구분소유자 각자가 단독으로 행할 수 있으나, 관리행위로 판단되면 통상의 집회결의라는 까다로운 절차를 통과해야 한다. 그렇다면 보존행위와 관리행위를 어떠한 기준으로 구별할까? 보존행위는 구분소유자 누구에게나 이익이 되는 행위를 의미한다.

즉 보존행위를 구분소유자 누구나 단독으로도 할 수 있도록 한 이유는 구분소유자 누가 나서더라도 모든 구분소유자에게 이익이 되는, 즉 불법적인 것을 막기 위한 것으로 해석되므로, 소송상의 청구내용이 다른 구분소유자에게 해가 될 가능성이 있다면 보존행위로 볼 수 없다.

제 22 장

종중부동산

95. 매입하려는 개인 명의의 토지가 종중소유라는 것을 확인하였다면, 종중이 총회에서 매도결의 등의 적법한 절차를 거쳤는지 여부를 확인해야 한다.

개인 명의의 토지를 매수하려 하는데, 소문에 또는 매도자가 사실은 종중토지라고 말한다. 이때 주의할 점은 무엇일까? 우선 개인 명의인데, 매도자가 종중토지라고 하는 것은 종중이 그 개인에게 명의신탁을 한 것으로 해석된다.

이 경우 토지의 명의자가 임의로 해당 토지를 매도하여도 매수인이 매도인과 공모하는 등 적극가담하지 않는 한 매수인은 소유권을 유효하게 취득한다. 다만, 매수인이 명의신탁 사실을 알고도 명의수탁자의 배임행위에 적극 가담하여 매매계약을 체결하였다면 그 매수행위도 반사회질서 법률행위로 무효가 될 수 있다(대법원 2007다82875 판결 등).

따라서 매도인이 명의신탁이 된 토지임을 밝힌다면, 매도자가 적법하게 해당 종중토지를 매도할 권한이 있는지 여부를 확인한 후 매매계약을 체결하는 것이 안전하다. 즉, 우선 종중규약 및 매도결의가 있는 종중총회 회의록은 물론이고 총회를 적법한 소집권자가 적법한 소집절차에 따라 소집했는지를 확인해야 한다.

공동선조의 자손인 성년 여성도 종중원이므로, 총회 당시 남성종원에게만 소집통지를 하였다면, 그 종중총회에서의 매도결의는 효력이 없다(대법원 2009다83650 판결 등). 종중소유 토지는 종원의 총유에 속하고, 그 관리 및 처분은 종중규약이 정한 바 있으면, 그에 따르고, 규약에 정한 바 없으면, 총회결의에 의하여야 한다.

따라서 종중대표자에 의한 종중재산의 처분이라고 하더라도 위와 같은 절차를 거치지 아니한 종중토지의 매각행위는 무효가 될 수 있다(대법원 96다18656 판결).

종중총회는 종중의 대표자격이 있는 연고항존자가 직접 총회를 소집하거나 그가 다른 종중원의 총회 소집에 동의하여 그 종중원으로 하여금 소집하게 한 때에 적법한 권한 있는 자의 소집으로 효력이 있다(대법원 2003다61689 판결 등).

연고항존자는 종중에서 항렬이 가장 높고 나이가 많은 사람을 가리키며, 연고항존자는 종장이 선출되어 있지 않은 종중에서 그 종중에 종장의 선임에 대한 규약이나 일반관례가 없다면 종장이 된다. 결국, 종중대표나 종손, 종원 등 개인 명의로 등기된 토지가 종중토지라는 소문이 들린다면 그 개인소유인지 아니면 종중소유인지를 명확하게 확인한 후 매수해야 한다.

<관련내용 정리>

매입하려는 개인 명의의 토지가 종중소유라는 것을 확인하였다면, 종중이 총회에서 매도결의 등의 적법한 절차를 거쳤는지 확인해야 한다. 공동선조의 자손인 성년 여성도 종중원이므로, 총회 당시 남성종원에게만 소집통지를 하였다면, 그 종중총회에서의 매도결의는 효력이 없다.

그리고 종중소유 토지는 종원의 총유에 속하고, 그 관리 및 처분은 종중규약이 정한 바 있으면, 그에 따르고, 규약에 정한 바 없으면, 총회결의에 의하여야 하는데, 종중대표자에 의한 종중재산의 처분이라고 하더라도 위와 같은 절차를 거치지 아니한 종중토지의 매각행위는 무효가 될 수 있다.

다만, 토지의 명의자인 수탁자가 임의로 해당 토지를 매도하여도 매수인이 그 명의자와 공모하는 등 적극가담하지 않는 한 매수인은 소유권을 유효하게 취득할 여지는 있지만, 종중과 분쟁에 휘말릴 여지가 있다는 것이다(대법원 2007다82875 판결).

96. 종중대표자 단독으로 종중의 재산을 처분할 수는 없고 종중규약에서 정한 절차나 종중총회의 결의를 거쳐야 한다.

평소에 종중에 종장이나 문장이 선임되어 있지 아니하고 선임에 관한 규약이나 관례가 없다. 이 경우는 현존하는 연고항존자가 종장이나 문장이 되어 국내에 거주하고 소재가 분명한 종원에게 통지하여 종중총회를 소집하고 그 회의에서 종중대표자를 선임하는 것이 일반 관습이다(대법원 2009다7182 판결).

여성도 연고항존자가 될 수 있을까? 될 수 있다. 즉, 종중대표자를 선임하기 위하여 개최되는 종중총회의 소집권을 가지는 연고항존자를 확정함에 있어서 여성을 포함하여 전체 종원 중 항렬이 가장 높고 나이가 가장 많은 사람이 연고항존자가 된다(대법원 2009다26596 판결).

종중원들이 종중재산의 관리 또는 처분 등을 위하여 종중의 규약에 따른 적법한 소집권자 또는 일반 관례에 따른 종중총회의 소집권자인 종중의 연고항존자에게 필요한 종중의 임시총회 소집을 요구하였다. 그런데 그 연고항존자가 정당한 이유 없이 이에 응하지 아니한 경우에 누가 임시총회를 소집할 수 있을까?

이러한 경우에는 차석 연고항존자 또는 발기인(위 총회의 소집을 요구한 발의자들)이 소집권자를 대신하여 그 총회를 소집할 수 있다(대법원 2010다83199, 83205 판결).

종중규약에 따라 종중대표자를 선임한 경우에는 그 종중대표자가 연고항존자가 아니라고 하더라도 그 종중대표자가 종중을 대표하여 종중재산에 대한 관리처분권자가 된다(대법원 83다카1463 판결). 즉, 종중의 문장이라 하여 당연히 종중의 재산권을 처분할 권한이 있다고 볼 수는 없다(대법원 78다570 판결).

그렇다면, 종중대표자일 경우에 종중재산을 마음대로 처분할 수 있을까? 아니다. 즉, 종중대표자에 의한 종중재산 처분이라고 하더라도 종중규약에서 정한 절차나 종중총회의 결의를 거치지 아니한 채 한 행위는 무효가 된다(대법원 2005다69908 판결). 종중소유의 재산은 종중원의 총유에 속하기 때문이다.

<관련내용 정리>

종중의 대표자라고 하더라도 종중재산을 자신의 마음대로 처분할 수는 없다. 즉 종중대표자에 의한 종중재산 처분이라고 하더라도 종중규약에서 정한 절차나 종중총회의 결의를 거치지 아니한 채 한 행위는 무효이다. 따라서 종중재산을 처분할 때에는 종중규약에 따른 절차나 총회결의를 거쳐야 한다.

97. 공동선조 둘을 모시는 종중이라면 이는 법률적으로 '종중'이 아닌 '종중유사단체'로 판단될 가능성이 높다.

종중의 경우, 종중이 그 구성원인 종원에 대하여 그 자격을 박탈하는 소위 '할종'이라는 징계처분은 비록 그와 같은 관행이 있다 하더라도 이는 공동선조의 후손으로서 혈연관계를 바탕으로 하여 자연적으로 구성되는 종족단체인 종중의 본질에 반하는 것이므로 그러한 관행이나 징계처분은 위법·무효하여 피징계자의 종중원으로서의 신분이나 지위를 박탈하는 효력이 생긴다고 할 수 없다(대법원 80다1194 판결 등).

또한 판례는 종중이란 공동선조의 분묘수호와 제사 및 종원 상호간의 친목 등을 목적으로 하여 구성되는 자연발생적인 종족집단이므로, 종중의 이러한 목적과 본질에 비추어 볼 때 공동선조와 성과 본을 같이 하는 후손은 성별의 구별 없이 성년이 되면 당연히 그 구성원이 된다고 보는 것이 조리에 합당하다[대법원(전합) 2002다1178 판결(종회회원확인)]고 하여 여성의 종원 지위를 인정한다.

게다가 대법원 2017다260940 판결에 의하면 "민법 제781조 제6항에 따라 자녀의 복리를 위하여 자녀의 성과 본을 변경할 필요가 있어 자녀의 성과 본이 모의 성과 본으로 변경되었을 경우 성년인 그 자녀는 모가 속한 종중의 공동선조와 성과 본을 같이 하는 후손으로서 당연히 종중의 구성원이 된다."는 취지이다.

그렇다면, 종중유사단체의 경우는 어떠한가? ① 종중유사단체는 그 목적이나 기능면에서는 고유 의미의 종중과 별다른 차이가 없는 점에 비추어 단지 공동선조의 후손 중 성년 여성만을 배제한 채 성년남성만으로 구성할 목적으로 종중유사단체를 조직하는 것은 헌법 제11조에서 규정한 양성평등원칙이나 민법 제103조에서 규정한 선량한 풍속이나 기타 사회질서에 위반된다고 봄이 상당한가?

아니면, ② 종중유사단체는 비록 그 목적이나 기능이 고유한 의미의 종중과 별다른 차이가 없다 하더라도 공동선조의 후손 중 일부에 의하여 인위적인 조직행위를 거쳐 성립된 경우에는 사적 임의단체라는 점에서 자연발생적인 종족집단인 고유한 의미의 종중과 그 성질을 달리하므로, 그러한 경우에는 사적 자치의 원칙 내지 결사의 자유에 따라 그 구성원의 자격이나 가입조건을 자유롭게 정할 수 있음이 원칙이고, 따라서 그러한 종중유사단체의 회칙이나 규약에서 공동선조의 후손 중 남성만으로 그 구성원을 한정하고 있다

하더라도 특별한 사정이 없는 한 이는 사적 자치의 원칙 내지 결사의 자유의 보장범위에 포함되고, 이 사정만으로 그 회칙이나 규약이 양성평등 원칙을 정한 헌법 제11조 및 민법 제103조를 위반하여 무효라고 볼 수는 없다고 해야 하는가?

대법원은 ②의 입장에서 원심 ①의 입장을 파기하였다(대법원 2009다17783 판결). 그렇다면 종중과 종중유사단체를 구별하는 가장 중요한 점은 무엇일까?

종중은 공동선조의 분묘수호와 제사 및 종중원 상호 간의 친목 등을 목적으로 하는 자연발생적인 종족단체로서 특별한 조직행위를 필요로 하는 것은 아니나 공동선조를 누구로 하느냐에 따라 종중 안에 무수한 소종중이 있을 수 있으므로 어느 종중을 특정하고 그 실체를 파악함에 있어서는 그 종중의 공동선조가 누구인가가 가장 중요한 기준이 된다(대법원 95다44986 판결, 대법원 2006다14165 판결).

결국 공동선조 1인을 모시는 것을 전제한 '종중'과 다르게, 공동선조 둘을 모시는 종중이라면 이는 법률적으로 '중중'이 아닌 '종중유사단체'로 판단될 가능성이 높다.

이와 관련하여 대법원 2019다216411 판결에 의하면 "종중유사단체는 비록 그 목적이나 기능이 고유 종중과 별다른 차이가 없다 하더라도 공동선조의 후손 중 일부에 의하여 인위적인 조직행위를 거쳐 성립된 경우에는 사적 임의단체라는 점에서 고유 종중과 그 성질을 달리하므로, 그러한 경우에는 사적 자치의 원칙 내지 결사의 자유에 따라 구성원의 자격이나 가입조건을 자유롭게 정할 수 있으나, 어떠한 단체가 고유 의미의 종중이 아니라 종중유사단체를 표방하면서 그 단체에 권리가 귀속되어야 한다고 주장하는 경우, 우선 권리 귀속의 근거가 되는 법률행위나 사실관계 등이 발생할 당시 종중유사단체가 성립하여 존재하는 사실을 증명하여야 하고, 다음으로 당해 종중유사단체에 권리가 귀속되는 근거가 되는 법률행위 등

법률요건이 갖추어져 있다는 사실을 증명하여야 한다. 특히 자연발생적으로 형성된 고유 종중이 아니라 그 구성원 중 일부만으로 범위를 제한한 종중유사단체의 성립 및 소유권 귀속을 인정하려면, 고유 종중이 소를 제기하는 데 필요한 여러 절차(종중원 확정, 종중 총회 소집, 총회 결의, 대표자 선임 등)를 우회하거나 특정 종중원을 배제하기 위한 목적에서 종중유사단체를 표방하였다고 볼 여지가 없는지 신중하게 판단하여야 한다."는 취지이다.

참고로 고유한 의미의 종중은 부동산실명법 제8조의 요건을 충족할 경우에 명의신탁이 유효하여 명의신탁 해지를 이유로 한 소유권이전등기를 청구할 수 있지만, 종중유사단체의 경우에는 부동산실명법의 원칙으로 돌아가 명의신탁이 무효이므로 명의신탁 해지를 이유로 한 소유권이전등기청구를 할 수 없다.

즉 대법원 2006다14165 판결에 의하면 "부동산실명법 제8조 제1호에 의하면 종중이 보유한 부동산에 관한 물권을 종중 이외의 자의 명의로 등기하는 명의신탁의 경우 조세포탈, 강제집행의 면탈 또는 법령상 제한의 회피를 목적으로 하지 아니하는 경우에는 같은 법 제4조 내지 제7조 및 제12조 제1항·제2항의 규정의 적용이 배제되도록 되어 있는바, 부동산실명법의 제정목적, 위 조항에 의한 특례의 인정취지, 다른 비법인 사단과의 형평성 등을 고려할 때 위 조항에서 말하는 종중은 고유의 의미의 종중만을 가리키고, 종중유사의 비법인 사단은 포함하지 않는 것으로 봄이 상당하다. 원심이 같은 취지에서 설령 원고 주장과 같이 이 사건 각 부동산이 피고들의 피상속인들에게 명의신탁된 것이라 하더라도 종중유사단체인 원고에게는 부동산실명법 제8조가 적용되지 않으므로 원고는 명의신탁 약정의 유효를 전제로 그 해지를 원인으로 하는 소유권이전등기를 청구할 수 없다고 판단한 것은 정당"하다는 취지이다.

<관련내용 정리>

종중유사단체는 비록 그 목적이나 기능이 고유한 의미의 종중과 별다른 차이가 없다 하더라도 공동선조의 후손 중 일부에 의하여 인위적인 조직행위를 거쳐 성립된 경우에는 사적 임의단체라는 점에서 고유한 의미의 종중과 그 성질을 달리 한다.

고유한 의미의 종중으로 판단되면 여성종원에게도 총회결의를 알리는 등 여러 어려움이 있으므로 실제는 고유한 의미의 종중이면서도 남성들만으로 구성된 종중유사단체임을 주장하면서 소송을 제기하는 경우가 있다. 이는 여성종원들을 종중재산처분에서 배제하는 것과 다름이 없으므로, 이러한 경우는 진정한 종중유사단체인지 여부를 확정할 필요가 있는 것이다.

98. 명의신탁해지가 아닌 매매 등을 원인으로 특조법에 의하여 토지가 종중으로 소유권이 넘어간 경우에도 등기의 추정력은 강력하다.

필자는 종중과 연결된 부동산 관련 각종 특별조치법(이하 '특조법')과 관련된 몇 건의 상담을 한 적이 있다. 종중에 대한 법리도 복잡한 편이지만, 특조법에 의한 등기의 추정력도 쉽지 않은 분야인데, 관련된 법리를 간략하게 정리해 보자.

부동산실명법 제4조에 의하면 명의신탁약정은 무효가 되고, 명의신탁약정에 따라 행하여진 등기에 의한 부동산에 관한 물권변동 역시 무효가 된다. 그러나 종중이 종중 외의 자에게 명의신탁을 하거나, 배우자 명의로 명의신탁을 한 경우로 일정요건을 갖춘 경우에는 명의신탁 및 그에 따른 등기가 유효한바(부동산실명법 제8조), 종중이 종원에게 토지를 명의신탁한 경우라면 특별한 사정이 없는 한, 명의신탁의 유효를 전제한 명의신탁 해지를 원인으로 한 소유권이전등기가 가능하게 된다.

그런데 토지에 대하여 종중과 종원이 소유권에 대하여 다툼이 있던 와중에 특조법에 의하여 종중으로 소유권이 넘어가되, 명의신탁 해지를 원인으로 한 것이 아니고, 증여 또는 매매를 등기원인으로 하는 경우가 있다. 이러한 경우에 종원의 상속인들이 특조법상의 등기의 추정력에 문제를 제기할 경우 어떻게 될까?

대체로 대법원의 입장은 특조법상의 등기에 매우 강력한 추정력을 부여하므로, 등기원인이 일부 문제되는 경우라도 추정력이 번복되기 힘들다.

즉, 대법원 2000다71395 판결에 의하면 "구 임야소유권 이전등기 등에 관한 특별조치법(실효, 이하 '특별조치법')에 따라 등기를 마친 자가 보증서나 확인서에 기재된 취득원인이 사실과 다름을 인정하더라도 그가 다른 취득원인에 따라 권리를 취득하였음을 주장하는 때에는, 특별조치법의 적용을 받을 수 없는 시점의 취득원인 일자를 내세우는 경우와 같이 그 주장 자체에서 특별조치법에 따른 등기를 마칠 수 없음이 명백하거나 그 주장하는 내용이 구체성이 전혀 없다든지 그 자체로서 허구임이 명백한 경우 등의 특별한 사정이 없는 한 위의 사유만으로 특별조치법에 따라 마쳐진 등기의 추정력이 깨어진다고 볼 수는 없으며, 그 밖의 자료에 의하여 새로이 주장된 취득원인 사실에 관하여도 진실이 아님을 의심할 만큼 증명되어야 그 등기의 추정력이 깨어진다고 할 것이다."라는 태도이다.

다만, 등기의 원인일자가 특조법 시행 이후로 인정되는 경우라든지, 농지개혁사업 정리에 관한 특별조치법(이하 '농지특조법')상 자연인이 아닌 법인 등이 위 농지특조법에 기하여 이전등기를 마친 경우에는 등기추정력이 깨어진다(단, 종중은 농지를 소유할 수 없음. 종중이 영농조합 등을 만들어 편법적으로 종중이 농지를 소유하는 경우는 있는 것으로 보임).

<관련내용 정리>

토지에 대하여 종중과 종원이 소유권에 대하여 다툼이 있던 와중에 특조법에 의하여 종중으로 소유권이 넘어가되, 명의신탁 해지를 원인으로 한 것이 아니고, 증여 또는 매매를 등기원인으로 하는 경우가 있는데, 특조법상의 등기는 매우 강력한 추정력이 부여되므로, 등기원인이 일부 문제되는 경우라도 추정력이 번복되기 힘들다.

제 23 장

이행강제금·변상금

99. 이행강제금은 법을 위한 것이 대한 제재가 아니라 이행을 강제하기 위한 압박수단이다.

이행강제금은 법을 위반한 것에 대한 제재인가? 아니면 이행을 강제하는 압박수단인가? 행정청이 이행강제금을 부과할 수 있었던 상황이었음에도 불구하고 이행강제금을 부과하지 않고 있다가, 사후에 이행강제금을 부과할 수 있었던 때로 소급하여 이행강제금을 부과할 수 있을까?

이행강제금을 법위반에 대한 제제로 본다면, 이행강제금을 부과할 수 있었음에도 불구하고 이행강제금을 부과하지 않았던 행정청이 사후에 소급하여 이행강제금을 부과할 수 있다는 결론에 도달할 수 있을 것이다.

그러나 이행강제금을 '이행을 강제하는 수단'으로 해석한다면, 이행강제금을 부과할 수 있었음에도 이행강제금을 부과하지 않았던 행정청이 사후에 소급하여 이행강제금을 부과할 수 없다는 결론에 도달하게 될 것이다.

이행강제금의 개념은 어떻게 되는가? 이행강제금이란 대체로, 행정법상의 의무를 이행하지 아니한 때에 일정한 액수의 금전이 부과될 것임을 의무자에게 미리 계고함으로써 심리적으로 압박을 주어 공법상의 의무 이행을 확보하기 위한 수단으로 정의되고 있다. 결국, 이행강제금이란 이행을 강제하기 위한 압박수단이라고 보아야 하고, 법위반에 대한 제재로 볼 수 없다.

이와 관련하여 이행강제금을 '이행을 강제하기 위한 수단'으로 명시한 대법원 사례를 확인해 보자(대법원 2015두46598 판결).

행정청이 甲에게 무허가건물에 대한 철거취지의 시정명령을 내리고 이행강제금을 부과하였고, 甲은 행정청의 처분을 다투는 소송을 제기하였으나, 甲이 패소하였다.

행정청은 甲이 소송을 하는 기간 동안에는 이행강제금을 부과하지 않았고, 甲이 행정청에 패소하자, 甲이 소송 도중에 행정청이 부과할 수 있었던 이행강제금을 포함하여 행정청이 이행강제금을 부과하자, 甲은 이행강제금 부과처분 무효소송을 제기하였던 것이다.

대법원은 위 사안에서 "이행강제금은 법위반 사실에 대한 제재가 아니라 이행을 강제하는 압박수단"임을 전제로, "비록 甲이 장기간 시명명령을 이행하지 않았다고 하더라도 그 기간 중에는 시정명령의 이행 기회가 제공되지 않았다가 뒤늦게 시정명령의 이행 기회가 제공된 경우라면 그 시정명령의 이행 기회 제공을 전제로 한 1회분의 이행강제금만 부과할 수 있고, 과거의 이행강제금에 대한 이행강제금까지 한꺼번에 부과할 수 없다."는 취지의 판결을 내렸다.

<관련내용 정리>

이행강제금이란 행정법상의 의무를 이행하지 아니한 때에 일정한 액수의 금전이 부과될 것임을 의무자에게 미리 계고함으로써 심리적으로 압박을 주어 공법상의 의무 이행을 확보하기 위한 수단이다.

따라서 이행강제금은 이행을 강제하기 위한 압박수단이라고 보아야 하고, 법위반에 대한 제재로 볼 수 없으므로 이행강제금을 부과할 수 있었음에도 이행강제금을 부과하지 않았던 행정청이 사후에 소급하여 이행강제금을 부과할 수는 없다.

100. 국가나 지방자치단체의 토지를 무단점유하는 경우에 변상금이 부과될 수 있다.

변상금이란 국가 소유의 국유재산이나, 지방자치단체 소유의 공유재산에 대하여 무단으로 점유하는 자에게 부과되는 것이라 말할 수 있다.

이러한 변상금 부과의 일반법으로는 국유재산의 경우 "국유재산법", 지방자치단체 재산의 경우 "공유재산 및 물품 관리법" 등이 있다. 변상금 부과의 개별법으로는 "도로법, 하천법, 공유수면 관리 및 매립에 관한 법률, 문화재보호법" 등이 있다.

국가나 지방자치단체 입장에서는 국유재산이나 공유재산을 무단점유하는 것이지만, 점유자 입장에서는 무단점유라는 인식이 없거나, 점유나 사용 및 수익 등을 정당화할 법적 지위가 존재하는 등 변상금 부과에 위법성이 인정될 만한 사정이 있을 수 있다. 이런 경우라면 변상금부과처분에 대한 취소 소송 등이 가능할 것이다.

변상금부과처분에 위법성이 인정될 만한 사유에는 크게 보면 어떠한 것들이 있을까? 우선적으로 국유 또는 공유재산 토지를 시효취득하는 경우가 있는데, 시효취득의 대상이 되는 재산은 행정재산이 아닌 일반재산(종전의 잡종재산)에 한정된다.

그뿐만 아니라 국유 또는 공유재산 토지에 대하여 점유자가 법정지상권 또는 관습상 법정지상권을 취득한 경우에도 해당 변상금부과는 위법성이 인정될 가능성이 있다(대법원 91누5211 판결).

그렇다면, 개인이 국가와 공유하고 있는 토지를 국가와 협의도 없이 지분비율을 넘어 토지 전체를 사용한 경우 국가가 국가지분에 대한 변상금을 부과할 수 있을까? 이런 경우는 민법상 부당이득반환청구는 별론으로 하고 변상금을 부과할 수는 없을 것이다(대법원 98두7732 판결).

민법 제263조에 의하면 공유자는 공유물 전부를 지분비율로 사용·수익할 수 있기 때문에 지분비율을 넘어 사용하는 것은 문제가 있지만, 공유물 전부를 사용하는 것 자체는 예정된 것이기 때문이다.

또 하나의 문제는 도로법상 점용료를 감액하는 규정이 있어 그 감액규정에 따라 감액된 점용료를 부담하던 자가 도로점용허가를 받은 면적보다 더 많은 면적을 사용한 경우 그에 따른 변상금은 감액된 도로점용료를 기준으로 산정해야 하는지 문제된다. 법원은 이런 경우 감액 전의 점용료를 기준으로 변상금을 부과해야 한다는 태도다(대법원 2007두21853 판결).

참고로 변상금은 국·공유재산에 대한 정상적인 사용료 또는 대부료의 100분의 120에 해당하는 금액이 부과된다(국유재산법 제72조 제1항, 공유재산 및 물품 관리법 제81조 제1항).

<관련내용 정리>

국가나 지방자치단체의 토지를 무단으로 점유하는 경우에 변상금이 부과될 수 있다. 감정평가를 통해 인정되는 정상적인 사용료 또는 대부료라고 할 수 있는 지료(부당이득금)에 비하여 20%를 더 가산하여 변상금이라는 이름으로 해당 토지에 대한 무단점유자에게 부과되는 것이다.

따라서 민사상 부당이득반환의무를 부담하는 것보다 변상금이 부과되면 토지점유자에게 불이익하게 된다. 다만 토지점유자가 국·공유 토지 중 일반재산을 시효취득을 하였다는 등 점유권원이 있다면 변상금부과처분 취소소송을 제기할 실익이 있다. 토지점유자에게 시효취득이 인정된다면 지료상당액 뿐만 아니라 변상금도 부담할 필요가 없기 때문이다.

저자약력

이승주

사법시험 제46회 합격(2004년)/사법연수원 제36기 수료/변호사
1996년 경찰간부후보생 필기합격, 면접탈락
경기도 화성시 송산면 출생(1970년)
송산초등학교, 송산중학교, 수원 수성고등학교 졸업
동국대학교(농업경제학과 89학번, 육군병장 만기제대(91군번), 1996년 졸업, 경제학사)
동국대학교 동아리 선무부(태권도부) 부장(1990년)
한성대학교 부동산대학원(부동산투자금융전공, 2013년 2월 졸업, 부동산학 석사)
동국대학교 행정대학원 부동산 최고위 과정 수료(제18기)
글쓰기 관련 청년 변호사 대상 강연(2013. 9. 11. ㈜법률신문사 주최)
대한 변호사 협회에 '부동산관련법' 전문분야 등록(2010년), 부동산전문변호사
(전) 동국대학교 법과대학 외래 강사(민사집행법/2014년, 2015년)
(전) 동국대학교 행정대학원 부동산학과 대우교수(부동산계약론/2022년~2024년)
(현) 유튜브 채널 "부동산전문 이승주변호사의 민사법 교실" 운영
(현) 네이버 블로그 "부동산전문 이승주변호사의 상가 및 부동산분쟁 클리닉" 운영
(현) 건국대학교 부동산대학원 겸임교수(부동산권리분석론/2018년 이후)

저서

나는 아내보다 권리분석이 좋다(다산북스, 2010년)
이승주 변호사의 이야기 채권회수(다산북스, 2011년)
부동산분쟁의 쟁점(박영사, 2021년 초판, 2023년 제2판, 2025년 제3판)
부동산권리분석 및 배당 판례특강(박영사, 2022년 초판, 2025년 제2판)

방송인터뷰 등

YTN 라디오 곽수종의 생생경제 인터뷰(2013. 7. 2. 소액사건 관련)
파이낸셜뉴스 인터뷰(2014. 2. 3. 임대차존속기간 20년 위헌 관련)
MBC 파워매거진 인터뷰(2014. 2. 7. 아파트 할인분양관련)
KBS 똑똑한 소비자 리포트 인터뷰(2015. 3. 13. 부실인테리어 관련)
SBS 뉴스 인터뷰(2015. 5. 25. 지나친 위약벌 관련)
TBS(교통방송) '출동 수도권 현장' 인터뷰(2015. 10. 1. '잠자는 지하철 엘리베이터'편)
KBS 2TV '아침' 인터뷰(2016. 1. 7. 부동산 이중계약 사기 관련)
KBS 뉴스 '못참겠다' '전입신고날 근저당권 설정'편 인터뷰(2019. 1. 13. '디지털 뉴스'편)

KBS 뉴스 '못참겠다' '억대 권리금 날릴 위기'편 인터뷰(2019. 3. 17. '디지털 뉴스'편)
KBS 뉴스 '갭투자 파산 후폭풍'편 인터뷰(2019. 7. 13. 방송)
KBS 뉴스 9 '수원 전세사기 부부'편 인터뷰(2023. 10. 30. 방송)
연합뉴스 TV 뉴스프라임 '전세사기 무기한 엄정단속'편 대담(2023. 11. 1. 생방송)

부동산전문 이승주 변호사의 부동산법입문 100

초판발행 2025년 11월 10일

지은이 이승주
펴낸이 안종만 · 안상준

편 집 우석진
기획/마케팅 정연환
표지디자인 BEN STORY
제 작 고철민 · 김원표

펴낸곳 (주) 박영사
서울특별시 금천구 가산디지털2로 53, 210호(가산동, 한라시그마밸리)
등록 1959. 3. 11. 제300-1959-1호(倫)
전 화 02)733-6771
f a x 02)736-4818
e-mail pys@pybook.co.kr
homepage www.pybook.co.kr
ISBN 979-11-303-9865-5 93360

정 가 19,000원